Zschenderlein
Lösungen zum Rechnungswesen
für Steuerfachangestellte

Zusätzliche digitale Inhalte für Sie!

Dieses Buch bietet Ihnen mehr als nur eine gedruckte Version! Nutzen Sie die folgenden Möglichkeiten, die Ihnen für dieses Produkt auf mein.kiehl.de zur Verfügung stehen.

Online-Version

Sie haben das gedruckte Exemplar Ihres Buches nicht zur Hand oder möchten etwas schnell recherchieren? Dann nutzen Sie die Online-Version Ihres Buches. Diese steht Ihnen nach Eingabe des folgenden Freischaltcodes direkt zur Verfügung.

Schalten Sie sich Ihre digitalen Mehrwerte direkt frei:

Scannen Sie den QR-Code **oder** rufen Sie die Seite mein.kiehl.de auf.
Geben Sie den Freischaltcode ein und folgen Sie dem Anmeldedialog. Fertig!

Ihr Freischaltcode

BJCL-WYEQ-IZCR-UKGN-AIXR-HR

www.kiehl.de

Lösungen zum Rechnungswesen für Steuerfachangestellte

Von
OStR Dipl.-Hdl. Oliver Zschenderlein

10., aktualisierte Auflage

kiehl

Bildnachweis Umschlag U1: © tomertu – stock.adobe.com
Bildnachweis Umschlag U4: © Worawut – stock.adobe.com

Feedbackhinweis

Kein Produkt ist so gut, dass es nicht noch verbessert werden könnte. Ihre Meinung ist uns wichtig. Was gefällt Ihnen gut? Was können wir in Ihren Augen verbessern? Bitte schreiben Sie einfach eine E-Mail an: **steuerfachangestellte@kiehl.de**

ISBN: 978-3-470-**64400**-4 · 10., aktualisierte Auflage 2025

NWB Verlag GmbH & Co. KG
Eschstr. 22
44629 Herne
service@nwb.de

Kiehl ist eine Marke des NWB Verlags

Satz: SATZ-ART Prepress & Publishing GmbH, Bochum
Druck: Plump Druck & Medien GmbH, Rheinbreitbach

Um eine gute Lesbarkeit zu gewährleisten, verwenden wir in Fachtexten in der Regel geschlechtsspezifische Personenbezeichnungen. Selbstverständlich sind damit alle Menschen gleichermaßen gemeint.

Teil 1: Lösungen zu den Aufgaben des Infobands

Lernfeld 2: Buchführungsarbeiten durchführen

Lösung zu Aufgabe 1:

Fall 1: Frau Hofmann betreibt einen Gewerbebetrieb, der einen in kaufmännischer Weise eingerichteten Geschäftsbetrieb erfordert (die Größe des Unternehmens, insbesondere der Geschäftsumfang, also der Umsatz, die Zahl der Arbeitnehmer usw. legen dies nahe). Sie betreibt somit ein Handelsgewerbe nach § 1 Abs. 2 HGB. Dadurch ist sie Kaufmann im Sinne des § 1 HGB (Istkaufmann). Frau Hofmann ist deshalb nach § 238 HGB (Handelsrecht) und nach § 140 AO (Steuerrecht) buchführungspflichtig.

Fall 2: Herr Fölbach betreibt einen Gewerbebetrieb, der jedoch – nach der Gesamtwürdigung der tatsächlichen Verhältnisse – weder nach Art noch nach Umfang der Geschäftstätigkeit einen in kaufmännischer Weise eingerichteten Geschäftsbetrieb erfordert (zumindest noch nicht). Herr Fölbach betreibt also kein Handelsgewerbe im Sinne des § 1 Abs. 2 HGB. Er ist „Kleingewerbetreibender“ und somit kein Kaufmann; er ist nicht buchführungspflichtig nach § 238 HGB.

Da Herr Fölbach jedoch die Gewinngrenze des § 141 AO überschreitet (das Überschreiten einer der Grenzen reicht aus), ist Herr Fölbach steuerrechtlich buchführungspflichtig vom Beginn des Wirtschaftsjahres an, das dem Jahr folgt, in dem die Finanzbehörde Herrn Fölbach auf die Buchführungspflicht hingewiesen hat (im vorliegenden Fall vermutlich bereits in einem früheren Jahr erfolgt).

Wenn Herr Fölbach sein Unternehmen in das Handelsregister eintragen lassen würde (nach § 2 HGB), dann wäre Herr Fölbach ab der Eintragung Kaufmann. Er wäre dann buchführungspflichtig nach §§ 238 HGB und 140 AO.

Fall 3: Frau Kleinert betreibt keinen Gewerbebetrieb, sondern eine freiberufliche Praxis (Tierärzte sind Freiberufler; sie erzielen Einkünfte aus selbstständiger Arbeit nach § 18 EStG). Sie ist weder nach Handelsrecht noch nach Steuerrecht buchführungspflichtig.

Lösung zu Aufgabe 2:

Peter Sailer ist buchführungspflichtig nach § 238 HGB und § 140 AO. Die lückenhafte Aufzeichnung der Betriebseinnahmen und -ausgaben ist keine Buchführung. Er verstößt also sowohl gegen die Buchführungspflicht des Handelsrechts als auch des Steuerrechts.

Das **Handelsrecht** sieht für diesen Verstoß **keine** unmittelbaren Sanktionen vor. Er kann nach dem Handelsrecht also nicht zur Erfüllung dieser Verpflichtung gezwungen werden.

Eine **Bestrafung kann** jedoch **nach den §§ 283 und 283b StGB erfolgen**, wenn Herr Sailer seine Zahlungen eingestellt hat oder über sein Vermögen das Insolvenzverfahren eröffnet oder der Eröffnungsantrag mangels Masse abgewiesen worden ist.

Das **Steuerrecht** sieht hingegen **direkte Sanktionen** vor, die Herrn Sailer treffen könnten.

Zunächst könnte die Finanzbehörde gegen Herrn Sailer ein **Zwangsgeld** (bzw. Zwangsgelder bei dauerhafter oder wiederholter Nichterfüllung) nach §§ 328 - 329 AO festsetzen. Die Höhe ist auf 25.0000 € begrenzt. Eine Androhung des Zwangsgeldes ist zuvor erforderlich (§ 332 AO).

Wenn Herr Sailer dennoch keine Bücher führt, hat das Finanzamt die Besteuerungsgrundlagen (Umsätze, Gewinn) zu **schätzen** (§ 162 AO).

Wenn Herr Sailer durch lückenhafte und/oder fehlerhafte Aufzeichnungen/Angaben die Besteuerung gefährdet oder Steuern verkürzt, können die Tatbestände der **Steuergefährdung** (§ 379 Abs. 1 AO) oder der **leichtfertigen Steuerverkürzung** (§ 378 AO) gegeben sein, die **Ordnungswidrigkeiten** sind und mit einer **Geldbuße** geahndet werden (bei der **Steuergefährdung** in der Regel bis zu 5.000 € und bei der **leichtfertigen Steuerverkürzung** bis zu 50.000 €).

Sofern Herr Sailer vorsätzlich unrichtige oder unvollständige Angaben macht und dadurch Steuern verkürzt oder für sich oder einen anderen ungerechtfertigte Steuervorteile verschafft, könnte der Tatbestand der **Steuerhinterziehung** gegeben sein. In diesem Fall würde Herrn Sailer eine **Geld- oder Freiheitsstrafe** drohen (§ 370 AO).

Lösung zu Aufgabe 3:

Fall 1: Abkürzungen sind zulässig, wenn diese eindeutig und nachvollziehbar sind (vgl. § 239 Abs. 1 HGB), was im vorliegenden Fall gewährleistet ist. Es liegt kein Verstoß gegen die GoB vor.

Fall 2: Die verwendeten Abkürzungen sind nicht eindeutig. Es liegt somit ein **Verstoß gegen den Grundsatz der Verständlichkeit** vor (Verstoß gegen § 239 Abs. 1 Satz 2 HGB).

Fall 3: Die Eintragungen in den Büchern und die sonst erforderlichen Aufzeichnungen sind zeitnah vorzunehmen (vgl. § 239 Abs. 2 HGB). Die Aufzeichnung der Kassenbewegungen soll hierbei täglich vorgenommen werden (vgl. § 146 Abs. 1 Satz 2 AO). Die Aufzeichnung nur am Monatsende jeweils für den abgelaufenen Monat kann bei Kassenunterlagen somit nicht als zeitgerecht angesehen werden. Es liegt somit ein **Verstoß gegen den Grundsatz der zeitnahen Eintragung** vor.

Die Eintragungen mit Bleistift sind ebenfalls unzulässig (vgl. § 239 Abs. 3 HGB). Sie sind ein **Verstoß gegen den Grundsatz der Unveränderlichkeit der Aufzeichnungen**.

Fall 4: Aufzeichnungen und Buchungen erfolgen auf der Grundlage vorliegender Belege (vgl. § 238 Abs. 1 Satz 3 HGB). Da die Buchung der Privateinlagen ohne Belege vorgenommen wird, liegt ein **Verstoß gegen das Belegprinzip** vor. Außerdem könnte auch ein **Verstoß gegen den Grundsatz der Vollständigkeit und Richtigkeit** vorliegen, sofern Sachverhalte erfasst werden, die nicht stattgefunden haben (Verbot fiktiver Buchungen).

Fall 5: Alle buchungsrelevanten Vorgänge müssen in der Buchführung erfasst werden (vgl. § 239 Abs. 2 HGB). Die Nichterfassung der Warenlieferung ist deshalb ein **Verstoß gegen den Grundsatz der Vollständigkeit**. Die Forderung aus der Warenlieferung und die Verbindlichkeit aus dem Warenbezug dürfen im Jahresabschluss auch nicht verrechnet werden (**Verrechnungsverbot** nach § 246 Abs. 2 HGB).

Lösung zu Aufgabe 4:

Fall	Beginn und Enddatum der Aufbewahrungsfrist
1. Buchungsbelege des Kj. 2020	31.12.2020 um 24:00 Uhr + 8 Jahre = **31.12.2028** um 24:00 Uhr
2. Geschäftskorrespondenz März 2021	31.12.2021 um 24:00 Uhr + 6 Jahre = **31.12.2027** um 24:00 Uhr
3. Eröffnungsbilanz des Kj. 2015, aufgestellt am 20.03.2015	31.12.2015 um 24:00 Uhr + 10 Jahre = **31.12.2025** um 24:00 Uhr
4. Ausgangsrechnungen des Monats Oktober 2018	31.12.2018 um 24:00 Uhr + 8 Jahre = **31.12.2026** um 24:00 Uhr
5. Jahresabschluss 2021, aufgestellt am 15.04.2022	31.12.2022 um 24:00 Uhr + 10 Jahre = **31.12.2032** um 24:00 Uhr

Lösung zu Aufgabe 5:

Fallvariante 1:

		Menge	Wert
	Bestand am 15.11.	234 Stück • 55,00 € =	12.870,00 €
+	Zugang 16.11. - 31.12.	300 Stück • 55,00 € =	16.500,00 €
-	Abgang 16.11. - 31.12.	355 Stück • 55,00 € =	19.525,00 €
=	**Bestand am 31.12.**	**179 Stück • 55,00 € =**	**9.845,00 €**

Fallvariante 2:

	Bestand am 31.01.	157 Stück • 36,10 € =	5.667,70 €
-	Zugang 01.01. - 31.01.	250 Stück • 36,10 € =	9.025,00 €
+	Abgang 01.01. - 31.01.	188 Stück • 36,10 € =	6.786,80 €
=	**Bestand am 31.01.**	**95 Stück • 36,10 € =**	**3.429,50 €**

Lösung zu Aufgabe 6:

Inventar „FahrRad e. K." für den 31.12.20..

		Euro	Euro
I.	**Vermögen**		
1.	**Anlagevermögen**		
1.1	**Betriebs- und Geschäftsausstattung**		
	1 Pkw VW Passat	18.500,00	
	1 Ladeneinrichtung	22.350,00	
	Sonstige Betriebs- und Geschäftsausstattung lt. Verzeichnis 1	15.112,00	55.962,00
2.	**Umlaufvermögen**		
2.1	**Waren**		
	Fahrräder und Roller lt. Verzeichnis 2	76.897,00	
	Fahrradzubehör und Ersatzteile lt. Verzeichnis 3	4.825,00	
	Fahrradbekleidung lt. Verzeichnis 4	13.463,00	95.185,00
2.2	**Forderungen**		
	Forderungen gegenüber Kunden lt. Verzeichnis 5		14.680,00
2.3	**Bankguthaben und Kassenbestand**		
	Postbank	5.628,00	
	Kassenbestand	535,00	6.163,00
	Summe des Vermögens		171.990,00
II.	**Schulden**		
1.	**Langfristige Schulden**		
	Darlehensschuld bei der Volksbank Köln		85.300,00
2.	**Kurzfristige Schulden**		
	Schulden bei der Sparkasse Köln (Girokonto)	2.355,00	
	Schulden gegenüber Lieferanten lt. Verzeichnis 6	34.335,00	36.690,00
	Summe der Schulden		121.990,00
III.	**Ermittlung des Reinvermögens**		
	Summe des Vermögens		171.990,00
-	Summe der Schulden		121.990,00
=	**Reinvermögen (Eigenkapital)**		50.000,00

Lösung zu Aufgabe 7:

AKTIVA	Bilanz zum 31.12.20..		PASSIVA
	Euro		Euro
A. Anlagevermögen		**A. Eigenkapital**	50.000,00
1. Betriebs- und Geschäftsausstattung	55.962,00	**B. Verbindlichkeiten**	
B. Umlaufvermögen		1. Verbindlichkeiten gegenüber Kreditinstituten	87.655,00
1. Waren	95.185,00	2. Verbindlichkeiten aus Lieferungen und Leistungen	34.335,00
2. Forderungen aus Lieferungen und Leistungen	14.680,00		
3. Bankguthaben und Kassenbestand	6.163,00		
	171.990,00		171.990,00

Lösung zu Aufgabe 8:

a)

Inventar der Firma BÜROWELT e. K. Koblenz zum 01.08.2025

I.	**Vermögen**		
		Euro	Euro
1.	**Anlagevermögen**		
1.1	**Grundstücke und Bauten**		
	bebaute Grundstücke	140.000,00	
	Geschäftsbauten	350.000,00	490.000,00
1.2	**Betriebs- und Geschäftsausstattung**		
	Sonstige Betriebs- und Geschäftsausstattung lt. besonderem Verzeichnis	56.000,00	56.000,00
2.	**Umlaufvermögen**		
2.1	**Kassenbestand, Guthaben bei Kreditinstituten**		
	Kassenbestand	11.200,00	11.200,00
Summe des Vermögens			557.200,00
II.	**Schulden**		
1.	**Langfristige Schulden**		
1.1	**Schulden gegenüber Kreditinstituten**		
	Darlehen Sparkasse Koblenz		210.000,00
Summe der Schulden			210.000,00
III.	**Ermittlung des Reinvermögens**		
			557.200,00
-	Summe der Schulden		210.000,00
=	**Reinvermögen (Eigenkapital)**		347.200,00

Koblenz, 01.08.2025

b)

Aktiva	Bilanz zum 31.12.2025		Passiva
	Euro		Euro
A. Anlagevermögen		**A. Eigenkapital**	347.200,00
I. Sachanlagen			
1. Grundstücke und Bauten	490.000,00	**B. Verbindlichkeiten**	
2. Betriebs- und Geschäftsausstattung	56.000,00	1. Verbindlichkeiten gegenüber Kreditinstituten	210.000,00
B. Umlaufvermögen			
I. Kassenbestand und Guthaben bei Kreditinstituten			
1. Kassenbestand	11.200,00		
	557.200,00		557.200,00

01.08.2025 Unterschrift Florian Kurz

Lösung zu Aufgabe 9:

1. **Aktiv-Passiv-Mehrung:** Erhöhung des Warenbestandes (Vorräte) und Erhöhung der Verbindlichkeiten aus Lieferungen und Leistungen.
2. **Aktiv-Tausch:** Erhöhung des Anlagevermögens (Betriebs- und Geschäftsausstattung) und Verminderung des Umlaufvermögens (Bankguthaben).
3. **Aktiv-Passiv-Minderung:** Verminderung des Umlaufvermögens (Bankguthaben) und Verminderung der Verbindlichkeiten gegenüber Kreditinstituten.
4. **Aktiv-Tausch:** Verminderung der Forderungen aus Lieferungen und Leistungen und Erhöhung des Kassenbestandes.
5. **Aktiv-Passiv-Minderung:** Verminderung des Umlaufvermögens (Forderungen aus Lieferungen und Leistungen) und Verminderung der Verbindlichkeiten (Verbindlichkeiten aus Lieferungen und Leistungen).

Lösung zu Aufgabe 10:

1. Erhöhung der Aktiva (BGA) bei gleichzeitiger Verminderung der Aktiva (Bankguthaben) um jeweils 500 € → Aktiv-Tausch.
2. Erhöhung der Aktiva (Vorräte) sowie Erhöhung der Passiva (Verbindlichkeiten aus Lieferungen und Leistungen) um jeweils 15.000 € → Aktiv-Passiv-Mehrung.
3. Verminderung der Aktiva (Bankguthaben) sowie Verminderung der Passiva (Verbindlichkeiten aus Lieferungen und Leistungen) um jeweils 15.000 € → Aktiv-Passiv-Minderung.
4. Erhöhung der Aktiva (Fuhrpark) sowie Erhöhung der Passiva (Verbindlichkeiten aus Lieferungen und Leistungen) um jeweils 25.000 € → Aktiv-Passiv-Mehrung.
5. Erhöhung der Aktiva (BGA) bei gleichzeitiger Verminderung der Aktiva (Kasse) um jeweils 1.500 € → Aktiv-Tausch.
6. Verminderung der Aktiva (Vorräte) bei gleichzeitiger Erhöhung der Aktiva (Kasse) um jeweils 2.500 € → Aktiv-Tausch.
7. Erhöhung der Aktiva (Bankguthaben) sowie Erhöhung der Passiva (Verbindlichkeiten gegenüber Kreditinstituten) um jeweils 100.000 € → Aktiv-Passiv-Mehrung.
8. Verminderung der Aktiva (Bankguthaben) sowie Verminderung der Passiva (Verbindlichkeiten gegenüber Kreditinstituten) um jeweils 10.000 € → Aktiv-Passiv-Minderung.
9. Verminderung der Aktiva (Forderungen aus Lieferungen und Leistungen) sowie Verminderung der Passiva (Verbindlichkeiten aus Lieferungen und Leistungen) um jeweils 1.190 € → Aktiv-Passiv-Minderung.
10. Verminderung der Passiva (kurzfristige Verbindlichkeiten gegenüber Kreditinstituten) bei gleichzeitiger Erhöhung der Passiva (langfristige Verbindlichkeiten gegenüber Kreditinstituten) um jeweils 5.000 € → Passiv-Tausch.

Lösung zu Aufgabe 11:

Aktiva	Euro	Bilanz zum 02.08.2025	Passiva Euro
A. Anlagevermögen		**A. Eigenkapital**	347.200,00
I. Sachanlagen			
1. Grundstücke und Bauten	490.000,00	**B. Verbindlichkeiten**	
2. Betriebs- und Geschäftsausst.	116.000,00	1. Verbindlichkeiten gegenüber Kreditinstituten	210.000,00
B. Umlaufvermögen		2. Verbindlichkeiten aus Lieferungen und Leistungen	62.000,00
I. Vorräte			
1. Hilfsstoffe	2.000,00		
2. Waren	5.000,00		
II. Kassenbestand und Guthaben bei Kreditinstituten	6.200,00		
	619.200,00		619.200,00

Lösung zu Aufgabe 12:

S	Grund und Boden	H
AB	200.000,00	

S	Gebäude	H
AB	400.000,00	

S	Maschinen	H
AB	100.000,00	

S	BGA	H
AB	50.000,00	

S	Kasse	H
AB	1.000,00	

S	Eigenkapital		H
		AB	161.000,00

S	Verb. gegenüber Kred.		H
		AB	365.000,00

S	Verb. a LuL		H
		AB	235.000,00

S	Bank	H
AB	10.000,00	

S	Saldenvorträge		H
AB Eigenkapital	161.000,00	AB Grund und Boden	200.000,00
AB Verb. gegenüber Kreditinstituten	365.000,00	AB Gebäude	400.000,00
AB Verb. a LuL	235.000,00	AB Maschinen	100.000,00
		AB BGA	50.000,00
		AB Bank	10.000,00
		AB Kasse	1.000,00
	761.000,00		761.000,00

Lösung zu Aufgabe 13:

S	Grund und Boden		H
AB	200.000,00		

S	Gebäude		H
AB	400.000,00		

S	Maschinen		H
AB	100.000,00		
1)	10.000,00		

S	BGA		H
AB	50.000,00		
3)	1.000,00		

S	Bank		H
AB	10.000,00	2)	1.000,00
5)	5.000,00	4)	600,00

S	Kasse		H
AB	1.000,00	3)	1.000,00
2)	1.000,00		

S	Eigenkapital		H
		AB	161.000,00

S	Verb. gegenüber Kred.		H
		AB	365.000,00
		5)	5.000,00

S	Verb. a LuL		H
4)	600,00	AB	235.000,00
		1)	10.000,00

Lösung zu Aufgabe 14:

S	Grund und Boden		H
AB	200.000,00	SBK	200.000,00

S	Gebäude		H
AB	400.000,00	SBK	400.000,00

S	Maschinen		H
AB	100.000,00	SBK	110.000,00
1)	10.000,00		
	110.000,00		110.000,00

S	BGA		H
AB	50.000,00	SBK	51.000,00
3)	1.000,00		
	51.000,00		51.000,00

S	Bank		H
AB	10.000,00	2)	1.000,00
5)	5.000,00	4)	600,00
		SBK	13.400,00
	15.000,00		15.000,00

S	Kasse		H
AB	1.000,00	3)	1.000,00
2)	1.000,00	SBK	1.000,00
	2.000,00		2.000,00

S	Eigenkapital		H
SBK	161.000,00	AB	161.000,00

S	Verb. gegenüber Kred.		H
SBK	370.000,00	AB	365.000,00
		5)	5.000,00
	370.000,00		370.000,00

S	Verb. a LuL		H
4)	600,00	AB	235.000,00
SBK	244.400,00	1)	10.000,00
	245.000,00		245.000,00

S	Schlussbilanzkonto (SBK)		H
Grund und Boden	200.000,00	Eigenkapital	161.000,00
Gebäude	400.000,00	Verb. geg. Kreditinst.	370.000,00
Maschinen	110.000,00	Verb. a LuL	244.400,00
BGA	51.000,00		
Bank	13.400,00		
Kasse	1.000,00		
	775.400,00		775.400,00

Lösung zu Aufgabe 15:

1.	Maschinen	an	Verbindl. a LuL	10.000,00 €
2.	Kasse	an	Bank	1.000,00 €
3.	Büroeinrichtung	an	Kasse	1.000,00 €
4.	Verbindl. a LuL	an	Bank	600,00 €
5.	Bank	an	Verbindl. geg. Kreditinst.	5.000,00 €

Nr.	Sollkonto	Betrag (Euro)	Habenkonto
1.	Maschinen	10.000,00	Verbindl. a LuL
2.	Kasse	1.000,00	Bank
3.	Büroeinrichtung	1.000,00	Kasse
4.	Verbindl. a LuL	600,00	Bank
5.	Bank	5.000,00	Verbindl. geg. Kreditinst.

Lösung zu Aufgabe 16:

a)

Nr.	Sollkonto	Betrag (Euro)	Habenkonto
1.	Kasse	500,00	Bank
2.	Bestand Waren	5.500,00	Verbindl. a LuL
3.	Sonstige BGA	4.300,00	Kasse
4.	Bank	5.000,00	Verbindl. geg. Kreditinst.
5.	Bank	7.000,00	Forderungen a LuL

b) - d)

S	Pkw		H
AB	85.000,00	SBK	85.000,00

S	sonstige BGA		H
AB	32.000,00	SBK	36.300,00
3)	4.300,00		
	36.300,00		36.300,00

S	Bestand Waren		H
AB	12.000,00	SBK	17.500,00
2)	5.500,00		
	17.500,00		17.500,00

S	Forderungen a LuL		H
AB	144.000,00	5)	7.000,00
		SBK	137.000,00
	144.000,00		144.000,00

S	Bank		H
AB	9.500,00	1)	500,00
4)	5.000,00	SBK	21.000,00
5)	7.000,00		
	21.500,00		21.500,00

S	Kasse		H
AB	3.850,00	3)	4.300,00
1)	500,00	SBK	50,00
	4.350,00		4.350,00

S	EK		H
SBK	199.350,00	AB	199.350,00

S	Verbindl. Kreditinst.		H
SBK	59.000,00	AB	54.000,00
		4)	5.000,00
	59.000,00		59.000,00

S	Verbindl. a LuL		H
SBK	38.500,00	AB	33.000,00
		2)	5.500,00
	38.500,00		38.500,00

S	Schlussbilanzkonto (SBK)		H
Pkw	85.000,00	Eigenkapital	199.350,00
sonstige BGA	36.300,00	Verb. geg. Kreditinst.	59.000,00
Bestand Waren	17.500,00	Verb. a LuL	38.500,00
Forderungen a LuL	137.000,00		
Bank	21.000,00		
Kasse	50,00		
	296.850,00		296.850,00

Aktiva	Bilanz des Unternehmers Friedhelm Kurz		Passiva
	Euro		Euro
A. Anlagevermögen		**A. Eigenkapital**	199.350,00
I. Sachanlagen			
1. Betriebs- und Geschäftsausst.		**B. Verbindlichkeiten**	
1.1 Pkw	85.000,00	1. Verbindlichkeiten gegenüber Kreditinstituten	59.000,00
1.2 Sonstige BGA	36.300,00	2. Verb. a LuL	38.500,00
B. Umlaufvermögen			
I. Vorräte			
1. Waren	17.500,00		
II. Forderungen und sonstige Vermögensgegenstände			
1. Forderungen aus Lieferungen und Leistungen	137.000,00		
III. Kassenbestand und Guthaben bei Kreditinstituten			
1. Kassenbestand	50,00		
2. Bankguthaben	21.000,00		
	296.850,00		296.850,00

Lösung zu Aufgabe 17:

Nr.	Sollkonto	Betrag (Euro)	Habenkonto
1.	Pkw	10.000,00	Bank
2.	Kasse	1.000,00	Bank
3.	Ladeneinrichtung	8.000,00	Verbindl. a LuL
4.	Verbindlichkeiten a LuL	10.000,00 2.000,00 8.000,00	 Kasse Bank
5.	Bank	50.000,00	Verbindl. geg. Kreditinst.
6.	Kasse	2.000,00	Forderungen a LuL
7.	Bank	4.000,00	Kasse
8.	USt Vorjahr (sonst. Verbindl.)	3.000,00	Bank
9.	Verbindl. geg. Kreditinst.	1.500,00	Bank
10.	Geschäftsausstattung	1.050,00 300,00 750,00	 Kasse Bank

Lösung zu Aufgabe 18:

1.	Löhne	an	Kasse	300,00 €
2.	Bank	an	Zinserträge	100,00 €
3.	Kfz-Versicherung	an	Bank	400,00 €
4.	Zinsen	an	Bank	50,00 €
5.	Porto	an	Kasse	150,00 €
6.	Bank	an	Mieterträge	1.000,00 €

Nr.	Sollkonto	Betrag (Euro)	Habenkonto
1.	Löhne	300,00	Kasse
2.	Bank	100,00	Zinserträge
3.	Kfz-Versicherung	400,00	Bank
4.	Zinsen	50,00	Bank
5.	Porto	150,00	Kasse
6.	Bank	1.000,00	Mieterträge

S	Löhne		H
1)	300,00		

S	Kasse		H
		1)	300,00
		5)	150,00

S	Zinserträge		H
		2)	100,00

S	Zinsen		H
4)	50,00		

S	Bank		H
2)	100,00	3)	400,00
6)	1.000,00	4)	50,00

S	Mieterträge		H
		6)	1.000,00

S	Kfz.-Vers.		H
3)	400,00		

S	Porto		H
5)	150,00		

Lösung zu Aufgabe 19:

Aufwandskonten → GuVK ← Ertragskonten

S	GuVK		H
Löhne	300,00	Zinserträge	100,00
Zinsen	50,00	Mieterträge	1.000,00
Kfz-Vers.	400,00		
Porto	150,00		
EK (Gewinn)	**200,00**		
	1.100,00		1.100,00

	Erträge	1.100,00 €
-	Aufwendungen	900,00 €
=	**Gewinn**	**200,00 €**

Lösung zu Aufgabe 20:

Buchungssätze

	Sollkonto – SKR 03 (SKR 04)		**Betrag (Euro)**	**Habenkonto** – SKR 03 (SKR 04)	
a)	Ladeneinrichtung	0430 (0640)	1.800,00	Verbindl. a LuL	1600 (3300)
b)	Bank	1200 (1800)	3.500,00	Provisionserlöse	8510 (4560)
c)	Zinsaufwendungen	2110 (7310)	280,00	Bank	1200 (1800)
d)	Gehälter	4120 (6020)	2.000,00	Kasse	1000 (1600)
e)	Bank	1200 (1800)	110,00	Zinserträge	2650 (7110)
f)	Pkw	0320 (0520)	14.000,00	Verbindl. a LuL	1600 (3300)

Bestandskonten

S Pkw H

S		H	
AB	70.000,00	SBK	84.000,00
f)	14.000,00		
	84.000,00		84.000,00

S Ladeneinrichtung H

S		H	
AB	15.000,00	SBK	16.800,00
a)	1.800,00		
	16.800,00		16.800,00

S Bank H

S		H	
AB	20.000,00	c)	280,00
b)	3.500,00	SBK	23.330,00
e)	110,00		
	23.610,00		23.610,00

S Kasse H

S		H	
AB	3.500,00	d)	2.000,00
		SBK	1.500,00
	3.500,00		3.500,00

S Eigenkapital H

S		H	
SBK	63.330,00	AB	62.000,00
		GuVK	1.330,00
	63.330,00		63.330,00

S Verbindlichkeiten gegenüber Kreditinstituten H

S		H	
SBK	28.700,00	AB	28.700,00

S Verbindl. a LuL H

S		H	
SBK	33.600,00	AB	17.800,00
		a)	1.800,00
		f)	14.000,00
	33.600,00		33.600,00

Erfolgskonten

S	Zinsaufwendungen		H
c)	280,00	GuVK	280,00

S	Zinserträge		H
GuVK	110,00	e)	110,00

S	Gehälter		H
d)	2.000,00	GuVK	2.000,00

S	Provisionserlöse		H
GuVK	3.500,00	b)	3.500,00

Abschlusskonten

S	GuVK	H
	280,00	110,00
	2.000,00	3.500,00
Gewinn	1.330,00	
	3.610,00	3.610,00

S	SBK	H
	84.000,00	63.330,00
	16.800,00	28.700,00
	23.330,00	33.600,00
	1.500,00	
	125.630,00	125.630,00

Gewinnermittlung

Eigenkapital am Ende (SB)	63.330,00 €
Eigenkapital am Anfang (AB)	62.000,00 €
Gewinn	**1.330,00 €**

oder:

Erträge	
► Provisionserlöse	3.500,00 €
► Zinserträge	110,00 €
	3.610,00 €
- Aufwendungen	
► Gehälter	2.000,00 €
► Zinsaufwendungen	280,00 €
Gewinn	**1.330,00 €**

Lösung zu Aufgabe 21:

	SKR 03	SKR 04
Kasse	1000	1600
Bank	1200	1800
Maschinen	0210	0440
Pkw	0320	0520
Forderungen a LuL	1400	1200
Verbindlichkeiten a LuL	1600	3300
Unbebaute Grundstücke	0065	0215
Bebaute Grundstücke	0085	0235
Wareneinkauf	3200	5200
Warenbestand	3980	1140
laufende Kfz-Betriebskosten	4530	6530
Werbekosten	4600	6600

Lösung zu Aufgabe 22:

a)

Nr.	**Sollkonto** – SKR 03 (SKR 04)		**Betrag (Euro)**	**Habenkonto** – SKR 03 (SKR 04)		**Erfolgs-auswirkung**
1.	Pkw	0320 (0520)	40.000,00	Verbindl. a LuL	1600 (3300)	–
2.	Bank	1200 (1800)	10.000,00	Ford. a LuL	1400 (1200)	–
3.	Gehälter	4120 (6020)	3.000,00	Bank	1200 (1800)	A
4.	Telefon	4920 (6805)	200,00	Bank	1200 (1800)	A
5.	Zinsaufwend.	2120 (7320)	100,00	Bank	1200 (1800)	A
6.	Bank	1200 (1800)	6.300,00	Zinserträge	2650 (7110)	E
7.	Porto	4910 (6800)	100,00	Kasse	1000 (1600)	A
8.	Miete	4210 (6310)	1.000,00	Bank	1200 (1800)	A

A = Aufwand
E = Ertrag

Bestandskonten

b) - d)

S	0320 (0520) PKW		H
AB	55.000,00	SBK	95.000,00
1)	40.000,00		
	95.000,00		95.000,00

S	0800 (2030) EK		H
SBK	117.900,00	AB	116.000,00
		GuVK	1.900,00
	117.900,00		117.900,00

S	0430 (0640) Ladeneinrichtung		H
AB	44.000,00	SBK	44.000,00

S	1600 (3300) Verbindl. a LuL		H
SBK	90.000,00	AB	50.000,00
		1)	40.000,00
	90.000,00		90.000,00

S	3980 (1140) Bestand Waren		H
AB	33.000,00	SBK	33.000,00

S	1000 (1600) Kasse		H
AB	1.000,00	7)	100,00
		SBK	900,00
	1.000,00		1.000,00

S	1400 (1200) Forderungen a LuL		H
AB	22.000,00	2)	10.000,00
		SBK	12.000,00
	22.000,00		22.000,00

S	1200 (1800) Bank		H
AB	11.000,00	3)	3.000,00
2)	10.000,00	4)	200,00
6)	6.300,00	5)	100,00
		8)	1.000,00
		SBK	23.000,00
	27.300,00		27.300,00

Erfolgskonten

S	2120 (7320) Zinsaufwend.		H
5)	100,00	GuVK	100,00

S	4910 (6800) Porto		H
7)	100,00	GuVK	100,00

S	4120 (6020) Gehälter		H
3)	3.000,00	GuVK	3.000,00

S	4920 (6805) Telefon		H
4)	200,00	GuVK	200,00

S	4120 (6310) Miete		H
8)	1.000,00	GuVK	1.000,00

S	2650 (7110) Zinserträge		H
GuVK	6.300,00	6)	6.300,00

Abschlusskonten

S	GuVK		H
2120 (7320)	100,00	2650 (7110)	6.300,00
4120 (6020)	3.000,00		
4210 (6310)	1.000,00		
4910 (6800)	100,00		
4920 (6805)	200,00		
0800 (2030)	1.900,00		
	6.300,00		6.300,00

S	SBK		H
0320 (0520)	95.000,00	0800 (2030)	117.900,00
0430 (0640)	44.000,00	1600 (3300)	90.000,00
3980 (1140)	33.000,00		
1400 (1200)	12.000,00		
1200 (1800)	23.000,00		
1000 (1600)	900,00		
	207.900,00		207.900,00

Lösung zu Aufgabe 23:

	Sollkonto – SKR 03 (SKR 04)		**Betrag (Euro)**	**Habenkonto** – SKR 03 (SKR 04)	
1.	Pkw	0320 (0520)	32.000,00		
			10.000,00	Kasse	1000 (1600)
			22.000,00	Bank	1200 (1800)
2.	Forderungen a LuL	1400 (1200)	15.000,00	Erlöse	8200 (4200)
3.	Kasse	1000 (1600)	1.000,00	Provisionserlöse	8510 (4560)
4.	Zinsaufwendungen	2110 (7310)	300,00	Bank	1200 (1800)
5.	Gehälter	4120 (6020)	2.000,00	Kasse	1000 (1600)
6.	Bank	1200 (1800)	100,00	Zinserträge	2650 (7110)
7.	Kasse	1000 (1600)	3.000,00		
	Bank	1200 (1800)	7.000,00		
			10.000,00	Forderungen a LuL	1400 (1200)
8.	Verbindl. a LuL	1600 (3300)	25.000,00	Bank	1200 (1800)

Lösung zu Aufgabe 24:

USt-Traglast	Nettoumsatz Getränkeverkauf	8.000,00 €	
	Nettoumsatz Vermietung Theke	200,00 €	
	Summe der Umsätze zu 19 % USt	8.200,00 €	
	• 19 % = USt-Traglast		1.558,00 €
Vorsteuer	aus Getränkeeinkauf	950,00 €	
	aus Telefonrechnung	95,00 €	
		1.045,00 €	- 1.045,00 €
USt-Zahllast			**513,00 €**

Lösung zu Aufgabe 25:

	Sollkonto – SKR 03 (SKR 04)		**Betrag (Euro)**	**Habenkonto** – SKR 03 (SKR 04)	
1.	Forderungen a LuL Forderungen a LuL	1400 (1200) 1400 (1200)	80,00 15,20	Erlöse zu 19 % USt Umsatzsteuer 19 %	8400 (4400) 1776 (3806)
2.	Kasse Kasse	1000 (1600) 1000 (1600)	200,00 38,00	Erlöse zu 19 % USt Umsatzsteuer 19 %	8400 (4400) 1776 (3806)
3.	Bank Bank	1200 (1800) 1200 (1800)	500,00 95,00	Erlöse zu 19 % USt Umsatzsteuer 19 %	8400 (4400) 1776 (3806)

S	Forderungen a LuL		H
1)	95,20		

S	Kasse		H
2)	238,00		

S	Bank		H
3)	595,00		

S	Erlöse zu 19 % USt		H
		1)	80,00
		2)	200,00
		3)	500,00

S	Umsatzsteuer 19 %		H
		1)	15,20
		2)	38,00
		3)	95,00

Lösung zu Aufgabe 26:

	Sollkonto – SKR 03 (SKR 04)		**Betrag (Euro)**	**Habenkonto** – SKR 03 (SKR 04)	
1.	Bürobedarf Vorsteuer 19 %	4930 (6815) 1576 (1406)	100,00 19,00	Kasse Kasse	1000 (1600) 1000 (1600)
2.	Büroeinrichtung Vorsteuer 19 %	0420 (0650) 1576 (1406)	500,00 95,00	Verbindl. a LuL Verbindl. a LuL	1600 (3300) 1600 (3300)
3.	Telefon Vorsteuer 19 %	4920 (6805) 1576 (1406)	200,00 38,00	Verbindl. a LuL Verbindl. a LuL	1600 (3300) 1600 (3300)
4.	Kfz-Reparaturen Vorsteuer 19 %	4540 (6540) 1576 (1406)	600,00 114,00	Bank Bank	1200 (1800) 1200 (1800)
5.	Verbindl. a LuL	1600 (3300)	238,00	Bank	1200 (1800)

S	Bürobedarf		H
1)	100,00		

S	Büroeinrichtung		H
2)	500,00		

S	Telefon		H
3)	200,00		

S	Kfz-Reparaturen		H
4)	600,00		

S	Vorsteuer 19 %		H
1)	19,00		
2)	95,00		
3)	38,00		
4)	114,00		

S	Verb. a LuL		H
5)	238,00	2)	595,00
		3)	238,00

S	Bank		H
		4)	714,00
		5)	238,00

S	Kasse		H
		1)	119,00

Lösung zu Aufgabe 27:

	Sollkonto – SKR 03 (SKR 04)		**Betrag (Euro)**	**Habenkonto** – SKR 03 (SKR 04)	
1.	Bürobedarf Vorsteuer 19 %	4930 (6815) 1576 (1406)	75,00 14,25	Kasse Kasse	1000 (1600) 1000 (1600)
2.	Bank Bank	1200 (1800) 1200 (1800)	1.000,00 190,00	Erlöse zu 19 % USt Umsatzsteuer 19 %	8400 (4400) 1776 (3806)
3.	Bank	1200 (1800)	250,00	Zinserträge	2650 (7110)
4.	BGA Vorsteuer 19 %	0300 (0500) 1576 (1406)	5.000,00 950,00	Verbindl. a LuL Verbindl. a LuL	1600 (3300) 1600 (3300)
5.	Telefon Vorsteuer 19 %	4920 (6805) 1576 (1406)	150,00 28,50	Verbindl. a LuL Verbindl. a LuL	1600 (3300) 1600 (3300)
6.	Bank Bank	1200 (1800) 1200 (1800)	10.000,00 1.900,00	Provisionserlöse Umsatzsteuer 19 %	8510 (4560) 1776 (3806)
7.	Verbindl. a LuL	1600 (3300)	178,50	Bank	1200 (1800)
8.	USt-Vorauszahlungen	1780 (3820)	525,00	Bank	1200 (1800)

Bestandskonten

S	Bebaute Grundstücke		H
AB	100.000,00	SBK	100.000,00
	100.000,00		100.000,00

S	Eigenkapital		H
SBK	160.075,00	AB	149.050,00
		GuVK	11.025,00
	160.075,00		160.075,00

S	Geschäftsbauten		H
AB	200.000,00	SBK	200.000,00
	200.000,00		200.000,00

S	Verbindl. geg. Kreditinst.		H
SBK	225.750,00	AB	225.750,00
	225.750,00		225.750,00

S	Betriebs- u. Geschäftsausstattung		H
AB	75.000,00	SBK	80.000,00
4)	5.000,00		
	80.000,00		80.000,00

S	Verbindl. a LuL		H
7)	178,50	AB	6.350,00
SBK	12.300,00	4)	5.950,00
		5)	178,50
	12.478,50		12.478,50

S	Forderungen a LuL		H
AB	5.225,00	SBK	5.225,00
	5.225,00		5.225,00

S	Umsatzsteuer		H
Vorsteuer	992,75	AB	0,00
USt-Vorausz.	525,00	2)	190,00
SBK	572,25	6)	1.900,00
	2.090,00		2.090,00

S	Bank		H
AB	575,00	7)	178,50
2)	1.190,00	8)	525,00
3)	250,00	SBK	13.211,50
6)	11.900,00		
	13.915,00		13.915,00

S	USt-Vorauszahlungen		H
8)	525,00	USt	525,00
	525,00		525,00

S	Kasse		H
AB	350,00	1)	89,25
		SBK	260,75
	350,00		350,00

S	Vorsteuer		H
AB	0,00	USt	992,75
1)	14,25		
4)	950,00		
5)	28,50		
	992,75		992,75

Erfolgskonten

S	Telefon		H
5)	150,00	GuVK	150,00
	150,00		150,00

S	Umsatzerlöse		H
GuVK	1.000,00	2)	1.000,00
	1.000,00		1.000,00

S	Bürobedarf		H
1)	75,00	GuVK	75,00
	75,00		75,00

S	Provisionserlöse		H
GuVK	10.000,00	6)	10.000,00
	10.000,00		10.000,00

S	Zinserträge		H
GuVK	250,00	3)	250,00
	250,00		250,00

Abschlusskonten

S	GuVK		H
Telefon	150,00	Umsatzerl.	1.000,00
Bürobedarf	75,00	Provisionserlöse	10.000,00
Gewinn (EK)	11.025,00	Zinsertr.	250,00
	11.250,00		11.250,00

S	SBK		H
Grundstücke	100.000,00	EK	160.075,00
Geschäftsbauten	200.000,00	Verb. Kreditinst.	225.750,00
BGA	80.000,00	Verb. a LuL	12.300,00
Forderungen a LuL	5.225,00	USt	572,25
Bank	13.211,50		
Kasse	260,75		
	398.697,25		398.697,25

Lösung zu Aufgabe 28:

	Soll Kto.-Nr. SKR 03 (SKR 04)	**Betrag** (Euro)	**Haben Kto.-Nr.** SKR 03 (SKR 04)	**Vor-steuer** (Euro)	**Umsatz-steuer** (Euro)	Aufwand (Euro)	Ertrag (Euro)
1.	Kasse 1000 (1600)	10.000,00	Provisionserlöse 8519 (4569)				10.000,00
	Kasse 1000 (1600)	1.900,00	USt 19 % 1776 (3806)		1.900,00		
2.	Bank 1200 (1800)	5.350,00	Ford. a LuL 1400 (1200)				
3.	Telefon 4920 (6805)	186,96	Bank 1200 (1800)			186,96	
	VoSt 19 % 1576 (1406)	35,52	Bank 1200 (1800)	35,52			
4.	Lkw 0350 (0540)	5.000,00	Verbindl. a LuL 1600 (3300)				
	VoSt 19 % 1576 (1406)	950,00	Verbindl. a LuL 1600 (3300)	950,00			
5.	Kfz-Repar. 4540 (6540)	750,00	Kasse 1000 (1600)			750,00	
	VoSt 19 % 1576 (1406)	142,50	Kasse 1000 (1600)	142,50			
6.	Bürobedarf 4930 (6815)	290,00	Kasse 1000 (1600)	VoSt **nicht** abziehbar, weil nicht gesondert in der Rechnung ausgewiesen.		290,00	
7.	Bürobedarf 4930 (6815)	84,03	Kasse 1000 (1600)			84,03	
	VoSt 19 % 1576 (1406)	15,97	Kasse 1000 (1600)	15,97			

- Summe Umsatzsteuer 1.900,00 €
- Summe Vorsteuer - 1.143,99 €
- USt-Zahllast **756,01 €**

Lösung zu Aufgabe 29:

	Soll Kto.-Nr. SKR 03 (SKR 04)	**Betrag** (Euro)	**Haben Kto.-Nr.** SKR 03 (SKR 04)	**Vorsteuer** (Euro)	**Umsatzsteuer** (Euro)	Aufwand (Euro)	Ertrag (Euro)
1.	Verb. a LuL 1600 (3300)	14.280,00	Bank 1200 (1800)				
2.	Miete 4210 (6310)	2.000,00	Bank 1200 (1800)			2.000,00	
3.	USt 1770 (3800)	2.750,00	Bank 1200 (1800)				
4.	Löhne 4110 (6010)	2.200,00	Kasse 1000 (1600)			2.200,00	
5.	Bürobedarf 4930 (6815)	80,00	Kasse 1000 (1600)			80,00	
	VoSt 19 % 1576 (1406)	15,20	Kasse 1000 (1600)	15,20			
6.	Kfz-Repar. 4540 (6540)	400,00	Kasse 1000 (1600)			400,00	
	VoSt 19 % 1576 (1406)	76,00	Kasse 1000 (1600)	76,00			
7.	Telefon 4920 (6805)	200,00	Bank 1200 (1800)			200,00	
	VoSt 19 % 1576 (1406)	38,00	Bank 1200 (1800)	38,00			
8.	Sonst. BGA 0490 (0690)	350,00	Kasse 1000 (1600)	VoSt **nicht** abziehbar, weil nicht gesondert in der Rechnung ausgewiesen.			
	Summen			129,20		4.880,00	

- Verlust (nur Aufwendungen; keine Erträge): **4.880,00 €**
- Vorsteuerüberhang (Forderung gegenüber dem Finanzamt): **129,20 €**

Exkurs 1: Grundzüge der Abschreibung

Lösung zu Aufgabe 30:

a)

	Anschaffungspreis, netto	10.000,00 €
+	Transport, netto (ANK)	200,00 €
+	Installation, netto (ANK)	300,00 €
=	**AK**	**10.500,00 €**
	Abschreibung 2025:	
	10.500,00 € : 8 Jahre =	1.312,50 €
	Aufrundung auf den nächsten vollen Euro-Betrag (zulässig)	**1.313,00 €**
	AK	10.500,00 €
-	Abschreibung 2025	1.313,00 €
=	**Restbuchwert 31.12.2025**	**9.187,00 €**

b) **Buchungssätze:**

Sollkonto – SKR 03 (SKR 04)		**Betrag (Euro)**	**Habenkonto** – SKR 03 (SKR 04)		**Erfolgs-ausw.**
Maschinen	0210 (0440)	10.000,00	Verbindl. a LuL	1600 (3300)	–
Vorsteuer 19 %	1576 (1406)	1.900,00	Verbindl. a LuL	1600 (3300)	–
Maschinen	0210 (0440)	200,00	Verbindl. a LuL	1600 (3300)	–
Vorsteuer 19 %	1576 (1406)	38,00	Verbindl. a LuL	1600 (3300)	–
Maschinen	0210 (0440)	300,00	Verbindl. a LuL	1600 (3300)	–
Vorsteuer 19 %	1576 (1406)	57,00	Verbindl. a LuL	1600 (3300)	–
Verbindl. a LuL	1600 (3300)	11.900,00	Bank	1200 (1800)	–
Verbindl. a LuL	1600 (3300)	238,00	Bank	1200 (1800)	–
Verbindl. a LuL	1600 (3300)	357,00	Bank	1200 (1800)	–
Abschreibung Sach.	4830 (6220)	1.313,00	Maschinen	0210 (0440)	- 1.313

Lösung zu Aufgabe 31:

a)

	Anschaffungspreis, netto	30.000,00 €
-	Rabatt 5 % v. 30.000 €	1.500,00 €
+	Transport, netto (ANK)	500,00 €
=	**AK**	**29.000,00 €**
	Abschreibung:	
	jährlich: 29.000 € : 10 Jahre =	2.900,00 €
	für 2025: 2.900 € : 12 Monate • 9 Monate =	2.175,00 €
	AK	29.000,00 €
-	Abschreibung 2025	2.175,00 €
=	**Restbuchwert 31.12.2025**	**26.825,00 €**

b) **Buchungssätze:**

Tz.	Sollkonto – SKR 03 (SKR 04)		Betrag (Euro)	Habenkonto – SKR 03 (SKR 04)		Erfolgs-ausw.
1.	Sonst. Transp.	0380 (0560)	28.500,00	Bank	1200 (1800)	–
	Vorsteuer 19 %	1576 (1406)	5.415,00	Bank	1200 (1800)	–
2.	Sonst. Transp.	0380 (0560)	500,00	Kasse	1000 (1600)	–
	Vorsteuer 19 %	1576 (1406)	95,00	Kasse	1000 (1600)	–
3.	Abschreibung Sach.	4830 (6220)	2.175,00	Sonst. Transp.	0380 (0560)	- 2.175

Lösung zu Aufgabe 32:

S 4830 (6220) Abschreibungen H

S		H	
3)	2.175,00	GuVK	2.175,00
	2.175,00		2.175,00

S 0380 (0560) Sonst. Transport. H

S		H	
1)	28.500,00	3)	2.175,00
2)	500,00	SBK	26.825,00
	29.000,00		29.000,00

S 9998 (9998) GuVK H

S	H
4830 (6220) 2.175,00	

S 9999 (9999) SBK H

S	H
0380 (0560) 26.825,00	

Lösung zu Aufgabe 33:

	Sollkonto – SKR 03 (SKR 04)		**Betrag (Euro)**	**Habenkonto** – SKR 03 (SKR 04)	
1.	Wareneingang 19 %	3400 (5400)	1.000,00	Verbindl. a LuL	1600 (3300)
	Vorsteuer 19 %	1576 (1406)	190,00	Verbindl. a LuL	1600 (3300)
2.	Bezugsnebenkosten	3800 (5800)	20,00	Kasse	1000 (1600)
	Vorsteuer 19 %	1576 (1406)	3,80	Kasse	1000 (1600)
3.	Wareneingang 19 %	3400 (5400)	1.500,00	Verbindl. a LuL	1600 (3300)
	Bezugsnebenkosten	3800 (5800)	50,00	Verbindl. a LuL	1600 (3300)
	Vorsteuer 19 %	1576 (1406)	294,50	Verbindl. a LuL	1600 (3300)
4.	Bezugsnebenkosten	3800 (5800)	75,00	Bank	1200 (1800)
5.	Verbindl. a LuL	1600 (3300)	160,00	Wareneingang 19 %	3400 (5400)
	Verbindl. a LuL	1600 (3300)	30,40	Vorsteuer 19 %	1576 (1406)
6.	Wareneingang 7 %	3300 (5300)	3.000,00	Verbindl. a LuL	1600 (3300)
	Bezugsnebenkosten	3800 (5800)	100,00	Verbindl. a LuL	1600 (3300)
	Leergut	3830 (5820)	500,00	Verbindl. a LuL	1600 (3300)
	Vorsteuer 7 %	1571 (1401)	252,00	Verbindl. a LuL	1600 (3300)
7.	Verbindl. a LuL	1600 (3300)	250,00	Leergut	3830 (5820)
	Verbindl. a LuL	1600 (3300)	17,50	Vorsteuer 7 %	1571 (1401)
8.	Bezugsnebenkosten	3800 (5800)	300,00	Kasse	1000 (1600)
	Vorsteuer 19 %	1576 (1406)	57,00	Kasse	1000 (1600)

Lösung zu Aufgabe 34:

	Sollkonto – SKR 03 (SKR 04)		**Betrag (Euro)**	**Habenkonto** – SKR 03 (SKR 04)	
1.	Wareneingang 19 %	3400 (5400)	6.000,00	Verbindl. a LuL	1600 (3300)
	Vorsteuer 19 %	1576 (1406)	1.140,00	Verbindl. a LuL	1600 (3300)
2.	Bezugsnebenkosten	3800 (5800)	200,00	Verbindl. a LuL	1600 (3300)
	Vorsteuer 19 %	1576 (1406)	38,00	Verbindl. a LuL	1600 (3300)
3.	Verbindl. a LuL	1600 (3300)	400,00	Wareneingang 19 %	3400 (5400)
	Verbindl. a LuL	1600 (3300)	76,00	Vorsteuer 19 %	1576 (1406)
4.	Wareneingang 19 %	3400 (5400)	3.000,00	Verbindl. a LuL	1600 (3300)
	Verbindl. a LuL	1600 (3300)	150,00	Erhaltene Rabatte 19 %	3790 (5790)
	Vorsteuer 19 %	1576 (1406)	541,50	Verbindl. a LuL	1600 (3300)
5.	Wareneingang 19 %	3400 (5400)	3.000,00	Verbindl. a LuL	1600 (3300)
	Vorsteuer 19 %	1576 (1406)	570,00	Verbindl. a LuL	1600 (3300)
6.	Verbindl. a LuL	1600 (3300)	3.498,60	Bank	1200 (1800)
	Verbindl. a LuL	1600 (3300)	60,00	Erhaltene Skonti 19 %	3736 (5736)
	Verbindl. a LuL	1600 (3300)	11,40	Vorsteuer 19 %	1576 (1406)

Lösung zu Aufgabe 35:

	Sollkonto – SKR 03 (SKR 04)		**Betrag (Euro)**	**Habenkonto** – SKR 03 (SKR 04)	
1.	Geleistete Anzahl. 19 %	1518 (1186)	1.250,00	Bank	1200 (1800)
	Vorsteuer 19 %	1576 (1406)	237,50	Bank	1200 (1800)
2.	Wareneingang 19 %	3400 (5400)	2.500,00	Verbindl. a LuL	1600 (3300)
	Vorsteuer 19 %	1576 (1406)	475,00	Verbindl. a LuL	1600 (3300)
	Verbindl. a LuL	1600 (3300)	1.250,00	Geleistete Anzahl. 19 %	1518 (1186)
	Verbindl. a LuL	1600 (3300)	237,50	Vorsteuer 19 %	1576 (1406)
3.	Geleistete Anzahl.	1510 (1180)	1.000,00	Bank	1200 (1800)
4.	Wareneingang 19 %	3400 (5400)	1.500,00	Verbindl. a LuL	1600 (3300)
	Vorsteuer 19 %	1576 (1406)	285,00	Verbindl. a LuL	1600 (3300)
	Verbindl. a LuL	1600 (3300)	1.000,00	Geleistete Anzahl.	1510 (1180)

Lösung zu Aufgabe 36:

	Sollkonto – SKR 03 (SKR 04)		**Betrag (Euro)**	**Habenkonto** – SKR 03 (SKR 04)	
1.	Forderungen a LuL	1400 (1200)	150,00	Erlöse 19 %	8400 (4400)
	Forderungen a LuL	1400 (1200)	28,50	Umsatzsteuer 19 %	1776 (3806)
2.	Verpackungsmat.	4710 (6710)	1.000,00	Verbindl. a LuL	1600 (3300)
	Vorsteuer 19 %	1576 (1406)	190,00	Verbindl. a LuL	1600 (3300)
3.	Forderungen a LuL	1400 (1200)	10.000,00	Erlöse 19 %	8400 (4400)
	Forderungen a LuL	1400 (1200)	1.900,00	Umsatzsteuer 19 %	1776 (3806)
4.	Ausgangsfrachten	4730 (6740)	200,00	Verbindl. a LuL	1600 (3300)
	Vorsteuer 19 %	1576 (1406)	38,00	Verbindl. a LuL	1600 (3300)
5.	Transportvers.	4750 (6760)	100,00	Kasse	1000 (1600)

Lösung zu Aufgabe 37:

	Sollkonto – SKR 03 (SKR 04)		**Betrag (Euro)**	**Habenkonto** – SKR 03 (SKR 04)	
1.	Erlöse 19 %	8400 (4400)	80,00	Forderungen a LuL	1400 (1200)
	Umsatzsteuer 19 %	1776 (3806)	15,20	Forderungen a LuL	1400 (1200)
2.	Forderungen a LuL	1400 (1200)	2.000,00	Erlöse 19 %	8400 (4400)
	Gew. Rabatte 19 %	8790 (4790)	100,00	Forderungen a LuL	1400 (1200)
	Forderungen a LuL	1400 (1200)	361,00	Umsatzsteuer 19 %	1776 (3806)
3.	Bank	1200 (1800)	2.215,78	Forderungen a LuL	1400 (1200)
	Gew. Skonti 19 %	8736 (4736)	38,00	Forderungen a LuL	1400 (1200)
	Umsatzsteuer 19 %	1776 (3806)	7,22	Forderungen a LuL	1400 (1200)
4.	Gew. Rabatte 19 %	8790 (4790)	500,00	Forderungen a LuL	1400 (1200)
	Umsatzsteuer 19 %	1776 (3806)	95,00	Forderungen a LuL	1400 (1200)
5.	Verbindl. a LuL	1600 (3300)	340,00	Nachlässe 19 %	3720 (5720)
	Verbindl. a LuL	1600 (3300)	64,60	Vorsteuer 19 %	1576 (1406)
6.	Erlöse 19 %	8400 (4400)	260,00	Forderungen a LuL	1400 (1200)
	Umsatzsteuer 19 %	1776 (3806)	49,40	Forderungen a LuL	1400 (1200)
7.	Wareneingang 19 %	3400 (5400)	5.000,00	Verbindl. a LuL	1600 (3300)
	Verbindl. a LuL	1600 (3300)	250,00	Erh. Rabatte 19 %	3790 (5770)
	Vorsteuer 19 %	1576 (1406)	902,50	Verbindlichkeiten a LuL	1600 (3300)
8.	Verbindl. a LuL	1600 (3300)	5.482,93	Bank	1200 (1800)
	Verbindl. a LuL	1600 (3300)	142,50	Erh. Skonti 19 %	3736 (5736)
	Verbindl. a LuL	1600 (3300)	27,07	Vorsteuer 19 %	1576 (1406)
9.	Forderungen a LuL	1400 (1200)	10.000,00	Erlöse 19 % USt	8400 (4400)
	Gew. Rabatte 19 %	8790 (4790)	1.000,00	Forderungen a LuL	1400 (1200)
	Forderungen a LuL	1400 (1200)	1.710,00	Umsatzsteuer 19 %	1776 (3806)
10.	Bank	1200 (1800)	10.495,80	Forderungen a LuL	1400 (1200)
	Gew. Skonti 19 %	8736 (4736)	180,00	Forderungen a LuL	1400 (1200)
	Umsatzsteuer 19 %	1776 (3806)	34,20	Forderungen a LuL	1400 (1200)

Lösung zu Aufgabe 38:

	Sollkonto – SKR 03 (SKR 04)		**Betrag (Euro)**	**Habenkonto** – SKR 03 (SKR 04)	
1.	Bank	1200 (1800)	4.000,00	Erhaltene, versteuerte Anzahl. 19 %	1718 (3272)
	Bank	1200 (1800)	760,00	USt 19 %	1776 (3806)
2.	Forderungen a LuL	1400 (1200)	8.400,00	Erlöse 19 % USt	8400 (4400)
	Forderungen a LuL	1400 (1200)	1.596,00	USt 19 %	1776 (3806)
	Erhaltene, versteuerte Anzahl. 19 %	1718 (3272)	4.000,00	Forderungen a LuL	1400 (1200)
	USt 19 %	1776 (3806)	760,00	Forderungen a LuL	1400 (1200)
3.	Bank	1200 (1800)	5.236,00	Forderungen a LuL	1400 (1200)

Lösung zu Aufgabe 39:

	Sollkonto – SKR 03 (SKR 04)		**Betrag (Euro)**	**Habenkonto** – SKR 03 (SKR 04)	
1.	Wareneingang 19 %	3400 (5400)	10.000,00	Verbindl. a LuL	1600 (3300)
	Vorsteuer 19 %	1576 (1406)	1.900,00	Verbindl. a LuL	1600 (3300)
2.	Bezugsnebenkosten	3800 (5800)	200,00	Kasse	1000 (1600)
	Vorsteuer 19 %	1576 (1406)	38,00	Kasse	1000 (1600)
3.	Verbindl. a LuL	1600 (3300)	1.000,00	Wareneingang 19 %	3400 (5400)
	Verbindl. a LuL	1600 (3300)	190,00	Vorsteuer 19 %	1576 (1406)
4.	Verbindl. a LuL	1600 (3300)	10.495,80	Bank	1200 (1800)
	Verbindl. a LuL	1600 (3300)	180,00	Erhaltene Skonti	3736 (5736)
	Verbindl. a LuL	1600 (3300)	34,20	Vorsteuer 19 %	1576 (1406)
5.	Forderungen a LuL	1400 (1200)	20.000,00	Erlöse 19 %	8400 (4400)
	Gew. Rabatte 19 %	8790 (4790)	2.000,00	Forderungen a LuL	1400 (1200)
	Forderungen a LuL	1400 (1200)	3.420,00	Umsatzsteuer 19 %	1776 (3806)
6.	Bank	1200 (1800)	20.991,60	Forderungen a LuL	1400 (1200)
	Gew. Skonti 19 %	8736 (4736)	360,00	Forderungen a LuL	1400 (1200)
	Umsatzsteuer 19 %	1776 (3806)	68,40	Forderungen a LuL	1400 (1200)
7.	Verpackungsmaterial	4710 (6710)	500,00	Verbindl. a LuL	1600 (3300)
	Vorsteuer 19 %	1576 (1406)	95,00	Verbindl. a LuL	1600 (3300)
8.	Transport-versicherungen	4750 (6760)	150,00	Kasse	1000 (1600)

S	Betriebs- u. Geschäftsausstattung		H
AB	100.000,00	SBK	100.000,00

S	Eigenkapital		H
SBK	77.470,00	AB	71.500,00
		GuVK	5.970,00
	77.470,00		77.470,00

S	Bestand Waren		H
AB	50.000,00	SBK	48.000,00
		BVW	2.000,00
	50.000,00		50.000,00

S	Verbindlichkeiten geg. Kreditinstituten		H
SBK	80.000,00	AB	80.000,00

S	Forderungen a LuL		H
AB	15.000,00	5)	2.000,00
5)	20.000,00	6)	21.420,00
5)	3.420,00	SBK	15.000,00
	38.420,00		38.420,00

S	Verbindl. a LuL		H
3)	1.190,00	AB	16.000,00
4)	10.710,00	1)	11.900,00
SBK	16.595,00	7)	595,00
	28.495,00		28.495,00

S	Bank		H
AB	2.000,00	4)	10.495,80
6)	20.991,60	SBK	12.495,80
	22.991,60		22.991,60

S	Kasse		H
AB	500,00	2)	238,00
		8)	150,00
		SBK	112,00
	500,00		500,00

S	Wareneingang (WE)		H
1)	10.000,00	3)	1.000,00
BVW	2.000,00	Erh.	
Bezugsnk.	200,00	Skonti	180,00
		GuVK	11.020,00
	12.200,00		12.200,00

S	Bezugsnebenkosten		H
2)	200,00	WE	200,00

S	Erhaltene Skonti		H
WE	180,00	4)	180,00

S	Verpackungsmaterial		H
7)	500,00	GuVK	500,00

S	Transportversicherungen		H
8)	150,00	GuVK	150,00

S	GuVK		H
WE	11.020,00	Erlöse	17.640,00
Verp.mat.	500,00		
Transp.-vers.	150,00		
Gewinn EK	5.970,00		
	17.640,00		17.640,00

S	Vorsteuer		H
1)	1.900,00	3)	190,00
2)	38,00	4)	34,20
7)	95,00	USt	1.808,80
	2.033,00		2.033,00

S	Umsatzsteuer		H
6)	68,40	5)	3.420,00
VoSt	1.808,80		
SBK	1.542,80		
	3.420,00		3.420,00

S	Erlöse		H
Gew. Rabatte	2.000,00	5)	20.000,00
Gew. Skonti	360,00		
GuVK	17.640,00		
	20.000,00		20.000,00

S	Gewährte Rabatte		H
5)	2.000,00	Erlöse	2.000,00

S	Gewährte Skonti		H
6)	360,00	Erlöse	360,00

S	Bestandsveränderungen-Waren (BVW)		H
Bestand Waren	2.000,00	WE	2.000,00

S	SBK		H
BGA	100.000,00	EK	77.470,00
Bestand Waren	48.000,00	Verb. Kreditinst.	80.000,00
Ford. a LuL	15.000,00	Verb. a LuL	16.595,00
Bank	12.495,80	USt	1.542,80
Kasse	112,00		
	175.607,80		175.607,80

Lösung zu Aufgabe 40:

	Sollkonto – SKR 03 (SKR 04)		**Betrag (Euro)**	**Habenkonto** – SKR 03 (SKR 04)		**Erfolgsauswirkung**
1.	Wareneingang	3400 (5400)	13.500,00	Verbindl. LuL	1600 (3300)	A
	Vorsteuer 19 %	1576 (1406)	2.565,00	Verbindl. LuL	1600 (3300)	–
2.	Verbindl. LuL	1600 (3300)	2.700,00	Wareneingang	3400 (5400)	-A
	Verbindl. LuL	1600 (3300)	513,00	Vorsteuer 19 %	1576 (1406)	–
3.	Verbindl. LuL	1600 (3300)	12.594,96	Bank	1200 (1800)	–
	Verbindl. LuL	1600 (3300)	216,00	Erhaltene Skonti 19 %	3736 (5736)	-A
	Verbindl. LuL	1600 (3300)	41,04	Vorsteuer 19 %	1576 (1406)	–
4.	Ford. LuL	1400 (1200)	1.000,00	Erlöse 19 %	8400 (4400)	E
	Ford. LuL	1400 (1200)	190,00	Umsatzsteuer 19 %	1776 (3806)	–
5.	Bank	1200 (1800)	1.166,20	Ford. LuL	1400 (1200)	–
	Gew. Skonti 19 %	8736 (4736)	20,00	Ford. LuL	1400 (1200)	-E
	Umsatzsteuer 19 %	1776 (3806)	3,80	Ford. LuL	1400 (1200)	–
6.	Wareneingang	3400 (5400)	5.000,00	Verbindl. LuL	1600 (3300)	A
	Vorsteuer 19 %	1576 (1406)	950,00	Verbindl. LuL	1600 (3300)	–
	Bezugsnebenk.	3800 (5800)	150,00	Verbindl. LuL	1600 (3300)	A
	Vorsteuer 19 %	1576 (1406)	28,50	Verbindl. LuL	1600 (3300)	–
7.	Transportvers.	4750 (6760)	65,00	Sonstige Verbindl.	1701 (3501)	A

A = Aufwand
-A = korrigierter Aufwand („Minusaufwand“)
E = Ertrag
-E = korrigierter Ertrag („Minusertrag“)

Lösung zu Aufgabe 41:

	Sollkonto – SKR 03 (SKR 04)		**Betrag (Euro)**	**Habenkonto** – SKR 03 (SKR 04)		**Erfolgs-auswir-kung**
1.	Wareneingang	3400 (5400)	1.080,00	Verbindl. LuL	1600 (3300)	A
	Vorsteuer 19 %	1576 (1406)	205,20	Verbindl. LuL	1600 (3300)	–
2.	Verbindl. LuL	1600 (3300)	1.259,50	Bank	1200 (1800)	–
	Verbindl. LuL	1600 (3300)	21,60	Erhaltene Skonti 19 %	3736 (5736)	-A
	Verbindl. LuL	1600 (3300)	4,10	Vorsteuer 19 %	1576 (1406)	–
3.	Verbindl. LuL	1600 (3300)	2.500,00	Erhaltene Boni 19 %	3760 (5760)	-A
	Verbindl. LuL	1600 (3300)	475,00	Vorsteuer 19 %	1576 (1406)	–
4.	Ford. LuL	1400 (1200)	16.000,00	Erlöse 19 %	8400 (4400)	E
	Ford. LuL	1400 (1200)	3.040,00	Umsatz-steuer 19 %	1776 (3806)	–
5.	Bezugsnebenk.	3800 (5800)	150,00	Bank	1200 (1800)	A
	Vorsteuer 19 %	1576 (1406)	28,50	Bank	1200 (1800)	–
6.	Ausgangs-frachten	4730 (6740)	200,00	Bank	1200 (1800)	A
	Vorsteuer 19 %	1576 (1406)	38,00	Bank	1200 (1800)	–
7.	Transportvers.	4750 (6760)	56,00	Kasse	1000 (1600)	A
8.	Verpackungsmat.	4710 (6710)	1.300,00	Verbindl. LuL	1600 (3300)	A
	Vorsteuer 19 %	1576 (1406)	247,00	Verbindl. LuL	1600 (3300)	

A = Aufwand
-A = korrigierter Aufwand („Minusaufwand")
E = Ertrag
-E = korrigierter Ertrag („Minusertrag")

Exkurs 2: Roh-, Hilfs- und Betriebsstoffe

Lösung zu Aufgabe 42:

	Sollkonto – SKR 03 (SKR 04)		**Betrag (Euro)**	**Habenkonto** – SKR 03 (SKR 04)	
1.	Aufw. für Rohst. Vorsteuer 19 %	3030 (5030) 1576 (1406)	10.000,00 1.900,00	Verbindl. a LuL Verbindl. a LuL	1600 (3300) 1600 (3300)
2.	Bezugsnebenkosten Vorsteuer 19 %	3800 (5800) 1576 (1406)	200,00 38,00	Kasse Kasse	1000 (1600) 1000 (1600)
3.	Verbindl. a LuL Verbindl. a LuL	1600 (3300) 1600 (3300)	1.000,00 190,00	Aufw. für Rohst. Vorsteuer 19 %	3030 (5030) 1576 (1406)
4.	Verbindl. a LuL Verbindl. a LuL Verbindl. a LuL	1600 (3300) 1600 (3300) 1600 (3300)	10.495,80 180,00 34,20	Bank Erhaltene Skonti Vorsteuer 19 %	1200 (1800) 3738 (5738) 1576 (1406)
5.	Forderungen a LuL Gew. Rabatte 7 % Forderungen a LuL	1400 (1200) 8780 (4780) 1400 (1200)	20.000,00 2.000,00 1.260,00	Erlöse 7 % Forderungen a LuL Umsatzsteuer 7 %	8300 (4300) 1400 (1200) 1771 (3801)

Lösung zu Aufgabe 43:

	Sollkonto – SKR 03 (SKR 04)		**Betrag (Euro)**	**Habenkonto** – SKR 03 (SKR 04)		**Erfolgs-auswir-kung**
1.	Einkauf					
	Rohst. 19 %	3030 (5130)	13.500,00	Verbindl. a LuL	1600 (3300)	A
	Vorsteuer 19 %	1576 (1406)	2.565,00	Verbindl. a LuL	1600 (3300)	–
2.	Verbindl. a LuL	1600 (3300)	2.700,00	Einkauf		-A
				Rohst. 19 %	3030 (5130)	
	Verbindl. a LuL	1600 (3300)	513,00	Vorsteuer 19 %	1576 (1406)	–
3.	Verbindl. a LuL	1600 (3300)	12.594,96	Bank	1200 (1800)	–
	Verbindl. a LuL	1600 (3300)	216,00	Erhaltene		
				Skonti 19 %	3738 (5738)	-A
	Verbindl. a LuL	1600 (3300)	41,04	Vorsteuer 19 %	1576 (1406)	–
4.	Ford. a LuL	1400 (1200)	1.000,00	Erlöse 19 %	8400 (4400)	E
				Umsatz-		
	Ford. a LuL	1400 (1200)	190,00	steuer 19 %	1776 (3806)	–
5.	Bank	1200 (1800)	1.166,20	Ford. a LuL	1400 (1200)	–
	Gew. Skonti 19 %	8736 (4736)	20,00	Ford. a LuL	1400 (1200)	-E
	Umsatz-					
	steuer 19 %	1776 (3806)	3,80	Ford. a LuL	1400 (1200)	–
6.	Einkauf					
	Hilfsst. 19 %	3030 (5130)	5.000,00	Verbindl. a LuL	1600 (3300)	A
	Vorsteuer 19 %	1576 (1406)	950,00	Verbindl. a LuL	1600 (3300)	–
	Bezugsnebenk.	3800 (5800)	150,00	Verbindl. a LuL	1600 (3300)	A
	Vorsteuer 19 %	1576 (1406)	28,50	Verbindl. a LuL	1600 (3300)	–
7.	Bestandsveränd.					
	Roh-, Hilfs- und B.	3955 (5885)	252,00	Bestand Rohst.	3970 (1000)	A

Zu Tz. 7:	Bestand 01.01.2025:	85 • 12 € =	1.020,00 €
	Bestand 31.12.2025:	64 • 12 € =	768,00 €
	Bestandsminderung		**252,00 €**

A = Aufwand
-A = korrigierter Aufwand („Minusaufwand“)
E = Ertrag
-E = korrigierter Ertrag („Minusertrag“)

Lösung zu Aufgabe 44:

	Sollkonto – SKR 03 (SKR 04)	**Betrag (Euro)**	**Habenkonto** – SKR 03 (SKR 04)
1.	Privatentn. allg. 1800 (2100)	1.190,00	Bank 1200 (1800)
2.	Privatentn. allg. 1800 (2100)	2.000,00	Bank 1200 (1800)
3.	Privatentn. allg. 1800 (2100)	100,00	Kasse 1000 (1600)
4.	Privatsteuern 1810 (2150)	1.600,00	Bank 1200 (1800)

Lösung zu Aufgabe 45:

	Sollkonto – SKR 03 (SKR 04)	**Betrag (Euro)**	**Habenkonto** – SKR 03 (SKR 04)
1.	Unentgeltl. Wertabg. 1880 (2130) Unentgeltl. Wertabg. 1880 (2130)	50,00 9,50	Entnahme durch den Untern. (Waren) 19 % USt 8910 (4620) Umsatzsteuer 19 % 1776 (3806)
2.	Privatentn. allg. 1800 (2100)	178,50	Bank 1200 (1800)
3.	Unentgeltl. Wertabg. 1880 (2130) Unentgeltl. Wertabg. 1880 (2130)	200,00 14,00	Entnahme durch den Untern. (Waren) 7 % USt 8915 (4610) Umsatzsteuer 7 % 1771 (3801)

Lösung zu Aufgabe 46:

Berechnung der Nutzungsentnahme:

Bruttolistenpreis 33.333 € → Abrundung auf volle 100 € ergibt 33.300 €

33.300 € • 1 % = 333 €/Monat

- Privatnutzung, die der USt unterliegt 333,00 € • **80 %** = 266,40 € (netto)
- Umsatzsteuer hierzu 266,40 € • 19 % = 50,62 €
- Privatnutzung, die nicht der USt unterliegt 333,00 € • **20 %** = 66,60 €

Buchung:

	Sollkonto – SKR 03 (SKR 04)	**Betrag (Euro)**	**Habenkonto** – SKR 03 (SKR 04)
1.	Unentgeltl. Wertabgaben 1880 (2130)	266,40	Verwendung von Gegenst. für Zwecke außerhalb des Untern. 19 % USt 8921 (4645)
2.	Unentgeltl. Wertabgaben 1880 (2130)	66,60	Verwendung von Gegenst. für Zwecke außerhalb des Untern. ohne USt 8924 (4639)
3.	Unentgeltl. Wertabgaben 1880 (2130)	50,62	Umsatzsteuer 19 % 1776 (3806)

Lösung zu Aufgabe 47:

	EK am 31.12.25	115.438,00 €
-	EK am 31.12.24	111.100,00 €
=	Unterschiedsbetrag	4.338,00 €
+	Privatentnahmen 2025	33.300,00 €
-	Privateinlagen 2025	638,00 €
=	**Gewinn 2025**	**37.000,00 €**

Lösung zu Aufgabe 48:

	Sollkonto SKR 03 (SKR 04)	**Betrag (Euro)**	**Habenkonto** SKR 03 (SKR 04)	**Aufwand (Euro)**	**Ertrag (Euro)**
1.	Privatentn. allg. 1800 (2100)	1.000,00	Bank 1200 (1800)		
2.	Unentgeltl. Wertabg. 1880 (2130)	125,00	Sachentnahmen 19 % USt 8910 (4620)		125,00
	Unentgeltl. Wertabg. 1880 (2130)	23,75	Umsatzsteuer 19 % 1776 (3806)		
3.	Telefon 4920 (6805)	207,14	Bank 1200 (1800)	207,14	
	Vorsteuer 19 % 1576 (1406)	39,36	Bank 1200 (1800)		
	Privatentn. allg. 1800 (2100)	43,50	Bank 1200 (1800)		
4.	Unentgeltl. Wertabg. 1880 (2130)	945,00	Nutzungsentn. 19 % USt 8921 (4645)		945,00
	Unentgeltl. Wertabg. 1880 (2130)	179,55	Umsatzsteuer 19 % 1776 (3806)		
	Unentgeltl. Wertabg. 1880 (2130)	225,00	Nutzungsentn. ohne USt 8924 (4639)		225,00

Zu Tz. 4:

privater Nutzungsanteil:	6.300 km : 42.000 km • 100 = **15 %**
Nutzungsentnahme netto:	gesamte Kfz-Kosten • priv. Nutzungsanteil in Prozent (1.700 € + 250 € + 1.250 € + 4.600 €) • 15 % = **1.170 €**
davon umsatzsteuerpflichtig:	1.700 € + 4.600 € = 6.300 € 6.300 € • 15 % = **945 €** (netto) 945 € • 19 % = **179,55 €** USt
nicht umsatzsteuerpflichtig:	250 € + 1.250 € = 1.500 € • 15 % = **225 €**

Lösung zu Aufgabe 49:

a) Die Betriebswirtschaftliche Auswertung (BWA) ist eine **strukturierte Zusammenfassung der Daten** der Finanzbuchhaltung **eines kurzen Zeitraums nach betriebswirtschaftlichen Gesichtspunkten gegliedert** und mithilfe einfacher Kennzahlen dargestellt.

Sie gibt einen **zeitnahen groben Überblick über die Erträge, Aufwendungen und den Erfolg** des Unternehmens.

Die gewonnenen Informationen liefern **Anhaltspunkte für die kurzfristige Beurteilung der wirtschaftlichen Lage** und Entwicklung des betrachteten Unternehmens.

b) Die **Vorteile einer BWA** im Vergleich zu einer Auswertung des Jahresabschlusses liegen insbesondere darin, dass sie

- **aktuell**
- **individuell angepasst** und
- **wenig abstrakt** ist.

Sie ist **aktuell**, weil die BWA direkt nach der Eingabe der Monatsdaten der Buchführung vorliegt.

Eine **Anpassung an die Besonderheiten des Unternehmens** oder die Branche ist üblich und sinnvoll, damit individuelle Erkenntnisse zu dem vorliegenden Unternehmen möglich sind.

Die aufgeführten Daten **stammen direkt aus den Konten Finanzbuchhaltung**. Sie sind im Vergleich zum Jahresabschluss wesentlich geringer zusammengefasst, beispielsweise nur zu Kontengruppen und nicht zu Bilanzpositionen. Sie sind also **detaillierter** als bei Kennzahlen, die aus dem Jahresabschluss abgeleitet sind.

Lösung zu Aufgabe 50:

a)

		Euro
	Umsatzerlöse	26.980
-	Wareneingang	12.380
=	**Rohertrag (Rohgewinn)**	**14.600**

b) Bei der Kennzahl **Rohertrag** werden nur die Größen „Umsatzerlöse“ (oder „Gesamtleistung“) und der Wareneingang einander gegenüber gestellt. Nicht berücksichtigt werden alle weiteren Aufwendungen. Im produzierenden Gewerbe wird der Rohertrag auch „Bruttomarge“ oder „Bruttogewinn“ genannt. Er zeigt die Spanne zwischen den Verkaufspreisen (Umsatzerlöse) und den Einkaufspreisen der Waren an.

Der Rohertrag muss grundsätzlich so hoch sein, dass er alle weiteren Aufwendungen des Unternehmens abdeckt, weil sonst insgesamt ein Verlust entsteht.

Lösung zu Aufgabe 51:

			Euro
	Rohertrag		14.600
-	Personalkosten		3.760
-	Miete		2.500
-	Sonstige Kosten		3.690
=	**Betriebsergebnis**		**4.650**
+	neutrales Ergebnis		
	neutrale Erträge	2.896 €	
	neutrale Aufwendungen	- 1.251 €	1.645
=	**Vorläufiges Ergebnis**		**6.295**

Das Ergebnis der BWA wird als „vorläufig“ bezeichnet, weil noch keine Bestandsveränderungen im Waren-/Materialbereich, keine zeitlichen oder sachlichen Abgrenzungsbuchungen usw., also Buchungen, die im Rahmen der Jahresabschlusserstellung vorgenommen werden, erfolgt sind und diese das Ergebnis verändern können.

Lösung zu Aufgabe 52:

a) **Wareneinsatz**

		Euro
	Warenendbestand	77.500
-	Warenanfangsbestand	55.000
=	**Bestandserhöhung**	**22.500**
	Wareneinkäufe	96.396
-	Bestandserhöhung	22.500
=	**Wareneinsatz**	**73.896**

b) **Rohgewinn**

	Umsatzerlöse	117.425
-	Wareneinsatz	73.896
=	**Rohgewinn**	**43.529**

c) **Reingewinn**

	Rohgewinn	43.529
-	Personalkosten	22.589
-	Raumkosten	8.963
-	Abschreibungen	5.688
-	Sonstige Kosten	3.765
=	**Reingewinn (vorläufig)**	**2.524**

Lösung zu Aufgabe 53:

a) **Wareneinsatz**

		Euro
	3400 (4400) Wareneingang	847.600
+	3800 (5800) Bezugsnebenkosten	32.000
-	Anschaffungspreisminderungen	
	3730 (5730) Erhaltene Skonti	21.000
	3740 (5740) Erhaltene Boni	14.400
-	Bestandserhöhung Warenbestand	43.800
=	**Wareneinsatz**	**800.400**

b) **Rohgewinn**

	Umsatzerlöse	1.318.456
-	Wareneinsatz	800.400
=	**Rohgewinn**	**518.056**

c) **Reingewinn**

	Rohgewinn	518.056
+	übrige Erträge	36.000
-	übrige Aufwendungen	483.659
=	**vorläufiger Reingewinn**	**70.397**

Lernfeld 5: Arbeitsentgelte berechnen und buchen

Lösung zu Aufgabe 54:

a)

			Euro	Euro
	Bruttogehalt			3.000,00
-	**Steuern**			
	Lohnsteuer (Steuerklasse I ohne Freibeträge)		310,00	
	Solidaritätszuschlag		0,00	
	Kirchensteuer (9 % der Lohnsteuer)		27,90	337,90
-	**Sozialversicherungsbeiträge (Arbeitnehmeranteile)**			
	Krankenversicherung	(3.000 € • 8,55 %[1])	256,50	
	Pflegeversicherung			
	► allgemeiner Beitrag	(3.000 € • 1,8 %)	54,00	
	► Zuschlag für Kinderlose	(3.000 € • 0,6 %)	18,00	
	Rentenversicherung	(3.000 € • 9,3 %)	279,00	
	Arbeitslosenversicherung	(3.000 € • 1,3 %)	39,00	646,50
=	**Nettogehalt**			**2.015,60**
=	**Auszahlungsbetrag**			**2.015,60**

b)

			Euro	Euro
	Bruttogehalt			3.000,00
+	Arbeitgeberanteile zur Sozialversicherung			
	Krankenversicherung	(3.000 € • 8,55 %[2])	256,50	
	Pflegeversicherung	(3.000 € • 1,8 %)	54,00	
	Rentenversicherung	(3.000 € • 9,3 %)	279,00	
	Arbeitslosenversicherung	(3.000 € • 1,3 %)	39,00	628,50
=	**direkt zurechenbare Personalkosten**			**3.628,50**

---

1 Die Hälfte von 14,6 % plus 2,5 % Zuschlag zur KV: 7,3 % + 1,25 % = 8,55 %.

2 Wie Arbeitnehmerbeitrag.

Lösung zu Aufgabe 55:

a) **Nettomethode (alle Buchungen für Juni 2025)**

	Sollkonto – SKR 03 (SKR 04)	**Betrag (Euro)**	**Habenkonto** – SKR 03 (SKR 04)
1.	Gehälter 4120 (6020)	2.015,60	Bank 1200 (1800)
2.	Gehälter 4120 (6020)	337,90	Bank 1200 (1800)
3.	Gehälter 4120 (6020)	646,50	Bank 1200 (1800)
4.	Gesetzl. soziale Aufw. 4130 (6110)	628,50	Bank 1200 (1800)

Zu Tz. 3: Arbeitnehmeranteil zur Sozialversicherung

Zu Tz. 4: Arbeitgeberanteil zur Sozialversicherung

b) **Bruttomethode**

Buchungen für Juni 2025

	Sollkonto – SKR 03 (SKR 04)	**Betrag (Euro)**	**Habenkonto** – SKR 03 (SKR 04)
1.	Gehälter 4120 (6020)	337,90	Verb. Lohn-/KiSt. 1741 (3730)
2.	Gehälter 4120 (6020)	646,50	Verb. soziale Sich. 1742 (3740)
3.	Gesetzl. soziale Aufw. 4130 (6110)	628,50	Verb. soziale Sich. 1742 (3740)
4.	Gehälter 4120 (6020)	2.015,60	Verb. Lohn/Gehalt 1740 (3720)
5.	Verbindl. soziale Sich. 1742 (3740)	1.275,00	Bank 1200 (1800)

Zu Tz. 2: Arbeitnehmeranteil zur Sozialversicherung
Zu Tz. 3: Arbeitgeberanteil zur Sozialversicherung
Zu Tz. 5: Arbeitnehmeranteil + Arbeitgeberanteil zur Sozialversicherung

Buchungen für Juli 2025

	Sollkonto – SKR 03 (SKR 04)	**Betrag (Euro)**	**Habenkonto** – SKR 03 (SKR 04)
1.	Verbindl. Lohn/Gehalt 1740 (3720)	2.015,60	Bank 1200 (1800)
2.	Verbindl. Lohn-/KiSt. 1741 (3730)	337,90	Bank 1200 (1800)

Lösung zu Aufgabe 56:

Verrechnungsmethode

Buchungen für Juni 2025

	Sollkonto – SKR 03 (SKR 04)		**Betrag (Euro)**	**Habenkonto** – SKR 03 (SKR 04)	
1.	Gehälter	4120 (6020)	3.000,00	Lohn-/Gehaltsverr.	1755 (3790)
2.	Lohn-/Gehaltsverr.	1755 (3790)	337,90	Verbindl. Lohn-/KiSt.	1741 (3730)
3.	Lohn-/Gehaltsverr.	1755 (3790)	646,50	Verbindl. soziale Sich.	1742 (3740)
4.	Gesetzl. soziale Aufw.	4130 (6110)	628,50	Verbindl. soziale Sich.	1742 (3740)
5.	Lohn-/Gehaltsverr.	1755 (3790)	2.015,60	Verbindl. Lohn/Gehalt	1740 (3720)
6.	Verbindl. soziale Sich.	1742 (3740)	1.275,00	Bank	1200 (1800)

Zu Tz. 3: Arbeitnehmeranteil zur Sozialversicherung
Zu Tz. 4: Arbeitgeberanteil zur Sozialversicherung
Zu Tz. 6: Arbeitnehmeranteil + Arbeitgeberanteil zur Sozialversicherung

Buchungen für Juli 2025

	Sollkonto – SKR 03 (SKR 04)		**Betrag (Euro)**	**Habenkonto** – SKR 03 (SKR 04)	
1.	Verbindl. Lohn/Gehalt	1740 (3720)	2.015,60	Bank	1200 (1800)
2.	Verbindl. Lohn-/KiSt.	1741 (3730)	337,90	Bank	1200 (1800)

Lösung zu Aufgabe 57:

a)

		Euro
	Bruttogehalt	3.000,00
-	Lohnsteuer, SolZ, KiSt	337,90
-	Sozialversicherungsbeiträge (AN-Anteil)	646,50
=	Nettogehalt	2.015,60
-	vwL	40,00
=	**Auszahlungsbetrag**	**1.975,60**

b) **Buchungen für Juni 2025**

	Sollkonto – SKR 03 (SKR 04)		**Betrag (Euro)**	**Habenkonto** – SKR 03 (SKR 04)	
1.	Gehälter	4120 (6020)	3.000,00	Lohn-/Gehaltsverr.	1755 (3790)
2.	Lohn-/Gehaltsverr.	1755 (3790)	337,90	Verbindl. Lohn-/KiSt.	1741 (3730)
3.	Lohn-/Gehaltsverr.	1755 (3790)	646,50	Verbindl. soziale Sich.	1742 (3740)
4.	Gesetzl. soziale Aufw.	4130 (6110)	628,50	Verbindl. soziale Sich.	1742 (3740)
5.	Lohn-/Gehaltsverr.	1755 (3790)	40,00	Verbindl. Vermögensb.	1750 (3770)
6.	Lohn-/Gehaltsverr.	1755 (3790)	2.015,60	Verbindl. Lohn/Gehalt	1740 (3720)
7.	Verbindl. soziale Sich.	1742 (3740)	1.275,00	Bank	1200 (1800)

Zu Tz. 3: Arbeitnehmeranteil zur Sozialversicherung
Zu Tz. 4: Arbeitgeberanteil zur Sozialversicherung
Zu Tz. 7: Arbeitnehmeranteil + Arbeitgeberanteil zur Sozialversicherung

Lösung zu Aufgabe 58:

a)

			Euro	Euro
	Bruttogehalt			3.100,00
+	vwL			40,00
=	steuer- und sozialversicherungspflichtiges Entgelt			3.140,00
-	**Steuern**			
	Lohnsteuer (Steuerklasse III/1 Kinderfreibetrag)		77,00	
	Solidaritätszuschlag		0,00	
	Kirchensteuer		0,00	77,00
-	**Sozialversicherungsbeiträge (Arbeitnehmeranteile)**			
	Krankenversicherung	(3.140 € • 8,55 %)	268,47	
	Pflegeversicherung	(3.140 € • 1,8 %)	56,52	
	Rentenversicherung	(3.140 € • 9,3 %)	292,02	
	Arbeitslosenversicherung	(3.140 € • 1,3 %)	40,82	657,83
=	**Nettogehalt**			**2.405,17**
-	vwL			40,00
=	**Auszahlungsbetrag**			**2.365,17**

KV-Beitrag des Arbeitnehmers: 14,6 % • ½ + 2,5 % • ½ Zusatzbeitrag
KV-Beitrag des Arbeitgebers: wie Arbeitnehmerbeitrag.

b) **Buchungen für Juni 2025**

	Sollkonto – SKR 03 (SKR 04)		**Betrag (Euro)**	**Habenkonto** – SKR 03 (SKR 04)	
1.	Gehälter	4120 (6020)	3.100,00	Lohn-/Gehaltsverr.	1755 (3790)
2.	Vermögensw. Leist.	4170 (6080)	40,00	Lohn-/Gehaltsverr.	1755 (3790)
3.	Lohn-/Gehaltsverr	1755 (3790)	77,00	Verbindl. Lohn-/KiSt.	1741 (3730)
4.	Lohn-/Gehaltsverr.	1755 (3790)	657,83	Verbindl. soziale Sich.	1742 (3740)
5.	Gesetzl. soziale Aufw.	4130 (6110)	657,83	Verbindl. soziale Sich.	1742 (3740)
6.	Lohn-/Gehaltsverr.	1755 (3790)	40,00	Verbindl. Vermögensb.	1750 (3770)
7.	Lohn-/Gehaltsverr.	1755 (3790)	2.365,17	Verbindl. Lohn/Gehalt	1740 (3720)
8.	Verbindl. soziale Sich.	1742 (3740)	1.315,66	Bank	1200 (1800)

Zu Tz. 4: Arbeitnehmeranteil Sozialversicherung (siehe Gehaltsabrechnung)
Zu Tz. 5: Arbeitgeberanteil Sozialversicherung (wie Arbeitnehmeranteil)

Buchungen für Juli 2025

	Sollkonto – SKR 03 (SKR 04)		**Betrag (Euro)**	**Habenkonto** – SKR 03 (SKR 04)	
1.	Verbindl. Lohn/Gehalt	1740 (3720)	2.365,17	Bank	1200 (1800)
2.	Verbindl. Lohn-/KiSt.	1741 (3730)	77,00	Bank	1200 (1800)
3.	Verbindl. Verm.b.	1750 (3770)	40,00	Bank	1200 (1800)

Lösung zu Aufgabe 59:

a)

			Euro	Euro
	Bruttogehalt			2.511,50
+	vwL			40,00
+	Sachbezug Kfz-Gestellung			
	23.130 € wird auf 23.100 € abgerundet			
	23.100 € • 1 % =		231,00	
	23.100 € • 0,03 % • 15 km =		103,95	334,95
=	steuer- und sozialversicherungspflichtiges Entgelt			2.886,45
-	**Lohnsteuer**			39,83
-	**Sozialversicherungsbeiträge (Arbeitnehmeranteile)**			
	Krankenversicherung	(2.886,45 € • 8,55 %)	246,79	
	Pflegeversicherung	(2.886,45 € • 1,8 %)	51,96	
	Rentenversicherumg	(2.886,45 € • 9,3 %)	268,44	
	Arbeitslosenversicherung	(2.886,45 € • 1,3 %)	37,52	604,71
=	**Nettogehalt**			**2.241,91**
-	Sachbezug			334,95
-	vwL			40,00
=	**Auszahlungsbetrag**			**1.866,96**

KV-Beitrag des Arbeitnehmers: 14,6 % • ½ + 2,5 % • ½ Zusatzbeitrag
KV-Beitrag des Arbeitgebers: wie Arbeitnehmeranteil

b) **Buchungen für Juni 2025**

	Sollkonto – SKR 03 (SKR 04)	**Betrag (Euro)**	**Habenkonto** – SKR 03 (SKR 04)
1.	Gehälter 4120 (6020)	2.511,50	Lohn-/Gehaltsverr. 1755 (3790)
2.	Gehälter 4120 (6020)	334,95	Lohn-/Gehaltsverr. 1755 (3790)
3.	Vermögensw. Leist. 4170 (6080)	40,00	Lohn-/Gehaltsverr. 1755 (3790)
4.	Lohn-/Gehaltsverr. 1755 (3790)	39,83	Verbindl. Lohn-/KiSt. 1741 (3730)
5.	Lohn-/Gehaltsverr. 1755 (3790)	604,71	Verbindl. soziale Sich. 1742 (3740)
6.	Gesetzl. soziale Aufw. 4130 (6110)	604,71	Verbindl. soziale Sich. 1742 (3740)
7.	Lohn-/Gehaltsverr. 1755 (3790)	40,00	Verbindl. Vermögensb. 1750 (3770)
8.	Lohn-/Gehaltsverr. 1755 (3790)	281,47	Verr. sonst. Sachbez. 19 % USt 8611 (4947)
9.	Lohn-/Gehaltsverr. 1755 (3790)	53,48	Umsatzsteuer 19 % 1776 (3806)
10.	Lohn-/Gehaltsverr. 1755 (3790)	1.866,96	Verbindl. Lohn/Gehalt 1740 (3720)
11.	Verbindl. soziale Sich. 1742 (3740)	1.209,42	Bank 1200 (1800)

Zu Tz. 5: Arbeitnehmeranteil Sozialversicherung (siehe Gehaltsabrechnung)
Zu Tz. 6: Arbeitgeberanteil Sozialversicherung (wie Arbeitnehmeranteil)

Buchungen für Juli 2025

	Sollkonto – SKR 03 (SKR 04)	Betrag (Euro)	Habenkonto – SKR 03 (SKR 04)
1.	Verbindl. Lohn/Gehalt 1740 (3720)	1.866,96	Bank 1200 (1800)
2.	Verbindl. Lohn-/KiSt. 1741 (3730)	39,83	Bank 1200 (1800)
3.	Verbindl. Vermö.b. 1750 (3770)	40,00	Bank 1200 (1800)

Lösung zu Aufgabe 60:

a)

			Euro	Euro
	Bruttogehalt			3.300,00
+	geldwerter Vorteil aus der Überlassung der Wohnung			
	Mietwert		750,00	
	Nebenkosten		150,00	
	= Zwischensumme		900,00	
	- Bewertungsabschlag (⅓)		300,00	
	= Zwischensumme		600,00	
	- Zuzahlung AN		400,00	
	= geldwerter Vorteil		200,00	200,00
=	**steuer- und sozialversicherungspflichtiges Entgelt**			**3.500,00**
-	Steuern			
	Lohnsteuer		137,83	
	Solidaritätszuschlag		0,00	
	Kirchensteuer		0,00	137,83
-	Sozialversicherungsbeiträge (Arbeitnehmeranteile)			
	Krankenversicherung	(3.500 € • 8,55 %)	299,25	
	Pflegeversicherung	(3.500 € • 1,8 %)	63,00	
	Rentenversicherumg	(3.500 € • 9,3 %)	325,50	
	Arbeitslosenversicherung	(3.500 € • 1,3 %)	45,50	733,25
=	Nettogehalt			2.628,92
-	geldwerter Vorteil (s. o.)			200,00
-	Zuzahlung zur Wohnung			400,00
=	**Auszahlungsbetrag**			**2.028,92**

KV-Beitrag des Arbeitnehmers: 14,6 % • ½ + 2,5 % • ½ Zusatzbeitrag
KV-Beitrag des Arbeitgebers: Wie Arbeitnehmerbeitrag

b) **Buchungen für Mai 2025**

	Sollkonto – SKR 03 (SKR 04)		**Betrag (Euro)**	**Habenkonto** – SKR 03 (SKR 04)	
1.	Gehälter	4120 (6020)	3.500,00	Lohn-/Gehaltsverr.	1755 (3790)
2.	Lohn-/Gehaltsverr.	1755 (3790)	137,83	Verbindl. Lohn-/KiSt.	1741 (3730)
3.	Lohn-/Gehaltsverr.	1755 (3790)	733,25	Verbindl. soz. Sich.	1742 (3740)
4.	Lohn-/Gehaltsverr.	1755 (3790)	200,00	Verr. Sachb. ohne USt	8614 (4949)
5.	Lohn-/Gehaltsverr.	1755 (3790)	400,00	Erlöse V + V ohne USt	2750 (4861)
6.	Lohn-/Gehaltsverr.	1755 (3790)	2.028,92	Verbindl. Lohn/Gehalt.	1740 (3720)
7.	Gesetzl. soz. Aufw.	4130 (6110)	733,25	Verbindl. soz. Sich.	1742 (3740)
8.	Verbindl. Lohn/Gehalt	1740 (3720)	2.028,92	Bank	1200 (1800)
9.	Verbindl. soz. Sich.	1742 (3740)	1.466,50	Bank	1200 (1800)

Lösung zu Aufgabe 61:

Bruttolohn = Nettolohn:	a)	b)	
19 Tage • 2 Std. • 13 € =	494,00 €	494,00 €	

Pauschalabgaben des Arbeitgebers:

	a)	b)	
► Lohnsteuer, KiSt, SolZ	0,00 €	0,00 €	
► pauschale LSt (inkl. SolZ und KiSt)	0,00 €	9,88 €	(2 %)
► RV (pauschal 15 %)	74,10 €	74,10 €	
► KV (pauschal 13 %)	64,22 €	64,22 €	
► U1 + U2 + Insolv.uml. (zus. 1,47 %)	7,26 €	7,26 €	
	145,58 €	**155,46 €**	

Buchungen zu a):

Sollkonto – SKR 03 (SKR 04)		**Betrag (Euro)**	**Habenkonto** – SKR 03 (SKR 04)	
Löhne für Minijobs	4195 (6035)	494,00	Kasse	1000 (1600)
Soziale Abgaben für Minijobber	4144 (6171)	145,58	Bank	1200 (1800)

Buchungen zu b):

Sollkonto – SKR 03 (SKR 04)		**Betrag (Euro)**	**Habenkonto** – SKR 03 (SKR 04)	
Löhne für Minijobs	4195 (6035)	484,12	Kasse	1000 (1600)
Pauschale Steuern für Minijobber	4194 (6036)	9,88	Bank	1200 (1800)
Soziale Abgaben für Minijobber	4144 (6171)	145,58	Bank	1200 (1800)

Lösung zu Aufgabe 62:

a) geringfügige Beschäftigung („Minijob")

b) 9 Std. • 14 € • 52 Wochen : 12 Monate = **546,00 €**

c)

pauschale Lohnsteuer inkl. SolZ und KiSt:	546,00 € • 2 % =	**10,92 €**
pauschaler RV-Beitrag:	546,00 € • 15 % =	**81,90 €**
U1:	546,00 € • 1,1 % =	**6,00 €**
U2:	546,00 € • 0,22 % =	**1,20 €**
Insolvenzgeldumlage:	546,00 € • 0,15 % =	**0,82 €**

d)

Sollkonto – SKR 03 (SKR 04)	**Betrag (Euro)**	**Habenkonto** – SKR 03 (SKR 04)	**Erfolgsauswirkung**
Löhne für Minijobs 4195 (6035)	546,00	Verbindl. Lohn/Gehalt 1740 (3720)	A
Pauschale Steuern für Minijobber 4194 (6036)	10,92	Verbindl. Lohn-/KiSt. 1741 (3730)	A
Soziale Abgaben für Minijobber 4144 (6171)	89,92	Verbindl. soziale Sich. 1742 (3740)	A

[Kein pauschaler KV-Betrag, weil Herr Ostertag privat krankenversichert ist.]

Lösung zu Aufgabe 63:

a)
- Bruttolohn = Nettolohn (kurzfristige Beschäftigung):
  2 Wochen • 6 Tage • 4 Std. • 13 € = **624 €**
- ggf. Abwälzung der pauschalen LSt auf die Arbeitnehmerin (dann von den 624 € abzuziehen)
- pauschale LSt: 624 € • 25 % = 156,00 €
- SolZ: 156 € • 5,5 % = 8,58 €
- pauschale KiSt: 156 € • 7 % = 10,92 €

175,50 €

Die Umlage U2 sowie die Insolvenzgeldumlage bleiben hier unberücksichtigt, weil sie nicht vom Lohn abgezogen werden.

b) **Buchungen:**

Sollkonto – SKR 03 (SKR 04)	**Betrag (Euro)**	**Habenkonto** – SKR 03 (SKR 04)
Aushilfslöhne 4190 (6030)	624,00	Kasse 1000 (1600)
Pauschale Steuer 4199 (6040)	175,50	Bank 1200 (1800)

Lernfeld 7: Beschaffung und Verkauf von Anlagevermögen erfassen

Lösung zu Aufgabe 64:

Ermittlung der AK:

			Euro
a)		Anschaffungspreis, netto	50.000,00
	+	Anschaffungsnebenkosten	
		► Transport, netto	500,00
		► Versicherung	150,00
	-	Anschaffungspreisminderung, netto (5 % Rabatt von 50.000 €)	2.500,00
	=	**Anschaffungskosten**	**48.150,00**
b)		Anschaffungspreis, netto	30.000,00
	+	Anschaffungsnebenkosten	
		► Überführung, netto	500,00
		► Kennzeichen, netto	30,00
		► Zulassungsgebühr	55,00
	-	Anschaffungspreisminderung, netto (4 % Rabatt von 30.000 €)	1.200,00
	=	**Anschaffungskosten**	**29.385,00**

c) **Ermittlung der AK:**

	Listenpreis, netto	2.000,00
-	5 % Rabatt	100,00
		1.900,00
-	2 % Skonto von 1.900 € =	38,00
+	ANK netto (Fracht)	100,00
=	**AK**	**1.962,00**

Ermittlung des Überweisungsbetrags:

	Listenpreis, netto	2.000,00
-	5 % Rabatt	100,00
		1.900,00
+	19 % USt	361,00
		2.261,00
-	2 % Skonto von 2.261 € =	45,22
=	**Überweisungsbetrag**	**2.215,78**

Lösung zu Aufgabe 65:

Grund und Boden: $\frac{\text{Wert des Grund und Bodens (400.000 €)}}{\text{Gesamtkaufpreis (700.000 €)}} \cdot 100 = \mathbf{57{,}14\ \%}$

Gebäude: $\frac{\text{Wert des Gebäudes (300.000 €)}}{\text{Gesamtkaufpreis (700.000 €)}} \cdot 100 = \mathbf{42{,}86\ \%}$

Anschaffungskosten:

	Kaufpreis	+ Anschaffungsnebenkosten	= AK
Grund und Boden	400.000 €	22.170 € (38.800 € • 57,14 %)	422.170 €
Gebäude	300.000 €	16.630 € (38.800 € • 42,86 %)	316.630 €

Anschaffungsnebenkosten: 700.000 € • 5 % = 35.000 € + 2.500 € + 1.300 € = 38.800 €

Lösung zu Aufgabe 66:

a) **Ermittlung der Anschaffungskosten**

		Euro	Euro
	Anschaffungspreis, netto		60.000,00
+	Anschaffungsnebenkosten, netto		600,00
-	Anschaffungspreisminderungen, netto		
	Rabatt 3 % von 60.000 €	1.800,00	
	Skonto 2 % von 58.200 €	1.164,00	
	2 % von 600 €	12,00	2.976,00
=	**Anschaffungskosten**		**57.624,00**

b) **Buchungen für März**

	Sollkonto – SKR 03 (SKR 04)		**Betrag (Euro)**	**Habenkonto** – SKR 03 (SKR 04)	
1.	Sonstige BGA Vorsteuer 19 %	0490 (0690) 1576 (1406)	58.200,00 11.058,00	Verbindlichk. a LuL Verbindlichk. a LuL	1600 (3300) 1600 (3300)
2.	Sonstige BGA Vorsteuer 19 %	0490 (0690) 1576 (1406)	600,00 114,00	Verbindlichk. a LuL Verbindlichk. a LuL	1600 (3300) 1600 (3300)

Zu Tz. 1: 60.000 € - 1.800 € Rabatt = 58.200 €
58.200 € • 19 % = 11.058 €

c) **Buchungen für April**

	Sollkonto – SKR 03 (SKR 04)		**Betrag (Euro)**	**Habenkonto** – SKR 03 (SKR 04)	
1.	Verbindlichk. a LuL Verbindlichk. a LuL Verbindlichk. a LuL	1600 (3300) 1600 (3300) 1600 (3300)	67.872,84 1.164,00 221,16	Bank Sonstige BGA Vorsteuer 19 %	1200 (1800) 0490 (0690) 1576 (1406)
2.	Verbindlichk. a LuL Verbindlichk. a LuL Verbindlichk. a LuL	1600 (3300) 1600 (3300) 1600 (3300)	699,72 12,00 2,28	Bank Sonstige BGA Vorsteuer 19 %	1200 (1800) 0490 (0690) 1576 (1406)

Nebenrechnungen:

- 58.200 € + 11.058 € = 69.258 €

  69.258 € - 1.385,16 (Skonto) = 67.872,84 €
- Skontoabzug netto: 1.385,16 € : 1,19 = 1.164 €
- Vorsteuerkorrektur zum Skontoabzug: 1.164 € • 19 % = 221,16 €
- Bezahlung Speditionsrechnung: 714 € - 14,28 € (2 % Skonto von 714 €) = 699,72 €
- Skontoabzug netto: 14,28 € : 1,19 = 12 €
- Vorsteuerkorrektur zum Skontoabzug: 12 € • 19 % = 2,28 €

Lösung zu Aufgabe 67:

Ermittlung der HK:

			Euro
	Materialeinzelkosten:	2.500 € + 3.500 € =	6.000,00
+	Materialgemeinkosten:	6.000 € • 20 % =	1.200,00
+	Fertigungseinzelkosten:	60 Stunden • 18 € =	1.080,00
+	Fertigungsgemeinkosten:	1.080 € • 60 % =	648,00
=	**Herstellungskosten**		**8.928,00**

Buchungssätze:

Sollkonto – SKR 03 (SKR 04)		**Betrag (Euro)**	**Habenkonto** – SKR 03 (SKR 04)	
Rohstoffe 19 %	3030 (5130)	2.500,00	Verbindl. a LuL	1600 (3300)
Abziehbare VoSt 19 %	1576 (1406)	475,00	Verbindl. a LuL	1600 (3300)
Hof- und Wegbefestig.	0112 (0285)	8.928,00	aktivierte Eigenleist.	8990 (4820)

Alternativ könnten die für die Herstellung eingekauften Rohstoffe anstatt auf dem Konto „Rohstoffe" direkt auf dem Konto „Hof- und Wegbefestigung" erfasst werden. In diesem Fall sind dann nur 6.428 € als „aktivierte Eigenleistung" zu erfassen.

Lösung zu Aufgabe 68:

a) $\frac{12.500\text{ €}}{8\text{ Jahre}} \cdot {}^{10}/_{12}$ (März - Dez.) = 1.302,08 €, gerundet **1.303 €**.

b) $\frac{12.500\text{ €}}{8\text{ Jahre}} \cdot {}^{2}/_{12}$ (Nov. - Dez.) = 260,42 €, gerundet **261 €**.

Lösung zu Aufgabe 69:

Abschreibung 2025:

5.000 € : 500.000 Kopien Gesamtleistung • 96.586 Kopien Jahresleistung = 965,86 €, aufgerundet **966 €**.

Lösung zu Aufgabe 70:

	AK	2.000,00 €	
-	planmäßige Abschreibung	84,00 €	(2.000,00 € : 4 Jahre • $\frac{2}{12}$ = 83,33 €)
-	außerplanm. Abschreibung	1.915,00 €	
=	**Anlagenabgang**	**1,00 €**	

Buchungen:

	Sollkonto – SKR 03 (SKR 04)	**Betrag (Euro)**	**Habenkonto** – SKR 03 (SKR 04)
a)	Geschäftsausstattung 0410 (0635) Vorsteuer 19 % 1576 (1406)	2.000,00 380,00	Bank 1200 (1800) Bank 1200 (1800)
b)	Abschreibungen auf Sach. 4830 (6220)	84,00	Geschäfts-ausstattung 0410 (0635)
c)	Außerplanm. Abschreib. 4840 (6230)	1.915,00	Geschäfts-ausstattung 0410 (0635)

Lösung zu Aufgabe 71:

Expert 1: 253 € - 7,59 € (3 % Skontoabzug) = **245,41 €**
→ Sofortabschreibung § 6 Abs. 2a Satz 4 EStG

Sollkonto – SKR 03 (SKR 04)	**Betrag (Euro)**	**Habenkonto** – SKR 03 (SKR 04)
Sofortabschreibung GWG 4855 (6260)	245,41	Bank 1200 (1800)
Abziehbare VoSt 19 % 1576 (1406)	46,63	Bank 1200 (1800)

Expert 2: 847 € - 25,41 € (3 % Skontoabzug) = **821,59 €**
→ Poolwirtschaftsgut § 6 Abs. 2a Sätze 1 - 2 EStG

Sollkonto – SKR 03 (SKR 04)	**Betrag (Euro)**	**Habenkonto** – SKR 03 (SKR 04)
Wirtschaftsgüter (Sammelposten) 0485 (0675)	821,59	Bank 1200 (1800)
Vorsteuer 19 % 1576 (1406)	156,10	Bank 1200 (1800)
Abschreibungen auf den Sammelposten GWG 4862 (6264)	164,32	Wirtschaftsgüter (Sammelposten) 0485 (0675)

Nebenrechnung: Auflösung (Abschreibung des Sammelpostens): 821,59 • 20 % = **164,32 €**

Lösung zu Aufgabe 72:

1. **Schreibtisch**

   Der Schreibtisch erfüllt die Voraussetzungen gemäß § 6 Abs. 2 EStG (GWG). Herr Roth darf die AK im Anschaffungsjahr in voller Höhe als BA abziehen.

2. **Laserdrucker**

   Der Laserdrucker ist nicht selbstständig nutzbar; er ist vielmehr in den Nutzungszusammenhang „Computer des Handelsvertreters“ eingefügt; somit ist er **kein** GWG. Der Drucker ist zusammen mit dem PC über die Nutzungsdauer des PC (3 Jahre) abzuschreiben.

AK Computer	700,00 €
AK Drucker	400,00 €
AK gesamt	**1.100,00 €**

   Abschreibung 2025:
   1.100 € : 3 Jahre = 366,66 €, gerundet **367 €**

3. **Stehpult**

   Das Stehpult ist zwar ein selbstständig nutzbarer Gegenstand des abnutzbaren Anlagevermögens; es erfüllt jedoch **nicht** die „Wertvoraussetzung“ gemäß § 6 Abs. 2 EStG (höchstens netto 800 €).

   Es ist somit kein GWG und damit zeitanteilig über den Zeitraum der voraussichtlichen Nutzungsdauer abzuschreiben.

   Abschreibung 2025:
   820 € : 12 Jahre = 68,33 € davon $^{10}/_{12}$ (März bis Dezember) = 56,94 €, gerundet **57 €**.

   Ein Sammelposten (§ 6 Abs. 2a EStG) darf nicht gebildet werden, weil der Schreibtisch nach § 6 Abs. 2 EStG sofort als Aufwand erfasst wird.

	Sollkonto – SKR 03 (SKR 04)		**Betrag (Euro)**	**Habenkonto** – SKR 03 (SKR 04)		**Erfolgsauswirkung**
1.	Sofortabschr. GWG	4855 (6260)	300,00	Kasse	1000 (1600)	A
	Vorsteuer 19 %	1576 (1406)	57,00	Kasse	1000 (1600)	–
2.	Sonstige BGA	0490 (0690)	400,00	Kasse	1000 (1600)	–
	Vorsteuer 19 %	1576 (1406)	76,00	Kasse	1000 (1600)	–
	Abschreib. Sachanl.	4830 (6220)	367,00	Sonstige BGA	0490 (0690)	A
3.	Büroeinr.	0420 (0650)	820,00	Kasse	1000 (1600)	–
	Vorsteuer 19 %	1576 (1406)	155,80	Kasse	1000 (1600)	–
	Abschreib. Sachanl.	4830 (6220)	57,00	Büroeinr.	0420 (0650)	A

A = Aufwand, E = Ertrag

Lösung zu Aufgabe 73:

2025:

Inanspruchnahme eines Investitionsabzugsbetrags gem. § 7g Abs. 1 EStG in Höhe von 50 % der geplanten AK (24.000 €) = **12.000 €**, der auf Antrag **außerhalb der Buchführung** für ertragsteuerliche Zwecke **von dem in der Buchführung ermittelten Gewinn abgezogen** wird.

Ggf. statistische Erfassung:

Sollkonto – SKR 03 (SKR 04)	**Betrag (Euro)**	**Habenkonto** – SKR 03 (SKR 04)
Investitionsabz. § 7g Abs. 1 9970 (9970)	12.000,00	Investitionsabz. § 7g Abs. 1 (Gegenkonto) 9971 (9971)

2026:

1. **Hinzurechnung** gem. § 7g Abs. 2 EStG **außerhalb der Buchführung** für ertragsteuerliche Zwecke in Höhe von 50 % der AK, höchstens jedoch in Höhe des in Anspruch genommenen Investitionsabzugsbetrags; hier: **12.000 €**.

   Ggf. statistische Erfassung:

Sollkonto – SKR 03 (SKR 04)	**Betrag (Euro)**	**Habenkonto** – SKR 03 (SKR 04)
Hinzurechn. Investitionsabz. § 7g Abs. 2 (Gegenkonto) 9973 (9973)	12.000,00	Hinzurechn. Investitionsabz. § 7g Abs. 2 9972 (9972)

2. **Erfassung des Anlagenzugangs:**

Sollkonto – SKR 03 (SKR 04)	**Betrag (Euro)**	**Habenkonto** – SKR 03 (SKR 04)
Sonstige BGA 0490 (0690)	26.000,00	Bank 1200 (1800)
Vorsteuer 19 % 1576 (1406)	4.940,00	Bank 1200 (1800)

3. **Erfassung der Abschreibung zum 31.12.2026:**

Sollkonto – SKR 03 (SKR 04)	**Betrag (Euro)**	**Habenkonto** – SKR 03 (SKR 04)
Kürzung AK § 7g Abs. 2 4853 (6243)	12.000,00	Sonstige BGA 0490 (0690)
Abschr. auf Sachanl. 4830 (6220)	584,00	Sonstige BGA 0490 (0690)

   Nebenrechnung:
   Abschreibungsbemessungsgrundlage: AK - Kürzung der AK gem. § 7g Abs. 2 EStG
   hier: 26.000 € - 12.000 € = **14.000 €**
   planmäßige Abschreibung: 14.000 € : 10 Jahre • 5/12 (Aug. - Dez.) = 583,33 €, gerundet **584 €**

ACHTUNG

Die vorgenannten Abschreibungsbeträge sind nur für steuerliche Zwecke zulässig. Handelsrechtlich ist keine Kürzung der AK möglich. Die Abschreibung im handelsrechtlichen Jahresabschluss beträgt somit:

26.000 € (AK) : 10 Jahre • $\frac{5}{12}$ (Aug. - Dez.) = 1.083,33 €, gerundet **1.084 €**

Lösung zu Aufgabe 74:

2025:
Inanspruchnahme eines Investitionsabzugsbetrags gem. § 7g Abs. 1 EStG in Höhe von 50 % der geplanten AK (5.000 €) = **2.500 €**, der auf Antrag **außerhalb der Buchführung** für ertragsteuerliche Zwecke **von dem in der Buchführung ermittelten Gewinn abgezogen** wird.

Ggf. statistische Erfassung:

Sollkonto – SKR 03 (SKR 04)	**Betrag (Euro)**	**Habenkonto** – SKR 03 (SKR 04)
Investitionsabz. § 7g 9970 (9970)	2.500,00	Investitionsabz. § 7g Abs. 1 (Gegenkonto) 9971 (9971)

2026:

1. **Hinzurechnung** gem. § 7g Abs. 2 EStG **außerhalb der Buchführung** für ertragsteuerliche Zwecke in Höhe von 50 % der AK, höchstens jedoch in Höhe des in Anspruch genommenen Investitionsabzugsbetrags; hier: **2.500 €**.

   Ggf. statistische Erfassung:

Sollkonto – SKR 03 (SKR 04)	**Betrag (Euro)**	**Habenkonto** – SKR 03 (SKR 04)
Hinzurechn. Investitionsabz. § 7g Abs. 2 (Gegenkonto) 9973 (9973)	2.500,00	Hinzurechn. Investitionsbz. § 7g Abs. 2 9972 (9972)

2. **Erfassung des Anlagenzugangs:**

Sollkonto – SKR 03 (SKR 04)	**Betrag (Euro)**	**Habenkonto** – SKR 03 (SKR 04)
Ladeneinrichtung 0430 (0640)	5.000,00	Bank 1200 (1800)
Vorsteuer 19 % 1576 (1406)	950,00	Bank 1200 (1800)

3. **Erfassung der Abschreibung zum 31.12.2026:**

Sollkonto – SKR 03 (SKR 04)		**Betrag (Euro)**	**Habenkonto** – SKR 03 (SKR 04)	
Kürzung AG § 7g Abs. 2	4853 (6243)	2.500,00	Ladeneinrichtung	0430 (0640)
Abschr. auf Sachanl.	4830 (6220)	167,00	Ladeneinrichtung	0430 (0640)
Sonderabschr. § 7g Abs. 5	4851 (6241)	1.000,00	Ladeneinrichung	0430 (0640)

Nebenrechnung:
Abschreibungs-Bemessungsgrundlage: AK - Kürzung der AK § 7g Abs. 2 EStG
hier: 5.000 € - 2.500 € = **2.500 €**
planmäßige Abschreibung § 7 Abs. 1 EStG: 2.500 € : 10 Jahre • $\frac{8}{12}$ (Mai - Dez.) = **167 €**
Sonderabschreibung § 7g Abs. 5 EStG: 2.500 € • 40 % = **1.000 €**

ACHTUNG

Die vorgenannten Abschreibungsbeträge sind nur für steuerliche Zwecke zulässig. Handelsrechtlich ist keine Sonderabschreibung möglich. Die Abschreibung im handelsrechtlichen Jahresabschluss beträgt somit:

5.000 € (AK) : 10 Jahre • $\frac{8}{12}$ (Mai - Dez.) = 333,33 €, gerundet **334 €**

Lösung zu Aufgabe 75:

2025:
Inanspruchnahme eines Investitionsabzugsbetrags gem. § 7g Abs. 1 EStG in Höhe von 50 % der geplanten AK (10.000 €) = **5.000 €**, der auf Antrag **außerhalb der Buchführung** für ertragsteuerliche Zwecke **von dem in der Buchführung ermittelten Gewinn abgezogen** wird.

Ggf. statistische Buchung:

Sollkonto – SKR 03 (SKR 04)		**Betrag (Euro)**	**Habenkonto** – SKR 03 (SKR 04)	
Invest.abz. (Soll)	9970 (9970)	5.000,00	Invest.abz. (Haben)	9971 (9971)

2026:

Hinzurechnung gem. § 7g Abs. 2 EStG **außerhalb der Buchführung** für ertragsteuerliche Zwecke in Höhe von 50 % der AK (50 % von 11.000 € = 5.500 €), höchstens jedoch in Höhe des in Anspruch genommenen Investitionsabzugsbetrags (hier **5.000 €**).

Ggf. statistische Buchung:

Sollkonto – SKR 03 (SKR 04)		**Betrag (Euro)**	**Habenkonto** – SKR 03 (SKR 04)	
Hinzurechnung Invest.abz. (Soll)	9973 (9973)	5.000,00	Hinzurechnung Invest.abz. (Haben)	9972 (9972)

Reguläre Buchungen:

(1) **Anschaffung**

Sollkonto – SKR 03 (SKR 04)		**Betrag (Euro)**	**Habenkonto** – SKR 03 (SKR 04)	
Betriebsausstattung	0400 (0630)	11.000,00	Bank	1200 (1800)
Vorsteuer 19 %	1576 (1406)	2.090,00	Bank	1200 (1800)

(2) **Herabsetzung der AK gem. § 7g Abs. 2 Satz 2 EStG**

Sollkonto – SKR 03 (SKR 04)		**Betrag (Euro)**	**Habenkonto** – SKR 03 (SKR 04)	
Kürzung AK	4853 (6243)	5.000,00	Betriebsausstattung	0400 (0630)

Abschreibungs-Bemessungsgrundlage:

Handelsbilanz

AK
hier: **11.000 €**

Steuerbilanz

AK - Kürzung der AK gem. § 7g Abs. 2 EStG
hier: 11.000 € - 5.000 € = **6.000 €**

(3) **planmäßige Abschreibung**

Handelsbilanz
11.000 € : 10 Jahre ND • $\frac{5}{12}$ = 458,33 €, gerundet **459 €**

Sollkonto – SKR 03 (SKR 04)		**Betrag (Euro)**	**Habenkonto** – SKR 03 (SKR 04)	
Abschreibungen	4830 (6220)	459,00	Betriebsausstattung	0400 (0630)

Steuerbilanz
6.000 € : 10 Jahre ND • $\frac{5}{12}$ = **250 €**

Sollkonto – SKR 03 (SKR 04)		**Betrag (Euro)**	**Habenkonto** – SKR 03 (SKR 04)	
Abschreibungen	4830 (6220)	250,00	Betriebsausstattung	0400 (0630)

(4) **Sonderabschreibung (§ 7g Abs. 5 EStG) – nur Steuerbilanz!**

40 % von 6.000 € = **2.400 €**

Sollkonto – SKR 03 (SKR 04)		**Betrag (Euro)**	**Habenkonto** – SKR 03 (SKR 04)	
Sonderabschr.	4851 (6241)	2.400,00	Betriebsausstattung	0400 (0630)

Lösung zu Aufgabe 76:

a) **Abschreibung/Jahr:** 36.560 € : 4 Jahre = **9.140 €**

zeitanteilige Abschreibung 2025: 9.140 € : 12 Monate • 6 Monate = **4.570 €**

Restbuchwert zum Verkaufszeitpunkt:

	AK	36.560,00 €
-	Abschreibung 2023	9.140,00 €
-	Abschreibung 2024	9.140,00 €
-	Abschreibung 2025 (s. o.)	4.570,00 €
=	**Restbuchwert**	**13.710,00 €**

Ermittlung des Veräußerungserfolgs:

	Verkaufserlös, netto	10.000,00 €
-	Restbuchwert	13.710,00 €
=	**Verlust (Buchverlust)**	**3.710,00 €**

b) **verkürzter Lösungsweg:**

	AK	25.000,00 €
-	Abschreibung 2022 - 2024 (5.000 €/Kj.)	15.000,00 €
-	Abschreibung 2025 $^{10}/_{12}$ von 5.000 €	4.167,00 €
=	Restbuchwert	5.833,00 €
-	Nettoerlös	6.000,00 €
=	**Buchgewinn**	**167,00 €**

Lösung zu Aufgabe 77:

a)

	Sollkonto – SKR 03 (SKR 04)	**Betrag (Euro)**	**Habenkonto** – SKR 03 (SKR 04)
1.	Abschreibungen auf Kfz 4832 (6222)	4.570,00	Pkw 0320 (0520)
2.	Anlagenabgang Sachanl. (bei Buchverlust) 2310 (6895)	13.710,00	Pkw 0320 (0520)
3.	Bank 1200 (1800)	10.000,00	Erlöse aus Verkäufen Sachanl. (bei Buchv.) 8801 (6885)
4.	Bank 1200 (1800)	1.900,00	Umsatzsteuer 19 % 1776 (3806)

b)

	Sollkonto – SKR 03 (SKR 04)	**Betrag (Euro)**	**Habenkonto** – SKR 03 (SKR 04)
1.	Abschreibungen Kfz 4832 (6222)	4.167,00	Pkw 0320 (0520)
2.	Anlagenabgang Sachanl. (bei Buchgewinn) 2315 (4855)	5.833,00	Pkw 0320 (0520)
3.	Bank 1200 (1800)	6.000,00	Erlöse aus Verkäufen Sachanl. (bei Buchgewinn) 8820 (4845)
4.	Bank 1200 (1800)	1.140,00	Umsatzsteuer 19 % 1776 (3806)

Lösung zu Aufgabe 78:

a) **Buchungen für März:**

	Sollkonto – SKR 03 (SKR 04)		**Betrag (Euro)**	**Habenkonto** – SKR 03 (SKR 04)	
1.	Maschinen	0210 (0440)	20.000,00	Verbindl. a LuL	1600 (3300)
2.	Vorsteuer 19 %	1576 (1406)	3.800,00	Verbindl. a LuL	1600 (3300)
3.	Abschreibungen auf Sachanlagen	4830 (6220)	600,00	Maschinen	0210 (0440)
4.	Anlagenabgang Sachanl. (bei Buchverlust)	2310 (6895)	4.400,00	Maschinen	0210 (0440)
5.	Verbindl. a LuL	1600 (3300)	4.000,00	Erlöse aus Verkäufen Sachanl. (bei Buchv.)	8801 (6885)
6.	Verbindl. a LuL	1600 (3300)	760,00	Umsatzsteuer 19 %	1776 (3806)

Nebenrechnung zu Tz. 3:
Jahresabschreibung 3.600 € : 12 Monate • 2 Monate (Januar und Februar) = 600 €

Buchung für April:

Sollkonto – SKR 03 (SKR 04)		**Betrag (Euro)**	**Habenkonto** – SKR 03 (SKR 04)	
Verbindl. a LuL	1600 (3300)	19.040,00	Bank	1200 (1800)

b)

	Sollkonto – SKR 03 (SKR 04)		**Betrag (Euro)**	**Habenkonto** – SKR 03 (SKR 04)	
1.	Maschinen	0210 (0440)	90.000,00	Verbindl. a LuL	1600 (3300)
2.	Vorsteuer 19 %	1576 (1406)	17.100,00	Verbindl. a LuL	1600 (3300)
3.	Abschreibungen Sachanl.	4830 (6220)	7.333,00	Maschinen	0210 (0440)
4.	Anlagenabgang (Buchverl.)	2310 (6895)	16.667,00	Maschinen	0210 (0440)
5.	Verbindl. a LuL	1600 (3300)	12.000,00	Erlöse aus Verkäufen Sachanl. (bei Buchverlust)	8801 (6885)
6.	Verbindl. a LuL	1600 (3300)	2.280,00	Umsatzsteuer 19 %	1776 (3806)
7.	Verbindl. a LuL	1600 (3300)	90.678,00	Bank	1200 (1800)
8.	Verbindl. a LuL	1600 (3300)	1.800,00	Maschinen	0210 (0440)
9.	Verbindl. a LuL	1600 (3300)	342,00	Vorsteuer 19 %	1576 (1406)
10.	Maschinen	0210 (0440)	1.500,00	Verbindl. a LuL	1600 (3300)
11.	Vorsteuer 19 %	1576 (1406)	285,00	Verbindl. a LuL	1600 (3300)
12.	Abschreibungen Sachanl.	4830 (6220)	935,00	Maschinen	0210 (0440)

Nebenrechnungen:

Zu Tz. 3: Abschreibung Maschine alt: $^{11}/_{12}$ von 8.000 € = **7.333 €**

Zu Tz. 4: Buchwert 01.01.25 (24.000 €) - Abschreibung 2025 (7.333 €) = **16.667 €**

Zu Tz. 7:

	Bruttorechnungsbetrag	107.100,00 €
-	2 % Skonto	2.142,00 €
-	Inzahlunggabe brutto	14.280,00 €
=	**Überweisung**	**90.678,00 €**

Zu Tz. 8: Skontoabzug netto: 2.142 € : 1,19 = 1.800 € (Anschaffungspreisminderung)

Zu Tz. 9: Vorsteuerkorrektur zum Skontoabzug

Zu Tz. 10: Spediteurrechnung netto = Anschaffungsnebenkosten

Zu Tz. 12: Abschreibung der neuen Maschine:

	Anschaffungspreis netto	100.000,00 €
+	ANK netto (Spediteur)	1.500,00 €
-	Anschaffungspreisminderungen	
	10 % Rabatt netto	10.000,00 €
	2 % Skonto netto	1.800,00 €
=	**AK**	**89.700,00 €**

89.700 € : 8 Jahre • $^{1}/_{12}$ (Dez. 2025) = 934,38 €, gerundet **935 €**

Lösung zu Aufgabe 79:

	Sollkonto – SKR 03 (SKR 04)		**Betrag (Euro)**	**Habenkonto** – SKR 03 (SKR 04)		**Erfolgs-auswir-kung**
1.	Lkw	0350 (0540)	24.800,00	Verbindl. a LuL	1600 (3300)	–
2.	Vorsteuer 19 %	1576 (1406)	4.712,00	Verbindl. a LuL	1600 (3300)	–
3.	Abschreibung Sach.	4830 (6220)	2.667,00	Lkw	0350 (0540)	A
4.	Anlagenabgang	2315 (4855)	3.333,00	Lkw	0350 (0540)	A
5.	Verbindl. a LuL	1600 (3300)	7.000,00	Erlöse Verkäufe Sach.	8820 (4845)	E
6.	Verbindl. a LuL	1600 (3300)	1.330,00	USt 19 %	1776 (3806)	–
7.	Verbindl. a LuL	1600 (3300)	5.000,00	Erlöse	8400 (4400)	E
8.	Verbindl. a LuL	1600 (3300)	950,00	USt 19 %	1776 (3806)	–
9.	Lkw	0350 (0540)	28,00	Fahrzeugkosten	4500 (6500)	-A
10.	Verbindl. a LuL	1600 (3300)	14.641,76	Bank	1200 (1800)	–
11.	Verbindl. a LuL	1600 (3300)	496,00	Lkw	0350 (0540)	–
12.	Verbindl. a LuL	1600 (3300)	94,24	Vorsteuer 19 %	1576 (1406)	–
13.	Abschreibung Sach.	4830 (6220)	1.623,00	Lkw	0350 (0540)	A

A = Aufwand, E = Ertrag, -A = Aufwandskorrektur

Nebenrechnungen:

Zu Tz. 1: Listenpreis 25.000 € - 4 % Rabatt von 25.000 € + Sonderlackierung 1.000 € - Preisnachlass 200 € = **24.800 €**.

Zu Tz. 3: Abschreibung Lieferwagen alt: Buchwert 01.01. (6.000 €) : 1,5 Jahre Restnutzungsdauer = 4.000 €; davon $\frac{8}{12}$ = 2.666,57 €, gerundet **2.667 €**.

Zu Tz. 4: Buchwert Lieferwagen alt zum 01.01. (6.000 €) - Abschreibung (2.667 €) = Anlagenabgang (**3.333 €**).

Zu Tz. 5: Erlös aus der Inzahlunggabe des Lieferwagens alt.

Zu Tz. 7: Erlös aus der Lieferung der Kücheneinrichtung.

Zu Tz. 9: Umbuchung der Zulassungsgebühr (Anschaffungsnebenkosten).

Zu Tz. 10: **Ermittlung der Restzahlung:**

	Lieferwagen neu	25.000,00 €
-	4 %	1.000,00 €
+	Sonderlackierung	1.000,00 €
-	Preisnachlass	200,00 €
		24.800,00 €
+	19 % USt	4.712,00 €
		29.512,00 €
-	Lieferwagen alt, brutto	8.330,00 €
-	Küchenlieferung, brutto	5.950,00 €
-	2 % Skonto von 29.512 €	590,24 €
=	**Restschuld (Überweisung)**	**14.641,76 €**

Zu Tz. 11: Skontoabzug netto: 2 % von 24.800 € = **496 €**.

Zu Tz. 12: Vorsteuerkorrektur zum Skontoabzug: 496 € • 19 % = **94,24 €**.

Zu Tz. 13: Abschreibung Lieferwagen neu: 24.332 € : 5 Jahre • $\frac{4}{12}$ = 1.622,13 €, gerundet **1.623 €**.

Ermittlung der Anschaffungskosten:

	Anschaffungspreis netto		25.000,00 €
+	ANK netto		
	► Sonderlackierung	1.000,00 €	
	► Zulassung	28,00 €	1.028,00 €
-	Anschaffungspreismind. netto		
	► Rabatt	1.000,00 €	
	► Preisnachlass	200,00 €	
	► Skonto	496,00 €	-1.696,00 €
=	**AK**		**24.332,00 €**

Lösung zu Aufgabe 80:

	Sollkonto – SKR 03 (SKR 04)	**Betrag (Euro)**	**Habenkonto** – SKR 03 (SKR 04)	**Erfolgs-auswir-kung**
1.	Maschinen 0210 (0440)	100.000,00	Verbindl. a LuL 1600 (3300)	–
2.	Vorsteuer 19 % 1576 (1406)	19.000,00	Verbindl. a LuL 1600 (3300)	–
3.	Maschinen 0210 (0440)	1.500,00	Verbindl. a LuL 1600 (3300)	–
4.	Vorsteuer 19 % 1576 (1406)	285,00	Verbindl. a LuL 1600 (3300)	–
5.	Verbindl. a LuL 1600 (3300)	1.785,00	Bank 1200 (1800)	–
6.	Maschinen 0210 (0440)	1.000,00	Verbindl. a LuL 1600 (3300)	–
7.	Vorsteuer 19 % 1576 (1406)	190,00	Verbindl. a LuL 1600 (3300)	–
8.	Verbindl. a LuL 1600 (3300)	1.190,00	Bank 1200 (1800)	–
9.	Abschreibung Sach. 4830 (6220)	4.584,00	Maschinen 0210 (0440)	A
10.	Anlagenabgang 2310 (6895)	30.416,00	Maschinen 0210 (0440)	A
11.	Verbindl. a LuL 1600 (3300)	12.500,00	Erl. Verk. Sach. 8801 (6885)	E
12.	Verbindl. a LuL 1600 (3300)	2.375,00	USt 19 % 1776 (3806)	–
13.	Verbindl. a LuL 1600 (3300)	101.745,00	Bank 1200 (1800)	–
14.	Verbindl. a LuL 1600 (3300)	2.000,00	Maschinen 0210 (0440)	–
15.	Verbindl. a LuL 1600 (3300)	380,00	Vorsteuer 19 % 1576 (1406)	–
16.	Abschreibung Sach. 4830 (6220)	1.675,00	Maschinen 0210 (0440)	A

A = Aufwand, E = Ertrag

Nebenrechnungen:

Zu Tz. 9: Abschreibung Maschine alt: Abschreibung/Jahr: 5.000 €, davon $^{11}/_{12}$ = 4.583,33 €, gerundet **4.584 €**.

Zu Tz. 10: **Restbuchwert Anlagenabgang Maschine alt:**

AK	50.000,00 €
Abschreibung 2022 - 2024	15.000,00 €
Abschreibung 2025 (s. o.)	4.584,00 €
Restbuchwert Abgang	**30.416,00 €**

Vergleich mit Erlös aus Inzahlunggabe (12.500,00 €) ergibt Buch**verlust** des Abgangs.

Zu Tz. 11: Erlös aus der Inzahlunggabe der Maschine alt.

Zu Tz. 13:

	Rechnungsbetrag	119.000,00 €
-	Gutschrift aus Inzahlunggabe	14.875,00 €
-	2 % Skonto von 119.000 €	2.380,00 €
=	**Banküberweisung**	**101.745,00** €

Zu Tz. 14: Skontoabzug netto: 2 % von 119.000 € : 1,19 = **2.000 €**.

Zu Tz. 15: Vorsteuerkorrektur zum Skontoabzug: 2.000 € • 19 % = **380 €**.

Zu Tz. 16: Abschreibung Maschine neu: 100.500 € : 10 Jahre • $^{2}/_{12}$ = **1.675 €.**

Lösung zu Aufgabe 81:

	Sollkonto SKR 03 (SKR 04)		Betrag (Euro)	Habenkonto SKR 03 (SKR 04)		Aufwand (Euro)	Ertrag (Euro)
1.	Pkw	0320 (0520)	29.000,00[1]	Bank	1200 (1800)		
	VoSt 19 %	1576 (1406)	5.510,00	Bank	1200 (1800)		
	Pkw	0320 (0520)	25,00[2]	Kasse	1000 (1600)		
	VoSt 19 %	1576 (1406)	4,75	Kasse	1000 (1600)		
	Pkw	0320 (0520)	25,00[3]	Kasse	1000 (1600)		
	Abschreib. auf Kfz	4832 (6222)	6.886,00	Pkw	0320 (0520)	6.886,00	
2.	Betriebsausst.	0400 (0630)	20.900,00[4]	Bank	1200 (1800)		
	VoSt 19 %	1576 (1406)	3.971,00	Bank	1200 (1800)		
	Betriebsausst.	0400 (0630)	800,00[5]	Bank	1200 (1800)		
	VoSt 19 %	1576 (1406)	152,00	Bank	1200 (1800)		
	Abschreib. auf Sachanlagen	4830 (6220)	9.581,00	Betriebsausst.	0400 (0630)	9.581,00	
3.	Büroeinr.	0420 (0650)	1.450,00[6]	Bank	1200 (1800)		
	VoSt 19 %	1576 (1406)	275,50	Bank	1200 (1800)		
	Abschreib. auf Sachanlagen	4830 (6220)	1.463,00	Büroeinr.	0420 (0650)	1.463,00	
4.	Abschreib. auf Sachanlagen	4830 (6220)	1.334,00	Sonstige BGA	0490 (0690)	1.334,00	

1 Anschaffungspreis Audi A6 Variant netto.

2 Nummernschilder netto = ANK Audi A6 Variant.

3 Zulassungsgebühr = ANK Audi A6 Variant.

4 Anschaffungspreis Schneidemaschine netto - 5 % Rabatt (22.000 € - 1.100 €).

5 Transportkosten = ANK der Schneidemaschine.

6 Anschaffungskosten Arbeitsplatte netto.

Anlagenverzeichnis für die Zeit vom 01.01. bis 31.12.2025

Konto-Nr. SKR 03 (SKR 04)	Gegenstand	Ansch.-/ Herst.- Datum	AK/ HK €	ND Jahre	Ab- schrei- bungs- art	Ab- schrei- bungs- %	jährl. Ab- schrei- bung €	Bilanzwert 01.01.2025 €	Zu- gänge 2025 €	Ab- schrei- bung 2025 €	Abgänge 2025 Datum	Abgänge 2025 Wert €	Bilanzwert am 31.12.2025 €
0320 (0520)	VW-Passat	15.12.20	21.725	5	lin.	20	4.345	3.982		3.981			1
	Audi A6 Variant	15.07.25	29.050	5	lin.	20	5.810		29.050	2.905[1]			26.145
								3.982	**29.050**	**6.886**			**26.146**
0400 (0630)	Falzmaschine	02.01.20	34.000	8	lin.	12,5	4.250	12.750		4.250			8.500
	Abpackmaschine	13.05.19	42.000	10	lin.	10	4.200	18.200		4.200			14.000
	Schneidemaschine	13.08.25	21.700	8	lin.	12,5	2.713		21.700	1.131[2]			20.569
								30.950	**21.700**	**9.581**			**43.069**
0420 (0650)	Büroeinrichtung	15.11.19	14.500	10	lin.	10	1.450	7.008		1.450			5.558
	Arbeitsplatte	01.12.25	1.450	10	lin.	10	145		1.450	13[3]			1.437
								7.008	**1.450**	**1.463**			**6.995**
0490 (0690)	Computer mit Zubehör	13.08.24	4.000	3	lin.	33 ⅓	1.334	3.444		1.334			2.110
								3.444		**1.334**			**2.110**

1 6/12 des Jahres-Abschreibungsbetrags (Juli bis Dezember).

2 5/12 des Jahres-Abschreibungsbetrags (August - Dezember).

3 1/12 des Jahres-Abschreibungsbetrags (Dezember).

Lösung zu Aufgabe 82:

Tz.	Sollkonto SKR 03 (SKR 04)	Betrag (Euro)	Habenkonto SKR 03 (SKR 04)	Aufwand (Euro)	Ertrag (Euro)
1.	Außerplanm. Abschreib. auf Sachanlagen 4840 (6230)	15.000,00	Unbebaute Grundstücke 0650 (0215)	15.000,00	
	Restbuchwert Anlagenabg. (Verlust) 2310 (6895)	90.000,00	Unbebaute Grundstücke 0650 (0215)	90.000,00	
	Bank 1200 (1800)	90.000,00	Erlöse aus Verkäufen Sachanl. (Verl.) 8800 (6889)		90.000,00
2.	Keine Buchung; nicht realisierte Gewinne dürfen nicht ausgewiesen werden (Realisationsprinzip § 252 Abs. 1 Nr. 4 HGB und Anschaffungswertprinzip § 253 Abs. 1 Satz 1 HGB).				
3.	Abschreib. auf Sachanlagen (Gebäude) 4831 (6221)	1.125,00	Geschäftsgebäude 0090 (0240)	1.125,00	
4.	Zufahrt 0112 (0285)	25.000,00	Verbindl. a. LuL 1600 (3300)		
	VoSt 19 % 1576 (1406)	4.750,00	Verbindl. a. LuL 1600 (3300)		
	Abschreib. auf Sachanlagen 4830 (6220)	139,00[1]	Zufahrt 0112 (0285)	139,00	
5.	Abschreib. auf Kfz 4832 (6222)	3.792,00	Pkw 0320 (0520)	3.792,00	
6.	Pkw 0320 (0520)	32.500,00	Verbindl. a. LuL 1600 (3300)		
	VoSt 19 % 1576 (1406)	6.175,00	Verbindl. a. LuL 1600 (3300)		
	Pkw 0320 (0520)	15,00[2]	Kfz-Kosten 4500 (6500)	-15,00	
	Pkw 0320 (0520)	28,00[3]	Kfz-Kosten 4500 (6500)	-28,00	
	Kfz-Betriebsk. 4530 (6530)	80,00[4]	Pkw 0320 (0520)	80,00	
	Verbindl. a. LuL 1600 (3300)	5.000,00[5]	Privateinlage 1800 (2180)		
	Abschr. auf Kfz 4832 (6222)	904,00	Pkw 0320 (0520)	904,00	
7.	Abschreib. auf Sachanlagen 4830 (6220)	8.100,00	Ladeneinr. 0430 (0640)	8.100,00	

1 25.000 € : 15 Jahre • $\frac{1}{12}$.

2 Umbuchung Nummernschilder netto, weil ANK des Pkw.

3 Umbuchung Zulassungsgebühr, weil ANK des Pkw.

4 Umbuchung Benzin: keine ANK, sondern direkt Aufwand.

5 Privateinlage: Inzahlunggabe Privat-Pkw.

Anlagenverzeichnis für die Zeit vom 01.01. bis 31.12.2025

Konto-Nr. SKR 03 (SKR 04)	Gegenstand	Ansch.-/ Herst.-Datum	AK/ HK €	ND Jahre	Ab-schrei-bungs-art	Ab-schrei-bungs-%	jährl. Ab-schrei-bung €	Bilanz-wert 01.01.2025 €	Zugänge 2025 €	Ab-schrei-bung 2025 €	Abgänge 2025 Datum	Abgänge 2025 Wert €	Bilanz-wert am 31.12.2025 €
0065 (0215)	Grundstück 2	13.08.24	105.000					105.000		15.000	12/23	90.000	0
0085 (0235)	Grundstück 1	15.04.22	250.000					250.000					250.000
0090 (0240)	Geschäftsgebäude Markenbildchenweg	01.12.25	450.000	33	lin.	3	13.500		450.000	1.125[1]			448.875
0112 (0285)	Zufahrt	15.12.25	25.000	15	lin.	6 ⅔	1.667		25.000	139[2]			24.861
0320 (0520)	Pkw A	01.07.21	22.750	6	lin.	16 ⅔	3.792	9.478		3.792			5.686
	Pkw B	23.11.25	32.543	6	lin.	16 ⅔	5.424		32.543	904[3]			31.639
								9.478	**32.543**	**4.696**			**37.325**
0430 (0640)	Ladeneinrichtung	03.07.21	43.200	8	lin.	12,5	5.400	24.300		8.100[4]			16.200

1 $\frac{1}{12}$ des Jahres-Abschreibungsbetrags (Dezember).

2 $\frac{1}{12}$ des Jahres-Abschreibungsbetrags (Dezember).

3 $\frac{2}{12}$ des Jahres-Abschreibungsbetrags (November - Dezember).

4 Verteilung auf die Restnutzungsdauer von 3 Jahren (Buchwert : 3).

Lösung zu Aufgabe 83:

a) **Buchung für Juli:**

Sollkonto – SKR 03 (SKR 04)	**Betrag (Euro)**	**Habenkonto** – SKR 03 (SKR 04)
Bank 1200 (1800)	22.500,00	Verbindlichkeiten gegenüber Kreditinst. 0640 (3160)

b) **Buchungen für August:**

Sollkonto – SKR 03 (SKR 04)	**Betrag (Euro)**	**Habenkonto** – SKR 03 (SKR 04)
Zinsaufwendungen für langfristige Verbindlichkeiten 2120 (7320)	75,00	Bank 1200 (1800)
Verbindlichkeiten gegenüber Kreditinst. 0630 (3150)	375,00	Bank 1200 (1800)

Lösung zu Aufgabe 84:

31.07.2025:

Sollkonto – SKR 03 (SKR 04)	**Betrag (Euro)**	**Habenkonto** – SKR 03 (SKR 04)
Bank 1200 (1800)	29.400,00	Verbindlichkeiten gegenüber Kreditinst. 0640 (3160)
Damnum/Disagio 0986 (1940)	600,00	Verbindlichkeiten gegenüber Kreditinst. 0640 (3160)

31.12.2025:

Sollkonto – SKR 03 (SKR 04)	**Betrag (Euro)**	**Habenkonto** – SKR 03 (SKR 04)
Zinsaufwendungen 2120 (7320)	625,00	Bank 1200 (1800)
Abschr. auf Disagio zur Finanzierung des AV 2124 (7324)	50,00	Damnum/Disagio 0986 (1940)

Nebenrechnungen:

Zinsen 2025:
30.000 € • 5 % = 1.500 €; 1.500 € : 360 Tage • 150 Tage = **625 €**

Abschreibung Damnum 2025:
600 € : 5 Jahre = 120 €; 120 € : 360 Tage • 150 Tage = **50 €**

Lösung zu Aufgabe 85:

a)

	Sollkonto – SKR 03 (SKR 04)	**Betrag (Euro)**	**Habenkonto** – SKR 03 (SKR 04)
1.	Bank 1200 (1800)	10.000,00	Umsatzerlöse 19 % 8400 (4400)
	Bank 1200 (1800)	1.900,00	Umsatzsteuer 19 % 1776 (3806)
2.	Telefon 4920 (6805)	180,00	Verbindl. a LuL 1600 (3300)
	Vorsteuer 19 % 1576 (1406)	34,20	Verbindl. a LuL 1600 (3300)
	Privatentnahmen 1800 (2100)	23,80	Verbindl. a LuL 1600 (3300)
3.	Büromaterial 4930 (6815)	100,00	Kasse 1000 (1600)
	Vorsteuer 19 % 1576 (1406)	19,00	Kasse 1000 (1600)
4.	Betriebs- und Gesch. 0300 (0500)	25.000,00	Verbindl. a LuL 1600 (3300)
	Vorsteuer 19 % 1576 (1406)	4.750,00	Verbindl. a LuL 1600 (3300)
5.	Bank 1200 (1800)	19.600,00	Verbindl. g. Kreditinst. 0650 (3170)
	Damnum/Disagio 0986 (1940)	400,00	Verbindl. g. Kreditinst. 0650 (3170)
6.	Verbindl. a LuL 1600 (3300)	29.155,00	Bank 1200 (1800)
	Verbindl. a LuL 1600 (3300)	500,00	Betriebs- und Gesch. 0300 (0500)
	Verbindl. a LuL 1600 (3300)	95,00	Vorsteuer 19 % 1576 (1406)
7.	Zinsaufwendungen 2120 (7320)	408,33	Bank 1200 (1800)
8.	Bank 1200 (1800)	2.500,00	Forderungen a LuL 1400 (1200)
9.	Bank 1200 (1800)	20.000,00	Provisionserlöse 19 % 8510 (4560)
	Bank 1200 (1800)	3.800,00	Umsatzsteuer 19 % 1776 (3806)
10.	Verbindl. a LuL 1600 (3300)	238,00	Bank 1200 (1800)
11.	Umsatzsteuer 1770 (3800)	4.650,00	Bank 1200 (1800)
12.	Umatzsteuervorausz. 1780 (3820)	4.525,00	Bank 1200 (1800)
13.	Unentgelt. Wertabg. 1880 (2130)	2.131,20	Verwend. v. Gegenst. 8921 (4645)
	Unentgelt. Wertabg. 1880 (2130)	404,93	Umsatzsteuer 19 % 1776 (3806)
	Unentgelt. Wertabg. 1880 (2130)	532,80	Verwend. v. Gegenst. 8924 (4639)
14.	Gehälter 4120 (6020)	3.500,00	Lohn-/Gehaltsverr. 1755 (3790)
	Gehälter 4120 (6020)	334,95	Lohn-/Gehaltsverr. 1755 (3790)
	Vermögensw. Leist. 4170 (6080)	40,00	Lohn-/Gehaltsverr. 1755 (3790)
	Lohn-/Gehaltsverr. 1755 (3790)	569,52	Verbindl. Lohn-/KiSt. 1741 (3730)
	Lohn-/Gehaltsverr. 1755 (3790)	811,80	Verbindl. soziale Sich. 1742 (3740)
	Gesetzl. soziale Aufw. 4130 (6110)	811,80	Verbindl. soziale Sich. 1742 (3740)
	Lohn-/Gehaltsverr. 1755 (3790)	40,00	Verbindl. Vermögensb. 1750 (3770)
	Lohn-/Gehaltsverr. 1755 (3790)	281,47	Verr. sonst. Sachbez. 8611 (4947)
	Lohn-/Gehaltsverr. 1755 (3790)	53,48	Umsatzsteuer 19 % 1776 (3806)
	Lohn-/Gehaltsverr. 1755 (3790)	2.118,68	Verbindl. Lohn/Gehalt 1740 (3720)
	Verbindl. Lohn/Gehalt 1740 (3720)	2.118,68	Bank 1200 (1800)
	Verbindl. Lohn-/KiSt. 1741 (3730)	569,52	Bank 1200 (1800)
	Verbindl. soziale Sich. 1742 (3740)	1.623,60	Bank 1200 (1800)
	Verbindl. Vermögensb. 1750 (3770)	40,00	Bank 1200 (1800)
15.	Abschreibung Sachanl. 4830 (6220)	43.750,00	Betriebs- u. Geschäfts. 0300 (0500)
	Abschreibung Gebäude 4831 (6221)	16.000,00	Geschäftsbauten 0090 (0240)
	Abschreibung Sachanl. 4830 (6220)	1.362,00	Betriebs- u. Geschäfts. 0300 (0500)
	Abschr. auf Disagio/Damnum 2124 (7324)	19,44	Damnum/Disagio 0986 (1940)

Zu Tz. 13:
22.222 €, Abrundung auf volle 100 € = 22.200 €, • 1 % • 12 Monate • 80 % = **2.131,20 €**
2.131,20 € • 19 % = **404,93 €**
22.200 € • 1 % • 12 Monate · 20 % = **532,80 €**

Zu Tz. 14:

			Euro	Euro
	Bruttogehalt			3.500,00
+	vwL			40,00
+	Sachbezug Kfz-Gestellung			
	23.130 € wird auf 23.100 € abgerundet			
	23.100 € • 1 % =		231,00	
	23.100 € • 0,03 % • 15 km =		103,95	334,95
=	steuer- und sozialversicherungspflichtiges Entgelt			3.874,95
-	Lohnsteuer, SolZ und KiSt			569,52
-	Sozialversicherungsbeiträge (Arbeitnehmeranteile)			
	Krankenversicherung	(3.874,95 € • 8,55 %)	331,31	
	Pflegeversicherung	(3.874,95 € • 1,8 %)	69,75	
	Rentenversicherumg	(3.874,95 € • 9,3 %)	360,37	
	Arbeitslosenversicherung	(3.874,95 € • 1,3 %)	50,37	811,80
				2.493,63
-	Sachbezug			334,95
-	vwL			40,00
=	**Auszahlungsbetrag**			**2.118,68**

Kfz-Gestellung netto: 334,95 € : 1,19 = **281,47 €**
19 % USt hierzu: 281,47 € • 19 % = **53,48 €**

Arbeitgeberanteil zur Sozialversicherung:

331,31 € + 69,75 € + 360,37 € + 50,37 € = **811,80 €**

Zu Tz. 15:
Abschreibung des Gabelstaplers: 25.000 € - 500 € (2 % Skonto) = 24.500 € (= AK)
24.500 € : 6 Jahre • $\frac{4}{12}$ = **1.362 €** (gerundet)

Abschreibung des Disagios: 400 € : 6 Jahre = 66,67 €/Jahr
66,67 € : 360 Tage • 105 Tage (16.09. - 30.12.) = **19,44 €**

b) - d)

S	0085 (0235) Bebaute Grundst.		H
AB	100.000,00	SBK	100.000,00
	100.000,00		100.000,00

S	0090 (0240) Geschäftsbauten		H
AB	240.000,00	15)	16.000,00
		SBK	224.000,00
	240.000,00		240.000,00

S	0300 (0500) Betriebs- u. Geschäfts.		H
AB	175.000,00	6)	500,00
4)	25.000,00	15)	43.750,00
		15)	1.362,00
		SBK	154.388,00
	200.000,00		200.000,00

S	1400 (1200) Forderungen a LuL		H
AB	47.250,00	8)	2.500,00
		SBK	44.750,00
	47.250,00		47.250,00

S	1200 (1800) Bank		H
AB	15.350,00	6)	29.155,00
1)	11.900,00	7)	408,33
5)	19.600,00	10)	238,00
8)	2.500,00	11)	4.650,00
9)	23.800,00	12)	4.525,00
		14)	2.118,68
		14)	569,52
		14)	1.623,60
		14)	40,00
		SBK	29.821,87
	73.150,00		73.150,00

S	1000 (1600) Kasse		H
AB	1.750,00	3)	119,00
		SBK	1.631,00
	1.750,00		1.750,00

S	0650 (3170) Verbindl. geg. Kreditinst.		H
SBK	245.750,00	AB	225.750,00
		5)	20.000,00
	245.750,00		245.750,00

S	1600 (3300) Verbindl. a LuL		H
6)	29.750,00	AB	56.350,00
10)	238,00	2)	238,00
SBK	56.350,00	4)	29.750,00
	86.338,00		86.338,00

S	1770 (3800) Umsatzsteuer		H
11)	4.650,00	AB	4.650,00
	4.650,00		4.650,00

S	0880 (2010) Eigenkapital		H
GuVK	33.561,05	AB	292.600,00
1800 (2100)	23,80		
1800 (2100)	3.068,93		
SBK	255.946,22		
	292.600,00		292.600,00

S	1576 (1406) Vorsteuer		H
2)	34,20	6)	95,00
3)	19,00	1776 (3806)	1633,41
4)	4.750,00	SBK	3.074,79
	4.803,20		4.803,20

S	1776 (3806) Umsatzsteuer		H
1780 (3820)	4.525,00	1)	1.900,00
1576 (1406)	1.633,41	9)	3.800,00
		13)	404,93
		14)	53,48
	6.158,41		6.158,41

S	0986 (1940) Damnum/Disagio		H
5)	400,00	15)	19,44
		SBK	380,56
	400,00		400,00

S	1780 (3820) USt-Vorausz.		H
12)	4.525,00	1776 (3806)	4.525,00
	4.525,00		4.525,00

S	1755 (3790) Lohn-/Gehaltsverr.		H
14)	569,52	14)	3.500,00
14)	811,80	14)	334,95
14)	40,00	14)	40,00
14)	281,47		
14)	53,48		
14)	2.118,68		
	3.874,95		3.874,95

S	1740 (3720) Verbindl. Lohn/Gehalt		H
14)	1.575,12	14)	1.575,12
	1.575,12		1.575,12

S	1741 (3730) Verbindl. Lohn-/KiSt		H
14)	569,52	14)	569,52
	569,52		569,52

S	1742 (3740) Verbindl. soziale Sich.		H
14)	1.623,60	14)	811,80
		14)	811,80
	1.623,60		1.623,60

S	1750 (3770) Verbindl. Vermögensb.		H
14)	40,00	14)	40,00
	40,00		40,00

S	1800 (2100) Privatent. allg.		H
2)	23,80	0880 (2010)	23,80
	23,80		23,80

S	1880 (2130) Unentgelt. Wertabg.		H
13)	2.131,20	0880 (2010)	3.068,93
13)	404,93		
13)	532,80		
	3.068,93		3.068,93

S	2120 (7320) Zinsaufw. langf. Verb.		H
7)	408,33	GuVK	427,77
2124)	19,44		
	427,77		427,77

S	4120 (6020) Gehälter		H
14)	3.500,00	GuVK	3.834,95
14)	334,95		
	3.834,95		3.834,95

S	2124 (7324) Abschr. Disagio		H
15)	19,44	2120)	19,44
	19,44		19,44

S	4130 (6110) Gesetzl. soziale Aufw.		H
14)	811,80	GuVK	811,80
	811,80		811,80

S	4170 (6080) vwL		H
14)	40,00	GuVK	40,00
	40,00		40,00

S — 4830 (6220) Abschreibungen Sachanl. — H

S		H	
15)	43.750,00	GuVK	45.112,00
15)	1.362,00		
	45.112,00		45.112,00

S — 4831 (6221) Abschreibungen Gebäude — H

S		H	
15)	16.000,00	GuVK	16.000,00
	16.000,00		16.000,00

S — 4920 (6805) Telefon — H

S		H	
2)	180,00	GuVK	180,00
	180,00		180,00

S — 4930 (6815) Bürobedarf — H

S		H	
3)	100,00	GuVK	100,00
	100,00		100,00

S — 8400 (4400) Erlöse — H

S		H	
GuVK	10.000,00	1)	10.000,00
	10.000,00		10.000,00

S — 8510 (4560) Provisionserlöse — H

S		H	
GuVK	20.000,00	9)	20.000,00
	20.000,00		20.000,00

S — 8611 (4947) Verr. Sachbez. 19 % USt — H

S		H	
GuVK	281,47	14)	281,47
	281,47		281,47

S — 8921 (4645) Verw. v. Gegenst. 19 % USt — H

S		H	
GuVK	2.131,20	13)	2.131,20
	2.131,20		2.131,20

S — 8924 (4639) Verw. v. Gegenst. o. USt — H

S		H	
GuVK	532,80	13)	532,80
	532,80		532,80

S — GuVK — H

S		H	
2120 (7320)	427,77	8400 (4400)	10.000,00
4120 (6020)	3.834,95	8510 (4560)	20.000,00
4130 (6110)	811,80	8611 (4947)	281,47
4170 (6080)	40,00	8921 (4645)	2.131,20
4830 (6220)	45.112,00	8924 (4639)	532,80
4831 (6221)	16.000,00	Verlust	
4920 (6805)	180,00	0880 (2010)	33.561,05
4930 (6815)	100,00		
	66.506,52		66.506,52

S — 9000 (9000) Saldenvorträge — H

S		H	
0650 (3170)	225.750,00	0085 (0235)	100.000,00
1600 (3300)	56.350,00	0090 (0240)	240.000,00
1770 (3800)	4.650,00	0300 (0500)	175.000,00
0880 (2010)	292.600,00	1400 (1200)	47.250,00
		1200 (1800)	15.350,00
		1000 (1600)	1.750,00
	579.350,00		579.350,00

S — SBK — H

S		H	
0085 (0235)	100.000,00	0880 (2010)	255.946,22
0090 (0240)	224.000,00	0650 (3170)	245.750,00
0300 (0500)	154.388,00	1600 (3300)	56.350,00
1400 (1200)	44.750,00		
1576 (1406)	3.074,79		
1200 (1800)	29.821,87		
1000 (1600)	1.631,00		
0986 (1940)	380,56		
	558.046,22		558.046,22

e)

AKTIVA — **Bilanz zum 31.12.2025** — **PASSIVA**

AKTIVA	Euro	Euro
A. Anlagevermögen		
I. Sachanlagen		
1. Grundstücke, grundstücksgleiche Rechte und Bauten einschließlich der Bauten auf fremden Grundstücken		
Grundstückswert bebauter Grundstücke	100.000,00	
Geschäftsbauten	224.000,00	324.000,00
2. andere Anlagen, Betriebs- und Geschäftsausstattung		
Betriebs- und Geschäftsausstattung		154.388,00
B. Umlaufvermögen		
I. Forderungen und sonstige Vermögensgegenstände		
1. Forderungen aus Lieferungen und Leistungen		44.750,00
2. sonstige Vermögensgegenstände		
Abziehbare Vorsteuer 19 %	4.708,20	
Umsatzsteuer 19 %	-6.158,41	
Umsatzsteuer-vorauszahlungen	4.525,00	3.074,79
II. Kassenbestand, Bundesbankguthaben, Guthaben bei Kreditinstituten und Schecks		
Kasse	1.631,00	
Bank	29.821,87	31.452,87
C. Rechnungsabrenzungsposten		
Damnum/Disagio		380,56
Summe Aktiva		558.046,22

PASSIVA	Euro	Euro
A. Eigenkapital		
1. Anfangskapital	292.600,00	
2. Privatentnahmen	-3.092,73	
3. Jahresfehlbetrag	-33.561,05	255.946,22
B. Verbindlichkeiten		
1. Verbindlichkeiten gegenüber Kreditinstituten	245.750,00	
2. Verbindlichkeiten aus Lieferungen und Leistungen	56.350,00	302.100,00
Summe Passiva		558.046,22

Tanja Masselter, Koblenz

Gewinn- und Verlustrechnung vom 01.01. bis 31.12.2025

		Euro	Euro
1.	**Umsatzerlöse**		
	Erlöse 19 % USt	10.000,00	
	Provisionsumsätze 19 % USt	20.000,00	30.000,00
2.	**sonstige betriebliche Erträge**		
	Verrechn. sonstige Sachbezüge 19 % USt	281,47	
	Verwendung von Gegenst. (Kfz) 19 %	2.131,20	
	Verwendung von Gegenst. (Kfz) ohne USt	532,80	2.945,47
3.	**Personalaufwand**		
	Löhne und Gehälter		
	Gehälter	3.834,95	
	Vermögenswirksame Leistungen	40,00	3.874,95
	soziale Abgaben und Aufwendungen für Altersversorgung und für Unterstützung		
	Gesetzliche Sozialaufwendungen		811,80
4.	**Abschreibungen**		
	auf Vermögensgegenstände des Anlagevermögens		
	Abschreibungen auf bewegliche Sachanlagen	45.112,00	
	Abschreibungen auf Gebäude	16.000,00	61.112,00
5.	**sonstige betriebliche Aufwendungen**		
	Telefon	180,00	
	Bürobedarf	100,00	280,00
6.	**Zinsen und ähnliche Aufwendungen**		
	Zinsaufwendungen für langfristige Verbindlichkeit		427,77
7.	**Ergebnis der gewöhnlichen Geschäftstätigkeit**		-33.561,05
8.	**Jahresfehlbetrag**		
	Jahresfehlbetrag (Verlust)		33.561,05

Tanja Masselter, Koblenz

Lösung zu Aufgabe 86:

a)

$$\textbf{Anlagenintensität} = \frac{\text{Anlagevermögen}}{\text{Gesamtvermögen (AV + UV)}} \cdot 100$$

$$= \frac{380.750\,€ + 675.500\,€ + 96.690\,€}{380.750\,€ + 675.500\,€ + 96.690\,€ + 133.670\,€ + 54.966\,€ + 12.390\,€ + 1.385\,€} \cdot 100$$

$$= \mathbf{85\ \%}$$

$$\textbf{Umlaufintensität} = \frac{\text{Umlaufvermögen}}{\text{Gesamtvermögen (AV + UV)}} \cdot 100$$

$$= \frac{133.670\,€ + 54.966\,€ + 12.390\,€ + 1.385\,€}{380.750\,€ + 675.500\,€ + 96.690\,€ + 133.670\,€ + 54.966\,€ + 12.390\,€ + 1.385\,€} \cdot 100$$

$$= \mathbf{15\ \%}$$

b) Durch die Kennzahlen Anlagen- und Umlaufintensität wird untersucht, welche Anteile das **Anlagevermögen** und das **Umlaufvermögen** am Gesamtvermögen haben. Dadurch kann transparent gemacht werden, welcher Anteil des Vermögens eines Unternehmens **langfristig** und welcher Teil **kurzfristig** im Unternehmen gebunden ist.

Lösung zu Aufgabe 87:

a)

$$\textbf{Anlagendeckung I} = \frac{\text{Eigenkapitel}}{\text{Anlagevermögen}} \cdot 100$$

$$= \frac{557.706\,€}{380.750\,€ + 675.500\,€ + 96.690\,€} \cdot 100$$

$$= \frac{557.706\,€}{1.152.940\,€} \cdot 100 = \mathbf{48\ \%}$$

b)

$$\textbf{Anlagendeckung II} = \frac{\text{Eigenkapital + langfristiges Fremdkapital}}{\text{Anlagevermögen}} \cdot 100$$

$$= \frac{557.706\,€ + 183.200\,€ + 550.750\,€}{1.152.940\,€} \cdot 100$$

$$= \frac{1.291.656\,€}{1.152.940\,€} \cdot 100 = \mathbf{112\ \%}$$

b)

$$\textbf{Anlagendeckung III} = \frac{\text{Eigenkapital + langfristiges Fremdkapital}}{\text{Anlagevermögen + eiserner Vorratsbestand}} \cdot 100$$

$$= \frac{1.291.656\ €}{1.152.940\ € + 65.000\ €} \cdot 100$$

$$= \frac{1.291.656\ €}{1.217.940\ €} \cdot 100 = \textbf{106 \%}$$

Lösung zu Aufgabe 88:

a) Liquiditätskennzahlen:

$$\textbf{Liquidität 1. Grades} = \frac{\text{Zahlungsmittel (Kasse und Bankguthaben)}}{\text{kurzfristige Verbindlichkeiten}} \cdot 100$$

$$= \frac{4.693\ € + 22.390\ €}{96.696\ €} \cdot 100$$

$$= \frac{27.083\ €}{96.696\ €} \cdot 100 = \textbf{28 \%}$$

$$\textbf{Liquidität 2. Grades} = \frac{\text{Zahlungsmittel+ kurzfristige Forderungen}}{\text{kurzfristige Verbindlichkeiten}} \cdot 100$$

$$= \frac{27.083\ € + 44.650\ €}{96.696\ €} \cdot 100$$

$$= \frac{71.733\ €}{96.696\ €} \cdot 100 = \textbf{74 \%}$$

$$\textbf{Liquidität 3. Grades} = \frac{\text{Zahlungsmittel+ kurzfristige Forderungen + Vorräte}}{\text{kurzfristige Verbindlichkeiten}} \cdot 100$$

$$= \frac{27.083\ € + 44.650\ € + 126.670\ €}{96.696\ €} \cdot 100$$

$$= \frac{198.403\ €}{96.696\ €} \cdot 100 = \textbf{205 \%}$$

b) Die Liquidität 3. Grades gibt Auskunft darüber, inwieweit die **kurzfristigen Verbindlichkeiten** durch die **Zahlungsmittel, kurzfristige Forderungen und die Vorräte** abgedeckt sind. Vorräte wandeln sich in naher Zukunft normalerweise in kurzfristige Forderungen und Zahlungsmittel um. Diese stehen dann für die Begleichung der kurzfristigen Verbindlichkeiten zur Verfügung.

Die Liquidität 3. Grades sollte **über 100 %** liegen weil das Unternehmen sonst Teile des Anlagevermögens veräußern müsste, um alle kurzfristigen Verbindlichkeiten begleichen zu können. Das Unternehmen würde sich dadurch langfristig seiner Existenzgrundlage berauben.

Lösung zu Aufgabe 89:

Working Capital = Umlaufvermögen - Verbindlichkeiten aus Lieferungen und Leistungen

= 126.670 € + 44.650 € + 22.390 € + 4.693 € - 96.696 €

= 198.403 € - 96.696 € = **101.707 €**

Erklärung:

Wenn man die Verbindlichkeiten aus Lieferungen und Leistungen vom Umlaufvermögen abzieht, erhält man eine Art „Nettoumlaufvermögen“, das zur Deckung von (weiteren) kurzfristigen Verbindlichkeiten zur Verfügung steht.

Ein positives bzw. gegenüber den Vorperioden gestiegenes Working Capital weist grundsätzlich auf eine gute und verbesserte Liquiditätslage hin. Ein negatives oder sich negativ entwickelndes Working Capital kann ein Indiz dafür sein, dass gegen den Grundsatz der Fristenkongruenz verstoßen wird.

Exkurs 3: Steuerliche Besonderheiten bei den laufenden Buchungen

Lösung zu Aufgabe 90:

a) **Buchungen beim Leasing-Geber (Vermieter):**

Aktivierung und Abschreibung des Leasing-Gegenstandes

Sollkonto – SKR 03 (SKR 04)		**Betrag (Euro)**	**Habenkonto** – SKR 03 (SKR 04)	
Sonstige BGA	0490 (0690)	25.000,00	Bank	1200 (1800)
Vorsteuer 19 %	1576 (1406)	4.750,00	Bank	1200 (1800)
Abschreib. Sachanlagen	4830 (6220)	3.125,00	Sonstige BGA	0490 (0690)

Nebenrechnung:
25.000 € : 4 Jahre = 6.250 €/Jahr • $\frac{6}{12}$ (Juli - Dez.) = **3.125 €**.

Erfassung der Leasingerlöse (monatlich)

Sollkonto – SKR 03 (SKR 04)		**Betrag (Euro)**	**Habenkonto** – SKR 03 (SKR 04)	
Bank	1200 (1800)	350,00	Sonstige Erlöse betr.	8640 (4836)
Bank	1200 (1800)	66,50	Umsatzsteuer 19 %	1776 (3806)

b) **Buchungen beim Leasing-Nehmer (Mieter):**

Erfassung der Leasingraten (monatlich)

Sollkonto – SKR 03 (SKR 04)		**Betrag (Euro)**	**Habenkonto** – SKR 03 (SKR 04)	
Mietleasing Kfz	4570 (6560)	350,00	Bank	1200 (1800)
Vorsteuer 19 %	1576 (1406)	66,50	Bank	1200 (1800)

Lösung zu Aufgabe 91:

Der Leasing-Gegenstand ist dem Leasing-Geber (Vermieter) zuzuordnen, weil die Grundmietzeit 66,67 % der betriebsgewöhnlichen Nutzungsdauer (2 Jahre Grundmietzeit : 3 Jahre betriebsgewöhnliche ND • 100) beträgt, also innerhalb des „Korridors“ des Leasingerlasses (mindestens 40 % und höchstens 90 %) liegt und bei Ausübung der Kaufoption der Kaufpreis höher als der Restbuchwert ist.

	Sollkonto SKR 03 (SKR 04)		**Betrag (Euro)**	**Habenkonto** SKR 03 (SKR 04)		**Auf-wand (Euro)**	**Ertrag (Euro)**
a)	Sonstige BGA	0490 (0690)	6.600,00	Bank	1200 (1800)		
	VoSt 19 %	1576 (1406)	1.254,00	Bank	1200 (1800)		
	Abschreibung	4830 (6220)	184,00	Sonst. BGA	0490 (0690)	184,00	
	Bank	1200 (1800)	300,00	Sonst. Erl.	8640 (4836)		300,00
	Bank	1200 (1800)	57,00	USt 19 %	1776 (3806)		
b)	Mietleasing	4810 (6840)	300,00	Bank	1200 (1800)	300,00	
	VoSt 19 %	1576 (1406)	57,00	Bank	1200 (1800)		

Nebenrechnung:
Abschreibung der Computeranlage in 2025: 6.600 € : 3 Jahre • $\frac{1}{12}$.

Lösung zu Aufgabe 92:

a) **Bruttozinsen, Steuerabzüge, Nettozinsen:**

Bruttozinsen:

30.000 € • 2 % =		**600,00 €**

Abrechnung der Bank zum 31.12.2025:

Bruttozinsen		600,00 €
- KapESt	600 € • 25 % =	150,00 €
- SolZ	150 € • 5,5 % =	8,25 €
= **Nettozinsen**		**441,75 €**

b) **Buchungen zum 31.12.2025:**

Sollkonto – SKR 03 (SKR 04)		**Betrag (Euro)**	**Habenkonto** – SKR 03 (SKR 04)	
Bank	1200 (1800)	441,75	Zinserträge	2650 (7110)
Privatsteuern	1810 (2150)	158,25	Zinserträge	2650 (7110)

Lösung zu Aufgabe 93:

(1) **Zinsertrag 2024 und 2025:**

2024:	100.000 € • 2,25 % • $\frac{150}{360}$ (01.08. - 30.12.2024) =	937,50 €
2025:	100.000 € • 2,25 % • $\frac{210}{360}$ (01.01. - 31.07.2025) =	1.312,50 €

(2) **Buchung der Zinsen 2024 zum 31.12.2024:**

Sollkonto – SKR 03 (SKR 04)		**Betrag (Euro)**	**Habenkonto** – SKR 03 (SKR 04)	
Sonstige Vermögensg.	1501 (1301)	937,50	Zinserträge	2650 (7110)

(3) **Abrechnung der Bank zum 01.08.2025:**

Bruttozinsen	100.000,00 € • 2,25 % =	2.250,00 €
- KapESt	2.250,00 € • 25 % =	562,50 €
- SolZ	562,50 € • 5,5 % =	30,94 €
= Nettozinsen		**1.656,56 €**

(4) **Buchungen zum 01.08.2025:**

Sollkonto – SKR 03 (SKR 04)		**Betrag (Euro)**	**Habenkonto** – SKR 03 (SKR 04)	
Bank	1200 (1800)	937,50	Sonstige Vermögensg.	1501 (1301)
Bank	1200 (1800)	719,06	Zinserträge	2650 (7110)
Privatsteuern	1810 (2150)	593,44	Zinserträge	2650 (7110)

Nebenrechnung:
719,06 € + 593,44 € = 1.312,50 € (Bruttozinsen 2025)

Lösung zu Aufgabe 94:

(1) **Abrechnung der Bank zum 30.04.2025:**

Bruttodividende		2.000,00 €
- KapESt	2.000 € • 25 % =	500,00 €
- SolZ	500 € • 5,5 % =	27,50 €
= Nettodividende		**1.472,50 €**

(2) **Buchung der Bankgutschrift:**

Sollkonto – SKR 03 (SKR 04)		**Betrag (Euro)**	**Habenkonto** – SKR 03 (SKR 04)	
Bank	1200 (1800)	1.472,50	Erträge a. Anteilen	2625 (7014)

(3) **Buchung der Steuerbescheinigung:**

Sollkonto – SKR 03 (SKR 04)		**Betrag (Euro)**	**Habenkonto** – SKR 03 (SKR 04)	
KapESt 25 %	2213 (7630)	500,00	Erträge a. Anteilen	2625 (7014)
SolZ auf KapESt 25 %	2216 (7633)	27,50	Erträge a. Anteilen	2625 (7014)

Lösung zu Aufgabe 95:

Buchung der Eingangsrechnung zum 15.03.2025:

Sollkonto – SKR 03 (SKR 04)		**Betrag (Euro)**	**Habenkonto** – SKR 03 (SKR 04)	
Innerg. Erwerb 19 % USt	3425 (5425)	5.237,00	Verbindl. a LuL	1600 (3300)
Abz. VoSt a. innerg. Erw.	1574 (1404)	995,03	USt a. innerg. Erw.	1774 (3804)

Buchung der Zahlung zum 01.04.2025:

Sollkonto – SKR 03 (SKR 04)		**Betrag (Euro)**	**Habenkonto** – SKR 03 (SKR 04)	
Verbindl. a LuL	1600 (3300)	5.079,89	Bank	1200 (1800)
Verbindl. a LuL	1600 (3300)	157,11	Erhaltene Skonti aus...	3748 (5748)
USt a. innerg. Erw.	1774 (3804)	29,85	Abz. VoSt a. innerg. Erw.	1574 (1404)

Lösung zu Aufgabe 96:

Buchung der Ausgangsrechnung zum 20.03.2025:

Sollkonto –SKR 03 (SKR 04)		**Betrag (Euro)**	**Habenkonto** – SKR 03 (SKR 04)	
Forderungen a LuL	1400 (1200)	10.000,00	Steuerfreie innerg. Lief.	8125 (4125)

Buchung des Zahlungseingangs zum 01.04.2025:

Sollkonto – SKR 03 (SKR 04)		**Betrag (Euro)**	**Habenkonto** – SKR 03 (SKR 04)	
Bank	1200 (1800)	9.800,00	Forderungen a LuL	1400 (1200)
Gew. Skonti Innergem. Lief.	8743 (4743)	200,00	Forderungen a LuL	1400 (1200)

Lösung zu Aufgabe 97:

Sollkonto SKR 03 (SKR 04)		**Betrag (Euro)**	**Habenkonto** SKR 03 (SKR 04)		**Aufwand (Euro)**	**Ertrag (Euro)**
November:						
Ford. a LuL	1400 (1200)	4.000,00	Steuerfreie Innergem. Lief.	8125 (4125)		4.000,00
Dezember:						
Bank	1200 (1800)	3.880,00	Ford. a LuL	1400 (1200)		
Gew. Skonti Innergem. Lief.	8743 (4743)	120,00	Ford. a LuL	1400 (1200)		-120,00

Lösung zu Aufgabe 98:

Sollkonto SKR 03 (SKR 04)	**Betrag (Euro)**	**Habenkonto** SKR 03 (SKR 04)	**Aufwand (Euro)**	**Ertrag (Euro)**
November 2025:				
Innergem. Erw. 3425 (5425)	15.000,00	Verb. a LuL 1600 (3300)	15.000,00	
Vorsteuer aus innerg. Erwerb 1574 (1404)	2.850,00	USt aus innerg. Erwerb 1774 (3804)		
Dezember 2025:				
Verb. a LuL 1600 (3300)	14.700,00	Bank 1200 (1800)		
Verb. a LuL 1600 (3300)	300,00	Erhalt. Skonti innerg. Erwerb 3748 (5748)	-300,00	
USt aus innerg. Erwerb 1774 (3804)	57,00	Vorsteuer aus innerg. Erwerb 1574 (1404)		

Lösung zu Aufgabe 99:

a) Buchungen der Ausgangsrechnung in der Buchführung von Herrn Weber

Sollkonto – SKR 03 (SKR 04)	**Betrag (Euro)**	**Habenkonto** – SKR 03 (SKR 04)
Forderungen a LuL 1400 (1600)	4.500,00	Erlöse aus Leistungen § 13b UStG 8337 (4337)

b) Buchungen in der Buchführung von Herrn Kühn

Sollkonto – SKR 03 (SKR 04)	**Betrag (Euro)**	**Habenkonto** – SKR 03 (SKR 04)
Bauleistungen eines im Inland ansässigen Unternehmens 19 % 3120 (5920)	4.500,00	Verbindlichkeiten a LuL 1600 (3300)
Abziehbare VoSt nach § 13b UStG 1578 (1408)	855,00	Umsatzsteuer nach § 13b UStG 1785 (3835)

Lösung zu Aufgabe 100:

a) Buchung der Ausgangsrechnung in der Buchführung der Meyer Gebäudereinigung KG:

Sollkonto – SKR 03 (SKR 04)	**Betrag (Euro)**	**Habenkonto** – SKR 03 (SKR 04)
Forderungen a LuL 1400 (1600)	8.000,00	Erlöse aus Leistungen § 13b UStG 8337 (4337)

b) Buchungen in der Buchführung der Korrekt und Sauber GmbH:

Sollkonto – SKR 03 (SKR 04)		**Betrag (Euro)**	**Habenkonto** – SKR 03 (SKR 04)	
Leistungen nach § 13b UStG mit VoSt-Abzug	3160 (5960)	8.000,00	Verbindlichkeiten a LuL	1600 (3300)
Abziehbare VoSt nach § 13b UStG	1578 (1408)	1.520,00	Umsatzsteuer nach § 13b UStG	1785 (3835)

Lösung zu Aufgabe 101:

a) aus einkommensteuerlicher Sicht → **nicht** abzugsfähige Betriebsausgabe (§ 4 Abs. 5 Nr. 1 EStG)

b) aus umsatzsteuerlicher Sicht → Vorsteuer nach § 15 Abs. 1a UStG **nicht** abziehbar

c) Buchungen:

Sollkonto – SKR 03 (SKR 04)		**Betrag (Euro)**	**Habenkonto** – SKR 03 (SKR 04)	
Wareneingang	3400 (5400)	250,00	Verbindl. a LuL	1600 (3300)
Vorsteuer 19 %	1576 (1406)	47,50	Verbindl. a LuL	1600 (3300)
Geschenke nicht abzugsf.	4635 (6620)	89,25	Verbindl. a LuL	1600 (3300)

Nebenrechnung:
Geschenk 75 € netto + 14,25 € nicht abziehbare Vorsteuer = nicht abzugsfähige Betriebsausgabe in Höhe von 89,25 €.

Lösung zu Aufgabe 102:

- Es handelt sich um eine nicht abzugsfähige Betriebsausgabe nach § 4 Abs. 5 Nr. 1 EStG, die den steuerlichen Gewinn nicht mindern darf.
- Die Vorsteuer ist nicht abziehbar (§ 15 Abs. 1a UStG).
- Berichtigungsbuchungen:

Sollkonto SKR 03 (SKR 04)		**Betrag (Euro)**	**Habenkonto** SKR 03 (SKR 04)		**Aufwand (Euro)**	**Ertrag (Euro)**
Geschenke nicht abz.	4635 (6620)	100,00	Wareneingang	3400 (5400)		
Geschenke nicht abz.	4635 (6620)	19,00	VoSt 19 %	1576 (1406)	19,00	

Die 119,00 € mindern den handelsrechtlichen Gewinn. Für Zwecke der Besteuerung sind sie dem handelsrechtlichen Gewinn wieder hinzuzurechnen.

Lösung zu Aufgabe 103:

a) Die Vorsteuer, die auf den angemessenen Anteil entfällt (23,75 €), ist abziehbar, die Vorsteuer des unangemessenen Anteils (23,75 €) ist nicht abziehbar.

b) Als Betriebsausgabe abzugsfähig sind 70 % der angemessenen Netto-Bewirtungskosten (250 € • ½ • 70 % = **87,50 €**).

Nicht abzugsfähig ist die Hälfte der Netto-Bewirtungskosten (unangemessener Anteil) sowie 30 % der angemessenen Netto-Bewirtungskosten und die auf den unangemessenen Anteil entfallende Vorsteuer:

30 % von 125 € + 125 € + 23,75 € = **186,25 €**.

c) Buchungen:

Sollkonto – SKR 03 (SKR 04)		**Betrag (Euro)**	**Habenkonto** – SKR 03 (SKR 04)	
Abziehbare VoSt 19 %	1576 (1406)	23,75	Bank	1200 (1800)
Bewirtungskosten	4650 (6640)	87,50	Bank	1200 (1800)
Bewirtungsk. nicht abz.	4654 (6644)	186,25	Bank	1200 (1800)

Lösung zu Aufgabe 104:

a) Die Vorsteuer, die auf den angemessenen Anteil entfällt (38 €), ist abziehbar, die Vorsteuer des unangemessenen Anteils (19 €) ist nicht abziehbar.

b) Als Betriebsausgabe abzugsfähig sind 70 % der angemessenen Netto-Bewirtungskosten (300 € • ⅔ • 70 % = **140 €**).

Nicht abzugsfähig ist ein Drittel der Netto-Bewirtungskosten (unangemessener Anteil) sowie 30 % der angemessenen Netto-Bewirtungskosten und die auf den unangemessenen Anteil entfallende Vorsteuer:

30 % von 200 € + 100 € + 19 € = **179 €**.

c) Buchungen:

Sollkonto SKR 03 (SKR 04)		**Betrag (Euro)**	**Habenkonto** SKR 03 (SKR 04)		**Aufwand (Euro)**	**Ertrag (Euro)**
Abziehbare VoSt 19 %	1576 (1406)	38,00	Kasse	1000 (1600)		
Bewirtungsk.	4650 (6640)	140,00	Kasse	1000 (1600)	140,00	
Bewirtungsk. nicht abz.	4654 (6644)	179,00	Kasse	1000 (1600)	179,00	

Insgesamt 319,00 € mindern den handelsrechtlichen Gewinn. Für Zwecke der Besteuerung sind 179,00 € dem handelsrechtlichen Gewinn wieder hinzuzurechnen.

Lösung zu Aufgabe 105:

Kosten der Fahrten nach der Prozentmethode:

35.555 € –> Abrundung auf volle 100 € = 35.500 €

35.500 € • 0,03 % • 25 km = 266,25 € • 8 Monate =	2.130,00 €
davon steuerlich als BA abzugsfähig:	
150 Fahrten • 20 km • 0,30 € =	900,00 €
150 Fahrten • 5 km • 0,38 € =	285,00 €
nicht abzugsfähige BA:	
2.130 € - 1.185 € =	**945,00 €**

Buchung:

Sollkonto – SKR 03 (SKR 04)	**Betrag (Euro)**	**Habenkonto** – SKR 03 (SKR 04)
Fahrten zw. Wohnung und Betriebsst. (nichtabz. Teil) 4679 (6689)	945,00	Fahrten zw. Wohnung und Betriebsst. (Haben) 4680 (6690)

Lösung zu Aufgabe 106:

Kosten der Fahrten nach der Fahrtenbuchmethode:

130 Tage • 20 km = 2.600 km

• 0,25 €/km (8.850 € : 35.400 km) =	650,00 €
davon steuerlich als BA abzugsfähig:	
130 Fahrten • 10 km • 0,30 € =	390,00 €
nicht abzugsfähige BA:	
650 € - 390 € =	**260,00 €**

Buchung:

Sollkonto – SKR 03 (SKR 04)	**Betrag (Euro)**	**Habenkonto** – SKR 03 (SKR 04)
Fahrten zw. Wohnung und Betriebsst. (nichtabz. Teil) 4679 (6689)	260,00	Fahrten zw. Wohnung und Betriebsst. (Haben) 4680 (6690)

Lösung zu Aufgabe 107:

a) **I. einkommensteuerlich absetzbare Reisekosten**

1. Fahrtkosten

00 km • 0,30 € =			90,00 €

2. Übernachtungskosten

Hotelrechnung ohne Frühstück netto			140,19 €

3. Verpflegungsmehraufwendungen

07.07.2025	Anreise-Pauschbetrag		14,00 €	
08.07.2025	24 Std. Pauschbetrag		28,00 €	
09.07.2025	Rückreise-Pauschbetrag		14,00 €	
= abzugsfähige Betriebsausgaben			56,00 €	56,00 €

tatsächliche Verpflegungskosten/nabz. BA

08.07.2025:	Frühstück netto		7,47 €
09.07.2025:	Frühstück netto		7,47 €
	weiterer Verpflegungsbeleg		
	brutto	65,40 €	
	- VoSt	5,40 €	60,00 €
	Summe		74,94 €
	- abziehbare Pauschbeträge (s. o.)		56,00 €
	nicht abziehbar		**18,94 €**

Summe der abzugsfähigen Betriebsausgaben **286,19 €**

II. abziehbare Vorsteuern

1.	aus Fahrtkosten: sofern Frau Erbar Benzinquittungen vorlegt, ist die Vorsteuer hieraus abziehbar (hier keine Angaben)	0,00 €
2.	aus der Hotelrechnung (9,81 € + 1,05 € = 10,86 €)	10,86 €
3.	aus dem weiteren Verpflegungsbeleg	5,40 €
	Summe der abziehbaren Vorsteuern	**16,26 €**

b) **Buchungssätze:**

Fahrtkosten:

Sollkonto – SKR 03 (SKR 04)	**Betrag (Euro)**	**Habenkonto** – SKR 03 (SKR 04)
Reisekosten Untern. Fahrtk. 4673 (6673)	90,00	Privateinlagen 1890 (2180)

Hotelkosten:

Sollkonto – SKR 03 (SKR 04)	**Betrag (Euro)**	**Habenkonto** – SKR 03 (SKR 04)
Vorsteuer 1570 (1400)	10,86	Bank 1200 (1800)
Reisek. Untern. Übern. 4676 (6680)	140,19	Bank 1200 (1800)
Reisek. Untern. Verpfleg. 4674 (6674)	14,95	Bank 1200 (1800)

Weiterer Verpflegungsbeleg:

Sollkonto – SKR 03 (SKR 04)		**Betrag (Euro)**	**Habenkonto** – SKR 03 (SKR 04)	
Vorsteuer	1570 (1400)	5,40	Kasse	1000 (1600)
Reisek. Untern. Verpfleg.	4674 (6674)	41,05	Kasse	1000 (1600)
Reisek. Untern. (nabz. Teil)	4672 (6672)	18,95	Kasse	1000 (1600)

abziehbare Verpflegungsmehraufwendungen (14 € + 28 € + 14 €)	56,00 €
bei der Hotelrechnung bereits erfasst	14,95 €
noch abziehbar	**41,05 €**

Verpflegungsbeleg netto	60,00 €
davon noch abziehbar (s. o.)	41,05 €
nicht abziehbar	**18,95 €**

besser: Verrechnungskonto „Verr. Reisek. Untern. Verpflegung 1591 (1371)“ einrichten!

Hotelrechnung:

Sollkonto – SKR 03 (SKR 04)		**Betrag (Euro)**	**Habenkonto** – SKR 03 (SKR 04)	
Reisek. Untern. Übern.	4676 (6680)	140,19	Bank	1200 (1800)
Vorsteuer 7 %	1571 (1401)	10,86	Bank	1200 (1800)
Verr. Reisek. Untern. Ver.	1591 (1371)	14,95	Bank	1200 (1800)

weiterer Verpflegungsbeleg:

Sollkonto – SKR 03 (SKR 04)		**Betrag (Euro)**	**Habenkonto** – SKR 03 (SKR 04)	
Verr. Reisek. Untern. Ver.	1591 (1371)	60,00	Kasse	1000 (1600)
Vorsteuer 19 %	1576 (1406)	1,90	Kasse	1000 (1600)
Vorsteuer 7 %	1571 (1401)	3,50	Kasse	1000 (1600)

abziehbare/nicht abziehbare Verpflegungsmehraufwendungen:

Sollkonto – SKR 03 (SKR 04)		**Betrag (Euro)**	**Habenkonto** – SKR 03 (SKR 04)	
Reisek. Untern. Verpfl.	4674 (6674)	56,00	Verr. Reisek. Unt.	1591 (1371)
Reisek. Untern. nabz.	4672 (6672)	18,95	Verr. Reisek. Unt.	1591 (1371)

Lösung zu Aufgabe 108:

Sollkonto SKR 03 (SKR 04)	Betrag (Euro)	Habenkonto SKR 03 (SKR 04)	Aufwand (Euro)	Ertrag (Euro)
Reisekosten Unternehmer Fahrtkosten 4673 (6673)	150,00	Bank 1200 (1800)	150,00	
VoSt 7 % 1571 (1401)	10,50	Kasse 1200 (1800)		
Reisekosten Unternehmer Reisenebenk. 4676 (6680)	75,00	Kasse 1000 (1600)	75,00	
VoSt 19 % 1576 (1406)	14,25	Bank 1000 (1600)		
Reisekosten Unternehmer Übernachtung 4676 (6676)	200,00	Bank 1200 (1800)	200,00	
VoSt 7 % 1571 (1401)	14,00	Bank 1200 (1800)		
Reisekosten Unternehmer Verpfl.mehraufw. 4674 (6674)	56,00	Kasse 1000 (1600)	56,00	
Abz. VoSt 7 % 1571 (1401)	7,00	Kasse 1000 (1600)		
Abz. VoSt 19 % 1576 (1406)	9,50	Kasse 1000 (1600)		
Reisekosten Unternehmer (nicht abz. Teil) 4672 (6672)	94,00	Kasse 1000 (1600)	94,00	

Verpflegungsmehraufwendungen nach § 4 Abs. 5 Nr. 5 EStG:

1. Tag Pauschale für Anreisetag	14,00 €
2. Tag (24 Stunden)	28,00 €
3. Tag Pauschale für Abreisetag	14,00 €
	56,00 €

Für Zwecke der Besteuerung sind 94 € dem handelsrechtlichen Gewinn wieder hinzuzurechnen (handelsrechtlich wurden 150 € Verpflegungskosten als Aufwand erfasst).

Lösung zu Aufgabe 109:

	Sollkonto SKR 03 (SKR 04)		Betrag (Euro)	Habenkonto SKR 03 (SKR 04)		Erfolgs-ausw.
1.1	Gewerbesteuer	4320 (7610)	1.250,00	Bank	1200 (1800)	A
1.2	Privatsteuern ESt	1810 (2150)	2.000,00	Bank	1200 (1800)	–
1.3	Privatsteuern SolZ	1811 (2151)	110,00	Bank	1200 (1800)	–
1.4	Kfz-Steuer	4510 (7685)	220,00	Bank	1200 (1800)	A
1.5	Steuerl. abz. Neben.	2103 (7303)	150,00	Bank	1200 (1800)	A
2.	Steuerl. abz. Versp.	4396 (6436)	50,00	Sonstige Verbindl.	1701 (3501)	A
3.	Steuerl. nabz. Neben.	2104 (7304)	100,00	Bank	1200 (1800)	A
4.	Bebaute Grundst.	0085 (0235)	88.000,00	Bank	1200 (1800)	–
	Andere Bauten	0115 (0260)	312.000,00	Bank	1200 (1800)	–
	Bebaute Grundst.	0085 (0235)	4.400,00	Bank	1200 (1800)	–
	Andere Bauten	0115 (0260)	15.600,00	Bank	1200 (1800)	–

A = Aufwand

Zu Tz. 1.1: handelsrechtlich gewinnmindernd, steuerrechtlich **nicht** abzugsfähig (§ 4 Abs. 5b EStG)

Zu Tz. 3: handelsrechtlich gewinnmindernd, steuerrechtlich **nicht** abzugsfähig (§ 4 Abs. 5b EStG); die Nebenleistung teilt das Schicksal der Steuer, zu der sie als Nebenleistung erhoben wird

Zu Tz. 4: 88.000 € : 400.000 € • 100 = **22 %**

312.000 € : 400.000 € • 100 = **78 %**

22 % der Grunderwerbsteuer: 20.000 € • 22 % = **2.400 €**

78 % der Grunderwerbsteuer: 20.000 € • 78 % = **15.600 €**

Lernfeld 10: Jahresabschlüsse erstellen und auswerten

Lösung zu Aufgabe 110:

I. Ermittlung der AK

			Euro
	Anschaffungspreis netto		45.000,00
+	nachträgliche AK netto (Winterräder)		910,00
-	Anschaffungspreisminderungen netto		
	Rabatt	4.500,00 €	
	Skonto (2 % von 40.500 €)	810,00 €	5.310,00
=	AK		**40.600,00**

II. Buchungssätze

Sollkonto – SKR 03 (SKR 04)		**Betrag (Euro)**	**Habenkonto** – SKR 03 (SKR 04)	
Lkw	0350 (0540)	40.500,00	Verbindl. a. LuL	1600 (3300)
Abziehb. VoSt 19 %	1576 (1406)	7.695,00	Verbindl. a. LuL	1600 (3300)
Verbindl. a. LuL	1600 (3300)	47.231,10	Bank	1200 (1800)
Verbindl. a. LuL	1600 (3300)	810,00	Lkw	0350 (0540)
Verbindl. a. LuL	1600 (3300)	153,90	Abziehb. VoSt 19 %	1576 (1406)
Lkw	0350 (0540)	910,00	Verbindl. a. LuL	1600 (3300)
Abziehb. VoSt 19 %	1576 (1406)	172,90	Verbindl. a. LuL	1600 (3300)

Nebenrechnungen:
Bezahlung: 45.000 € - 4.500 € Rabatt = 40.500 € + 7.695 € (19 % USt) = 48.195 € - 963,90 € (2 % Skonto) = **47.231,10 €**
Skontoabzug netto: 963,90 € : 1,19 = 810,00 €;
Vorsteuerberichtigung: 810 € • 19 % = **153,90 €**

Lösung zu Aufgabe 111:

I. Ermittlung der HK

		Euro
	Materialeinzelkosten: 2.500 € + 3.500 € =	6.000,00
+	Materialgemeinkosten: 6.000 € • 20 % =	1.200,00
+	Fertigungseinzelkosten: 60 Stunden • 18 € =	1.080,00
+	Fertigungsgemeinkosten: 1.080 € • 60 % =	648,00
=	Herstellungskosten	**8.928,00**

II. Buchungssätze

Sollkonto – SKR 03 (SKR 04)		**Betrag (Euro)**	**Habenkonto** – SKR 03 (SKR 04)	
Rohstoffe	3000 (5100)	2.500,00	Verbindl. a. LuL	1600 (3300)
Abziehb. VoSt 19 %	1576 (1406)	475,00	Verbindl. a. LuL	1600 (3300)
Hof- u. Wegbefestigungen	0112 (0285)	8.928,00	aktivierte Eigenleist.	8990 (4820)

Lösung zu Aufgabe 112:

Aufgabe 112a

Ermittlung der AK:		Euro
	Anschaffungspreis, netto	800,00
+	ANK, netto	20,00
-	Anschaffungspreisminderung	
	2 % Skonto, netto	16,00
=	**AK**	**804,00**

Buchungen:

Sollkonto – SKR 03 (SKR 04)		Betrag (Euro)	Habenkonto – SKR 03 (SKR 04)		Aufwand (Euro)	Ertrag (Euro)
Sonstige BGA	0490 (0690)	784,00	Bank	1200 (1800)		
VoSt 19 %	1576 (1406)	148,96	Bank	1200 (1800)		
Sonstige BGA	0490 (0690)	20,00	Kasse	1000 (1600)		
VoSt 19 %	1576 (1406)	3,80	Kasse	1000 (1600)		
Abschreibung	4830 (6220)	23,00	Sonstige BGA	0490 (0690)	23,00	

Nebenrechnung:
AK : ND = Abschreibung/Kj.; hier: 804 € : 3 Jahre = 268 €;
zeitanteilige Abschreibung für 2025: $\frac{1}{12}$ von 268 € = 22,33 €, gerundet **23 €**.

Aufgabe 112b

Ermittlung der AK:		Euro	Euro
	Anschaffungspreis, netto		25.000,00
+	ANK, netto (Spediteur)		150,00
-	Anschaffungspreisminderung		
	10 % Rabatt von 25.000 €	2.500,00	
	2 % Skonto von 22.500 €	450,00	-2.950,00
=	**AK**		**22.200,00**

Sollkonto – SKR 03 (SKR 04)		**Betrag (Euro)**	**Habenkonto** – SKR 03 (SKR 04)	
Betriebsausstattung	0400 (0630)	22.500,00	Verbindl. a. LuL	1600 (3300)
Vorsteuer 19 %	1576 (1406)	4.275,00	Verbindl. a. LuL	1600 (3300)
Verbindl. a. LuL	1600 (3300)	26.239,50	Bank	1200 (1800)
Verbindl. a. LuL	1600 (3300)	450,00	Betriebsausstattung	0400 (0630)
Verbindl. a. LuL	1600 (3300)	85,50	Vorsteuer 19 %	1576 (1406)
Betriebsausstattung	0400 (0630)	150,00	Kasse	1000 (1600)
Vorsteuer 19 %	1576 (1406)	28,50	Kasse	1000 (1600)

Aufgabe 112c

a)

	Euro	Euro
Materialeinzelkosten		40.000,00
Materialgemeinkosten: 40.000 € • 30 % =		12.000,00
Fertigungseinzelkosten		46.000,00
Fertigungsgemeinkosten: 46.000 € • 80 % =		36.800,00
Sondereinzelkosten der Fertigung		
Architektenhonorar	5.000,00	
Baugenehmigung	500,00	
Statikberechnung	1.500,00	7.000,00
handelsrechtliche Wertuntergrenze der HK		**141.800,00**

b) Die steuerrechtliche Wertuntergrenze gem. § 6 Abs. 1 Nr. 1b EStG ist mit der handelsrechtlichen Wertuntergrenze identisch.

steuerrechtliche Wertuntergrenze der HK **141.800,00**

c) Buchungssatz zur Aktivierung der Halle in der handelsrechtlichen Buchführung:

Sollkonto – SKR 03 (SKR 04)	**Betrag (Euro)**	**Habenkonto** – SKR 03 (SKR 04)
Geschäftsbauten 0090 (0240)	141.800,00	Andere aktivierte Eigenleistungen 8990 (4820)

Lösung zu Aufgabe 113:

a) Die Marke **„Kellerzisch"** ist weder einzeln bewertbar noch verwertbar; somit ist eine Aktivierung als selbst geschaffener immaterieller Vermögensgegenstand nicht zulässig. Außerdem verbietet § 248 Abs. 2 Satz 2 HGB ausdrücklich die Aktivierung selbst geschaffener Marken. Für die Marke **„Kellerzisch"** besteht also ein Aktivierungs**verbot**.

Das zur Herstellung von Fruchtlimonaden entwickelte und **patentierte Herstellungsverfahren** darf nach § 248 Abs. 2 Satz 1 HGB als selbst geschaffener immaterieller Vermögensgegenstand des Anlagevermögens als Aktivposten in die Handelsbilanz aufgenommen werden, weil dieser Vermögensgegenstand einzeln bewertbar (festgestellte Herstellungskosten) und verwertbar ist (beispielsweise durch Veräußerung). Für das patentierte Herstellungsverfahren besteht handelsrechtlich also ein Aktivierungs**wahlrecht**.

Steuerrechtlich besteht sowohl für die Marke „Kellerzisch" als auch das patentierte Herstellungsverfahren ein Aktivierungs**verbot** nach § 5 Abs. 2 EStG.

b) **Buchung zur Aktivierung (Handelsbilanz):**

Sollkonto – SKR 03 (SKR 04)	**Betrag (Euro)**	**Habenkonto** – SKR 03 (SKR 04)
Selbst geschaffene Rezepte, Verfahren 0047 (0147)	175.000,00	Aktivierte Eigenleistungen zur Erstellung von selbst geschaffenen immat. Verm.gegenst. 8995 (4825)

Lösung zu Aufgabe 114:

1. Die Vorgehensweise von Herrn Ritzdorf ist nicht zulässig, weil sie ein Verstoß gegen § 252 Abs. 1 Nr. 1 HGB (Grundsatz der Bilanzidentität) ist. Die Wertansätze der Eröffnungsbilanz des Geschäftsjahres müssen mit denen der Schlussbilanz des vorhergehenden Geschäftsjahrs übereinstimmen.
2. Die vorgenommene Herabsetzung der Buchwerte ist unzulässig. Bei der Bewertung ist davon auszugehen, dass das Unternehmen fortgeführt wird, weil dem nicht tatsächliche oder rechtliche Gegebenheiten entgegenstehen (Grundsatz der Unternehmensfortführung gem. § 252 Abs. 1 Nr. 2 HGB).
3. Die Zusammenfassung der gesamten Geschäftsausstattung zu einer Position verstößt gegen den Grundsatz der Einzelbewertung gem. § 252 Abs. 1 Nr. 3 HGB (Vermögensgegenstände und Schulden sind grundsätzlich einzeln zu bewerten).
4. Die Abschreibung auf Vorräte in Höhe von 5.000 € ist nach dem Grundsatz der Vorsicht gem. § 252 Abs. 1 Nr. 4 HGB zulässig (Risiken und Verluste sind bereits dann zu berücksichtigen, wenn sie vorhersehbar sind; sog. Imparitätsprinzip).
5. Die vorgenommene Werterhöhung (Zuschreibung) ist nicht zulässig; sie verstößt gegen das Realisationsprinzip gem. § 252 Abs. 1 Nr. 4 HGB, nach dem Gewinne erst dann berücksichtigt werden dürfen, wenn sie (durch Umsatz) realisiert sind.
6. Die Buchung nach Zahlungsvorgängen ohne wirtschaftliche Abgrenzung der Aufwendungen und Erträge verstößt gegen den Grundsatz der zeitlichen Abgrenzung von Aufwendungen und Erträgen gem. § 252 Abs. 1 Nr. 5 HGB. Aufwendungen und Erträge des Geschäftsjahres sind unabhängig von den Zeitpunkten der entsprechenden Zahlungen zu berücksichtigen. Sie sind dem Wirtschaftsjahr ihrer Verursachung zuzuordnen. Die Dezemberlöhne und zugehörigen Lohnnebenkosten sind deshalb zum 31.12.2025 zu erfassen.
7. Die Veränderung der Abschreibungsmethoden und -prozentsätze ist in der beschriebenen Form unzulässig (Verstoß gegen den Grundsatz der Stetigkeit gem. § 252 Abs. 1 Nr. 6 HGB, der besagt, dass die auf den vorhergehenden Jahresabschluss angewandten Ansatz- und Bewertungsmethoden beizubehalten sind).

Lösung zu Aufgabe 115:

Zur Tz. 1:

Die 50 Computermonitore sind nach § 253 Abs. 4 HGB (= strenges Niederstwertprinzip) mit 7.500 € (50 • 150 €) im Jahresabschluss anzusetzen. Bestandsminderung: 50 • 200 € (bisheriger Wert) - 50 • 150 € (neuer Wert) = 2.500 €.

Buchung:

Sollkonto – SKR 03 (SKR 04)	**Betrag (Euro)**	**Habenkonto** – SKR 03 (SKR 04)
Bestandsveränd. Waren 3950 (5881)	2.500,00	Bestand Waren 3980 (1140)

Zur Tz. 2:

Lösung wie bei 1.; die spätere Werterholung hat handelsrechtlich für die Bewertung des Umlaufvermögens keine Bedeutung (Stichtagsprinzip!); die tatsächlichen Verhältnisse am Abschlussstichtag sind ausschlaggebend.

Hinweis: Die Erfassung der Wertminderung ist für steuerliche Zwecke (Steuerbilanz) nicht zulässig, weil keine dauerhafte Wertminderung vorliegt.

Zur Tz. 3:

Das unbebaute Grundstück ist mit 115.750 € zu bilanzieren, weil eine dauerhafte Wertminderung vorliegt und in diesem Fall der niedrigere Wert angesetzt werden muss (strenges Niederstwertprinzip gem. § 253 Abs. 3 Satz 5 HGB). Der bisherige Wert ist durch eine außerplanmäßige Abschreibung zu vermindern (215.348 € - 115.750 € = 99.598 €).

Buchung:

Sollkonto – SKR 03 (SKR 04)	**Betrag (Euro)**	**Habenkonto** – SKR 03 (SKR 04)
Außerplanm. Abschreib. 4840 (6230)	99.598,00	unbebaute Grundstücke 0065 (0215)

Zur Tz. 4:

Da eine nur vorübergehende Wertminderung vorliegt, darf keine Abschreibung auf den niedrigeren Zeitwert vorgenommen werden (Umkehrschluss aus § 253 Abs. 3 Satz 5 HGB).

Lösung zu Aufgabe 116:

Tz.	Soll Kto.-Nr. SKR 03 (SKR 04)	Betrag (Euro)	Haben Kto.-Nr. SKR 03 (SKR 04)	Buchungstext bzw. Erläuterungen	Aufwand (Euro)	Ertrag (Euro)
1.	4210 (6310) *Miete*	1.000,00	1200 (1800) *Bank*	Miete Dezember	1.000,00	
	1576 (1406) *abziehb. VoSt*	190,00	1200 (1800) *Bank*	VoSt zur Dezembermiete		
	0980 (1900) *akt. RAP*	1.000,00	1200 (1800) *Bank*	Miete Januar		
	1576 (1406) *abziehbare VoSt*	190,00	1200 (1800) *Bank*	VoSt zur Januarmiete (§ 15 Abs. 1 Satz 1 Nr. 1 Satz 3 UStG)		
2.	0980 (1900) *akt. RAP*	760,00	4520 (6520) *Kfz.-Vers.*	Abgrenzung Beitrag 01.01. - 15.10.2026 960,00 € : 12 Monate • 9,5 Monate	-760,00	
3.	2120 (7320) *Zinsaufw.*	200,00	1200 (1800) *Bank*	Zinsen für Dezember	200,00	
	0980 (1900) *akt. RAP*	600,00	1200 (1800) *Bank*	Abgrenzung 3/4 für Jan. - März 2026 (akt. RAP)		

Lösung zu Aufgabe 117:

Tz.	Soll Kto.-Nr. SKR 03 (SKR 04)	Betrag (Euro)	Haben Kto.-Nr. SKR 03 (SKR 04)	Buchungstext bzw. Erläuterungen	Aufwand (Euro)	Ertrag (Euro)
1.	1200 (1800) *Bank*	500,00	2750 (4860) *Grundstücks-erträge*	Miete Dezember		500,00
	1200 (1800) *Bank*	95,00	1776 (3806) *USt 19 %*	USt zur Dezembermiete		
	1200 (1800) *Bank*	500,00	0990 (3900) *passive Rechn.abgr.*	Miete Januar		
	1200 (1800) *Bank*	95,00	1776 (3806) *USt 19 %*	USt zur Januarmiete § 13 Abs. 1 Nr. 1 Buchst. a Satz 4 UStG		
2.	1200 (1800) *Bank*	41,66	2650 (7110) *Zinserträge*	Zinsertrag Dezember: 10.000 € • 10 % : 360 Tage • 30 Tage		41,66
	1200 (1800) *Bank*	208,34	0990 (3900) *passive Rechn.abgr.*	Zinsen 01.01. - 31.05.2026: 10.000 € • 5 % : 360 Tage • 150 Tage		

Lösung zu Aufgabe 118:

Tz.	Soll Kto.-Nr. SKR 03 (SKR 04)	Betrag (Euro)	Haben Kto.-Nr. SKR 03 (SKR 04)	Buchungstext bzw. Erläuterungen	Aufwand (Euro)	Ertrag (Euro)
1.	1501 (1301) *sonst. Ford.*	750,00	2750 (4860) *Grundstücks-erträge*	sonst. Forderung Miete		750,00
	1501 (1301) *sonst. Ford.*	142,50	1776 (3806) *USt 19 %*	USt zur Mietforderung		
2.	4520 (6520) *Kfz-Vers.*	100,00	1200 (1800) *Bank*	Kfz-Versicherung für Dez. 2023	100,00	
	0980 (1900) *akt. Rechn. abgr.*	500,00	1200 (1800) *Bank*	Abgrenzung $\frac{5}{6}$ für Jan. - Mai 2026 (akt. RAP)		
3.	4940 (6820) *Bücher, Zeitschr.*	90,00	1701 (3301) *Sonst. Verb.*	Nettobetrag Zeitschrift (Verbindl.)	90,00	
	1548 (1434) *VoSt im Folgejahr abziehbar*	6,30	1701 (3301) *Sonst. Verb.*	Vorsteuer erst im Folgejahr abziehbar (weil am 31.12. noch keine Rechnung vorliegt)		
4.	1200 (1800) *Bank*	1.500,00	1501 (1301) *Sonst. Ford.*	Zinsen 01.10.2024 - 31.12.2024 (2.208,75 € : 73,625 • 100 = 3.000 € • $\frac{3}{6}$ = 1.500 €)		
	1200 (1800) *Bank*	708,75	2650 (7100) *Zinserträge*	Nettozinsen 2025		708,75
	1810 (2150) *Privat-steuern*	750,00	2650 (7100) *Zinserträge*	Steuergutschrift KapESt (3.000 € • 25 %)		750,00
	1810 (2150) *Privat-steuern*	41,25	2650 (7100) *Zinserträge*	Steuergutschrift SolZ 5,5 % zur KapESt		41,25

Tz.	**Soll Kto.-Nr.** **SKR 03 (SKR 04)**	**Betrag (Euro)**	**Haben Kto.-Nr.** **SKR 03 (SKR 04)**	**Buchungstext bzw. Erläuterungen**	**Aufwand (Euro)**	**Ertrag (Euro)**
5.	1800 (2100) *Privat-entnahmen*	150,00	1200 (1800) *Bank*	Keine zeitliche Abgrenzung, weil kein betrieblicher Aufwand, sondern eine Privatentnahme vorliegt.		
6.	Keine Buchung (keine zeitliche Abgrenzung, weil weder Aufwand noch Ertrag vorliegt).					
7.	2750 (4860) *Grundstücks-erträge*	600,00	0990 (3900) *passive Rechn.abgr.*	Abgrenzung Miete 01.01. - 31.01.2026		-600,00

Lösung zu Aufgabe 119:

1. Es **muss** handels- und steuerrechtlich eine **Rückstellung für ungewisse Verbindlichkeiten** in Höhe von 1.500 € gebildet werden (§ 249 Abs. 1 Satz 1 HGB). Buchungssatz:

Sollkonto – SKR 03 (SKR 04)	**Betrag (Euro)**	**Habenkonto** – SKR 03 (SKR 04)
Rechts- u. Beratungskosten 4950 (6825)	1.500,00	Sonstige Rückstellungen 0970 (3070)

2. Es **muss** handels- und steuerrechtlich eine **Rückstellung für ungewisse Verbindlichkeiten** in Höhe von 25.000 € gebildet werden (§ 249 Abs. 1 Satz 1 HGB). Buchungssatz:

Sollkonto – SKR 03 (SKR 04)	**Betrag (Euro)**	**Habenkonto** – SKR 03 (SKR 04)
Aufwand f. Gewährleist. 4790 (6790)	25.000,00	Rückst. für Gewährleist. 0974 (3090)

3. Es **muss** handels- und steuerrechtlich eine **Rückstellung für Gewährleistungen, die ohne rechtliche Verpflichtung erbracht werden**, gebildet werden (§ 249 Abs. 1 Satz 2 Nr. 2 HGB). Buchungssatz:

Sollkonto – SKR 03 (SKR 04)	**Betrag (Euro)**	**Habenkonto** – SKR 03 (SKR 04)
Aufwand f. Gewährleist. 4790 (6790)	5.000,00	Rückst. für Gewährleist. 0974 (3090)

4. Es **muss** handels- und steuerrechtlich eine **Rückstellung für unterlassene Aufwendungen für Instandhaltung** gebildet werden, weil die Reparatur innerhalb von drei Monaten nach Ablauf des Geschäftsjahres nachgeholt wird (§ 249 Abs. 1 Satz 2 Nr. 1 HGB). Buchungssatz:

Sollkonto – SKR 03 (SKR 04)	**Betrag (Euro)**	**Habenkonto** – SKR 03 (SKR 04)
Instandh. betriebl. Räume 4260 (6335)	10.000,00	Rückst. für Instandh. 0971 (3075)

5. Es **muss** handelsrechtlich eine **Rückstellung für drohende Verluste aus schwebenden Geschäften** gebildet werden (§ 249 Abs. 1 Satz 1 HGB). Buchungssatz:

Sollkonto – SKR 03 (SKR 04)	**Betrag (Euro)**	**Habenkonto** – SKR 03 (SKR 04)
Aufwendungen aus der Währungsumrechnung 2150 (6880)	2.000,00	Rückst. für drohende Verluste 0976 (3092)

ACHTUNG

Steuerrechtlich ist die Rückstellung für drohende Verluste aus schwebenden Geschäften **nicht** erlaubt (vgl. § 5 Abs. 4a EStG). Für steuerliche Zwecke sind die 2.000 € dem Gewinn wieder hinzuzurechnen.

Lösung zu Aufgabe 120:

Buchungen zum 20.11.2025:

Sollkonto – SKR 03 (SKR 04)	**Betrag (Euro)**	**Habenkonto** – SKR 03 (SKR 04)
Gewerbesteuerrückst. 0956 (3035)	2.450,00	Sonstige Verbindlichk. 1701 (3501)
Gewerbesteuerrückst. 0956 (3035)	50,00	Erträge aus der Auflösung von Gewerbesteuerrück. 2283 (7643)

Lösung zu Aufgabe 121:

a) **Buchung zum 31.12.2025:**

Sollkonto – SKR 03 (SKR 04)	**Betrag (Euro)**	**Habenkonto** – SKR 03 (SKR 04)
Grundstücksaufwend. 4290 (6350)	14.000,00	Rückst. f. Instandhaltung 0971 (3075)

b) **Buchungen zum 25.03.2026:**

Sollkonto – SKR 03 (SKR 04)	**Betrag (Euro)**	**Habenkonto** – SKR 03 (SKR 04)
Rückst. f. Instandhaltung 0971 (3075)	14.000,00	Verbindl. a. LuL 1600 (3300)
Grundstücksaufwend. 4290 (6350)	2.000,00	Verbindl. a. LuL 1600 (3300)
Vorsteuer 19 % 1576 (1406)	3.040,00	Verbindl. a. LuL 1600 (3300)

Lösung zu Aufgabe 122:

	Sollkonto SKR 03 (SKR 04)		Betrag (Euro)	Habenkonto SKR 03 (SKR 04)		Aufwand (Euro)	Ertrag (Euro)
1.	Aktive Rechn.	0980 (1900)	800,00	Versicherungen	4360 (6400)	-800,00	
2.	Miete	4210 (6310)	500,00	Sonstige Verbindl.	1701 (3301)	500,00	
	Sonst. Rückst.	0970 (3070)	750,00	Bank	1200 (1800)		
	Sonst. Rückst.	0970 (3070)	1.000,00	Bank	1200 (1800)		
	Vorsteuer 19 %	1576 (1406)	190,00	Bank	1200 (1800)		
3.	Sonst. Rückst.	0970 (3070)	250,00	Erträge aus der Auflösung von Rück.	2735 (4930)		250,00
4.	Grundstücks-erträge	2750 (4860)	600,00	Passive Rechn.	0990 (3900)		-600,00
5.	Beiträge zur Berufsgenoss.	4138 (6120)	2.500,00	Sonst. Rückst.	0970 (3070)	2.500,00	
6.	Miete	4210 (6310)	1.000,00	Aktive Rechn.	0980 (1900)	1.000,00	
7.	Instandhaltung betriebl. Räume	4260 (6335)	4.000,00	Rückst. für Instandhaltung	0971 (3075)	4.000,00	

Lösung zu Aufgabe 123:

1. AK (zugleich Buchwert) 210.210,00 €
   - Zeitwert 31.12.2025 : 3.000 qm • 60 €/qm 180.000,00 €
   = dauerhafte Wertminderung → außerplanm. Abschreibung (Pflicht) **30.210,00 €**

Sollkonto – SKR 03 (SKR 04)	**Betrag (Euro)**	**Habenkonto** – SKR 03 (SKR 04)
Außerplanm. Abschreib. 4840 (6230)	30.210,00	Bebaute Grundstücke 0085 (0235)

2. AK (zugleich Buchwert) 50.750,00 €
   - Zeitwert 31.12.2025 : 49.000 € + 735 € (1,5 % ANK) 49.735,00 €
   = Wertminderung → außerplanm. Abschreibung (Wahlrecht) **1.015,00 €**

Sollkonto – SKR 03 (SKR 04)	**Betrag (Euro)**	**Habenkonto** – SKR 03 (SKR 04)
Abschreib. auf Finanzanl. 4870 (7200)	1.015,00	Wertpap. d. Anlageverm. 0525 (0900)

ACHTUNG

Steuerrechtlich ist eine Abschreibung **nicht** zulässig, weil keine dauerhafte Wertminderung vorliegt (die Wertminderung beträgt nur 2 % der AK).

3. Keine Buchung erforderlich/zulässig, weil der Zeitwert über den Anschaffungskosten liegt und die Anschaffungskosten nicht überschritten werden dürfen (Anschaffungswertprinzip gem. § 253 Abs. 1 Satz 1 HGB).
4. AK (zugleich Buchwert) 205.550,00 €
   - Zeitwert 31.12.2025 50.000,00 €
   = dauerhafte Wertminderung → außerplanm. Abschreibung (Pflicht) **155.550,00 €**

Sollkonto – SKR 03 (SKR 04)	**Betrag (Euro)**	**Habenkonto** – SKR 03 (SKR 04)
Außerplanm. Abschreib. 4840 (6230)	155.550,00	unbebaute Grundstücke 0065 (0215)

5. Zeitwert 31.12.2025 150.000,00 €
   - Buchwert 100.000,00 €
   = Wertsteigerung **50.000,00 €**

   Zuschreibungspflicht gem. § 253 Abs. 5 Satz 1 HGB, jedoch höchstens bis zur Höhe der ursprünglichen Anschaffungskosten (hier 125.125 €); Zuschreibung somit: 25.125 €.

Sollkonto – SKR 03 (SKR 04)	**Betrag (Euro)**	**Habenkonto** – SKR 03 (SKR 04)
Unbebaute Grundstücke 0065 (0215)	25.125,00	Zuschreib. a. Sachanl. 2710 (4910)

Lösung zu Aufgabe 124:

a) **Buchung der Anschaffung:**

Sollkonto – SKR 03 (SKR 04)		**Betrag (Euro)**	**Habenkonto** – SKR 03 (SKR 04)	
Sofortabschreib. GWG	4855 (6260)	149,94	Bank	1200 (1800)
Geschäftsausstattung	0410 (0635)	1.078,00	Bank	1200 (1800)
Vorsteuer 19 %	1576 (1406)	233,31	Bank	1200 (1800)

b) **Abschreibung zum 31.12.2025:**

Sollkonto – SKR 03 (SKR 04)		**Betrag (Euro)**	**Habenkonto** – SKR 03 (SKR 04)	
Abschr. auf Sachanlagen	4830 (6220)	36,00	Geschäftsausstattung	0410 (0635)

Nebenrechnung:
1.078 € : 5 Jahre (ND) • $\frac{2}{12}$ (Nov./Dez.) = 35,94 €, gerundet 36 €

alternativ:

Buchung der Anschaffung (15.11.2025):

Sollkonto – SKR 03 (SKR 04)		**Betrag (Euro)**	**Habenkonto** – SKR 03 (SKR 04)	
EDV-Software	0027 (0135)	153,00	Verbindl. a. LuL	1600 (3300)
Geschäftsausstattung	0410 (0635)	1.100,00	Verbindl. a. LuL	1600 (3300)
Vorsteuer 19 %	1576 (1406)	238,07	Verbindl. a. LuL	1600 (3300)

Buchung der Bezahlung (20.11.2025):

Sollkonto – SKR 03 (SKR 04)		**Betrag (Euro)**	**Habenkonto** – SKR 03 (SKR 04)	
Verbindl. a. LuL	1600 (3300)	1.461,25	Bank	1200 (1800)
Verbindl. a. LuL	1600 (3300)	3,06	EDV-Software	0027 (0135)
Verbindl. a. LuL	1600 (3300)	22,00	Geschäftsausstattung	0410 (0635)
Verbindl. a. LuL	1600 (3300)	4,76	Vorsteuer 19 %	1576 (1406)

Abschreibungen (31.12.2025):

Sollkonto – SKR 03 (SKR 04)		**Betrag (Euro)**	**Habenkonto** – SKR 03 (SKR 04)	
GWG	0480 (0670)	149,94	EDV-Software	0027 (0135)
Sofortabschreibung GWG	4855 (6260)	149,94	GWG	0480 (0670)
Abschr. auf Sachanlagen	4830 (6220)	36,00	Geschäftsausstattung	0410 (0635)

Lösung zu Aufgabe 125:

a) Vermögen - Schulden = EK
→ 90.000 € (50.000 € + 40.000 €) - 30.000 € = **60.000 €**

Firmenwert: Kaufpreis - EK des übernommenen Unternehmens
180.000 € - 60.000 € = **120.000 €**

Abschreibung:
a) Firmenwert: 120.000 € : 5 Jahre • $2/12$ (zeitanteilig) = **4.000 €**
b) Ladeneinrichtung: 50.000 € : 4 Jahre • $2/12$ (zeitanteilig) = **2.083,33 €**

b) **Buchungen zum 01.11.2025 (Erfassung des Erwerbs):**

Sollkonto – SKR 03 (SKR 04)	**Betrag (Euro)**	**Habenkonto** – SKR 03 (SKR 04)
Ladeneinrichtung 0430 (0640)	50.000,00	Verrechn. Erwerb Einzelu. 1591 (1371)
Bestand Waren 3980 (1140)	40.000,00	Verrechn. Erwerb Einzelu. 1591 (1371)
Verrechn. Erwerb Einzelu. 1591 (1371)	30.000,00	Verbindl. a. LuL 1600 (3300)
Geschäfts-/Firmenwert 0035 (0150)	120.000,00	Verrechn. Erwerb Einzelu. 1591 (1371)
Verrechn. Erwerb Einzelu. 1591 (1371)	180.000,00	Bank 1200 (1800)

Buchungen zum 31.12.2025 (Erfassung der Abschreibungen):

Sollkonto – SKR 03 (SKR 04)	**Betrag (Euro)**	**Habenkonto** – SKR 03 (SKR 04)
Abschr. Gesch./ Firmenwert 4824 (6205)	4.000,00	Gesch.-/Firmenwert 0035 (0150)
Abschr. auf Sachanlagen 4830 (6220)	2.084,00	Ladeneinrichtung 0430 (0640)

Steuerlich höchstzulässige AfA für den aktivierten Firmenwert:

- pro Kalenderjahr: 120.000 € : 15 Jahre = **8.000 €**
- für 2025: 8.000 € • $2/12$ (Nov. - Dez.) = 1.333,33 €, gerundet **1.334 €**
- Hinzurechnung zum handelsrechtlichen Gewinn für Zwecke der Besteuerung: 4.000 € - 1.334 € = **2.666 €**

Lösung zu Aufgabe 126:

Abschreibung 2025: linear 4 % (Wirtschaftsgebäude, Anschaffung vor 2001) von 336.000 € (70 % von 480.000 €) = **13.440 €**

Sollkonto – SKR 03 (SKR 04)		**Betrag (Euro)**	**Habenkonto** – SKR 03 (SKR 04)	
Abschr. auf Gebäude	4831 (6221)	13.440,00	Geschäftsbauten	0090 (0240)

Lösung zu Aufgabe 127:

Abschreibung 2025: 3 % linear von 340.000 € (Wirtschaftsgebäude) • $\frac{1}{12}$ zeitanteilig = **850 €**

Sollkonto – SKR 03 (SKR 04)		**Betrag (Euro)**	**Habenkonto** – SKR 03 (SKR 04)	
Geschäftsbauten	0090 (0240)	340.000,00	Geschäftsb. im Bau	0120 (0710)
Abschreib. a. Gebäude	4831 (6221)	850,00	Geschäftsbauten	0090 (0240)

Lösung zu Aufgabe 128:

a) **Ermittlung der AK (2018):**

			Euro
	Anschaffungspreis netto		75.000,00
+	ANK netto (Transport)		1.125,00
-	Anschaffungspreisminderungen netto		
	Rabatt	7.500,00 €	
	Skonto	1.350,00 €	8.850,00
=	AK		**67.275,00**

Skontoabzug: 2 % von 80.325 € = 1.606,50 € : 1,19 = 1.350 €

Ermittlung der Abschreibung (2025):
67.275 € : 8 Jahre = (gerundet) **8.410 €**

b) **Abschreibungsverlauf:**

Jahr	Wert 01.01. (€)	Zugang (€)	Abschreibung (€)	Wert 31.12. (€)
2018	0,00	67.275,00	1.402,00 (67.275 € : 8 Jahre • $\frac{2}{12}$)	65.873,00
2019	65.873,00		8.410,00 (67.275 € : 8 Jahre)	57.463,00
2020	57.463,00		8.410,00	49.053,00
2021	49.053,00		8.410,00	40.643,00
2022	40.643,00		8.410,00	32.233,00
2023	32.233,00		8.410,00	23.823,00
2024	23.823,00		8.410,00	15.413,00
2025	15.413,00		8.410,00	7.003,00
2026	7.003,00		7.002,00 (Abschreibung auf Restwert 1 €)	1,00

c) **Buchung 2025:**

Tz.	Soll Kto.-Nr. SKR 03 (SKR 04)	Betrag (Euro)	Haben Kto.-Nr. SKR 03 (SKR 04)	Buchungstext bzw. Erläuterungen	Aufwand (Euro)	Ertrag (Euro)
	4830 (6220) *Abschreibung Sachanlagen*	8.410,00	0210 (0440) *Maschinen*	Abschr. Druckmasch.	8.410,00	

Lösung zu Aufgabe 129:

Sollkonto SKR 03 (SKR 04)	Betrag (Euro)	**Habenkonto** SKR 03 (SKR 04)	Aufwand (Euro)	Ertrag (Euro)
Sonstige BGA 0490 (0690)	14.987,50	Andere aktivierte Eigenleistungen 8990 (4820)		14.987,50
Sonstige BGA 0490 (0690)	1.100,00	EDV-Software 0027 (0135)		
Abschreibungen auf Sachanl. 4830 (6220)	3.575,00	Sonstige BGA 0490 (0690)	3.575,00	
Abschreibungen auf immat. VG 4822 (6200)	334,00	EDV-Software 0027 (0135)	334,00	

Nebenrechnungen und Erläuterungen:

	Materialeinzelkosten	6.775,00 €
+	25 % Materialgemeinkosten	1.693,75 €
+	Fertigungseinzelkosten	3.725,00 €
+	75 % Fertigungsgemeinkosten	2.793,75 €
=	Herstellungskosten	**14.987,50 €**

Das Betriebssystem gehört zur Computeranlage (kein selbstständiges Wirtschaftsgut).

Abschreibung Computeranlage: 14.987,50 € + 1.100 € (Betriebssystem) = 16.087,50 €; 16.087,50 € • 33 ⅓ % = 5.362,50 € • $^{8}/_{12}$ (Mai - Dez.) = **3.575 €**.

Das FIBU-Programm ist ein abnutzbares immaterielles Wirtschaftsgut – die Buchung auf „EDV-Software 0027 (0135)“ ist korrekt.

Lineare Abschreibung: 33 ⅓ % • $^{8}/_{12}$ (Mai - Dez.) = 333,33 €, gerundet **334 €**.

Lösung zu Aufgabe 130:

	Gesamt	Gebäude (80 %)	Grund und Boden (20 %)
Kaufpreis	555.000	444.000	111.000
Notar-/Grundbuchgeb.	6.600	5.280	1.320
Grunderwerbsteuer	27.750	22.200	5.550
	589.350	**471.480**	**117.870**

Abschreibung 2025: 2 % linear für 2 Monate:
2 % von 471.480 € • $\frac{2}{12}$ = 2.357,40 €, gerundet **2.358 €**

Sollkonto SKR 03 (SKR 04)	**Betrag (Euro)**	**Habenkonto** SKR 03 (SKR 04)	**Aufwand (Euro)**	**Ertrag (Euro)**
bebaute Grundstücke 0085 (0235)	1.320,00	Rechts- und Beratungskosten 4950 (6825)	-1.320,00	
Geschäftsbauten 0090 (0240)	5.280,00	Rechts- und Beratungskosten 4950 (6825)	-5.280,00	
bebaute Grundstücke 0085 (0235)	5.550,00	Grundsteuer 2375 (7680)	-5.550,00	
Geschäftsbauten 0090 (0240)	22.200,00	Grundsteuer 2375 (7680)	-22.200,00	
Abschreibungen auf Gebäude 4831 (6221)	2.358,00	Geschäftsbauten 0090 (0240)	1.572,00	

- Wert des Grund und Bodens am 31.12.2025: **117.870 €**
- Wert des Geschäftsgebäudes am 31.12.2025:
  471.480 € - 2.358 € = **469.122 €**

Lösung zu Aufgabe 131:

Sollkonto SKR 03 (SKR 04)	**Betrag (Euro)**	**Habenkonto** SKR 03 (SKR 04)	**Aufwand (Euro)**	**Ertrag (Euro)**
Sonstige BGA 0490 (0690)	22.500,00	Verbindl. a. LuL 1600 (3300)		
VoSt 19 % 1576 (1406)	4.275,00	Verbindl. a. LuL 1600 (3300)		
Sonstige BGA 0490 (0690)	150,00	Kasse 1000 (1600)		
VoSt 19 % 1576 (1406)	28,50	Kasse 1000 (1600)		
Verbindl. a. LuL 1600 (3300)	26.239,50	Bank 1200 (1800)		
Verbindl. a. LuL 1600 (3300)	450,00	Sonstige BGA 0490 (0690)		
Verbindl. a. LuL 1600 (3300)	85,50	VoSt 19 % 1576 (1406)		
Abschreibung 4830 (6220)	370,00	Sonstige BGA 0490 (0690)	370,00	

Nebenrechnung:
Abschreibung: 22.200 € : 10 Jahre (ND) = 2.220 €;
zeitanteilige Abschreibung für 2025: $\frac{2}{12}$ von 2.220 € = 370 €;
(AK: 22.500 € + 150 € ANK - 450 € Skontoabzug netto = 22.200 €).

Lösung zu Aufgabe 132:

Sollkonto SKR 03 (SKR 04)		Betrag (Euro)	Habenkonto SKR 03 (SKR 04)		Aufwand (Euro)	Ertrag (Euro)
Ladeneinr.	0430 (0640)	100.000,00	Verbindl. a. LuL	1600 (3300)		
VoSt 19 %	1576 (1406)	19.000,00	Verbindl. a. LuL	1600 (3300)		
Ladeneinr.	0430 (0640)	1.000,00	Kasse	1000 (1600)		
VoSt 19 %	1576 (1406)	190,00	Kasse	1000 (1600)		
Ladeneinr.	0430 (0640)	2.000,00	Bank	1200 (1800)		
VoSt 19 %	1576 (1406)	380,00	Bank	1200 (1800)		
Abschreibung	4830 (6220)	3.057,00[1]	Sonstige BGA	0430 (0640)	3.057,00	
Restbuchw. Anlagenabg.	2310 (6895)	20.273,00	Sonstige BGA	0430 (0640)	20.273,00	
Verb. a. LuL	1600 (3300)	10.000,00	Erlöse aus Verk. Sachanlage-vermögen	8801 (6889)		10.000,00
Verb. a. LuL	1600 (3300)	1.900,00	USt 19 %	1776 (3806)		
Verb. a. LuL	1600 (3300)	104.720,00[2]	Bank	1200 (1800)		
Verb. a. LuL	1600 (3300)	2.000,00[3]	Sonstige BGA	0430 (0640)		
Verb. a. LuL	1600 (3300)	380,00[4]	VoSt 19 %	1576 (1406)		
Abschreibung	4830 (6220)	562,00[5]	Sonstige BGA	0430 (0640)	562,00	

[1] Abschreibung 2025 Regalsystem alt $\frac{11}{12}$ von 3.334 € = **3.057 €**
Buchwert 01.01.2025: 23.330 €
Restbuchwert Anlagenabgang: 23.330 € - 3.057 € = 20.273 €.

[2] Rechnungsbetrag 119.000,00 €
- Inzahlunggabe 11.900,00 €
- 2 % Skonto 2.380,00 €
= Zahlung **104.720,00 €**

[3] Skontoabzug netto (2 % von 119.000 € : 1,19).

[4] Vorsteuerkorrektur zum Skontoabzug.

[5] Abschreibung Ladeneinrichtung neu: 101.000 € (= AK) : 15 Jahre • $\frac{1}{12}$.

Lösung zu Aufgabe 133:

a) **Bewertung nach Handelsrecht:**

Handelsrechtlich gilt beim UV das strenge Niederstwertprinzip, d. h. auch bei vorübergehender Wertminderung muss der niedrigere Stichtagswert (hier 27.000 €) angesetzt werden (§ 253 Abs. 4 HGB).

Buchung:

Sollkonto – SKR 03 (SKR 04)	**Betrag (Euro)**	**Habenkonto** – SKR 03 (SKR 04)
Bestandsveränd. Waren 3950 (5881)	3.000,00	Bestand Waren 3980 (1140)

b) **Bewertung nach Steuerrecht:**

Steuerrechtlich besteht bei **vorübergehender** Wertminderung ein Abschreibungs**verbot** (§ 6 Abs. 1 Nr. 2 EStG). Es erfolgt eine Hinzurechnung in Höhe von 3.000 € außerhalb der Buchführung zur Ermittlung des steuerlichen Gewinns.

Lösung zu Aufgabe 134:

a) **Bewertung:**

	Nettoverkaufspreis = 27.132 € : 1.19 =	22.800,00 €
-	durchschnittl. 20 % Rohgewinnaufschlag 22.800 € : 120 • 20 =	3.800,00 €
=	beizulegender Zeitwert (= Teilwert)	**19.000,00 €**
	Warenbestand (AK)	20.000,00 €
-	Teilwert	19.000,00 €
=	Abwertung	**1.000,00 €**

Handelsrechtlich gilt beim UV das strenge Niederstwertprinzip; d. h. der niedrigere Stichtagswert (hier 19.000 €) **muss** angesetzt werden (§ 253 Abs. 4 HGB).

Steuerlich ist die Abwertung auf den niedrigeren Teilwert **erlaubt**: Weil die Wertminderung „dauerhaft“ (bis zum Zeitpunkt der Abschlussaufstellung anhaltend) ist, darf nach § 6 Abs. 1 Nr. 2 EStG der niedrigere Teilwert angesetzt werden.

b) **Buchung:**

Sollkonto – SKR 03 (SKR 04)	**Betrag (Euro)**	**Habenkonto** – SKR 03 (SKR 04)
Bestandsveränd. Waren 3950 (5881)	1.000,00	Bestand Waren 3980 (1140)

Lösung zu Aufgabe 135:

a) **Bewertung:**

	AK	110.000,00 €
-	Wertminderung eines darin enthaltenen Postens	9.500,00 €
=	modifizierte AK = Wert zum 31.12.	**100.500,00 €**
	Bestand Konto „3982 (1142)“ zum 01.01. (Bilanzwert)	156.400,00 €
-	Wert zum 31.12. (s. o.)	100.500,00 €
=	Bestandsminderung	**55.900,00 €**

b) **Buchung:**

Sollkonto – SKR 03 (SKR 04)	**Betrag (Euro)**	**Habenkonto** – SKR 03 (SKR 04)
Bestandsveränd. Waren 3950 (5881)	55.900,00	Bestand Ware W2 3982 (1142)

Lösung zu Aufgabe 136:

a) Durchschnittswertermittlung und Ermittlung der Bestandsveränderung:

190 • 24 € =	4.560,00 €	
250 • 28 € =	7.000,00 €	
120 • 25 € =	3.000,00 €	
140 • 32 € =	4.480,00 €	
700	19.040,00 €	: 700 Stück = **27,20 €/Stück**

Schlussbestand:	180 • 27,20 € =	4.896,00 €
Bestandsveränderung:	SB	4.896,00 €
	AB	4.560,00 €
	Bestandserhöhung	**336,00 €**

b) **Buchung:**

Sollkonto – SKR 03 (SKR 04)	**Betrag (Euro)**	**Habenkonto** – SKR 03 (SKR 04)
Bestand Waren 3985 (1145)	336,00	Bestandsveränd. Waren 3950 (5881)

Lösung zu Aufgabe 137:

a) Schlussbestand:	180 • 24 € =	**4.320,00 €** (aus dem Anfangsbestand)
Bestandsveränderung:	SB	4.320,00 €
	AB	4.560,00 €
	Bestandminderung	**240,00 €**

b) **Buchung:**

Sollkonto – SKR 03 (SKR 04)	**Betrag (Euro)**	**Habenkonto** – SKR 03 (SKR 04)
Bestandsveränd. Waren 3950 (5881)	240,00	Bestand Waren 3985 (1145)

Lösung zu Aufgabe 138:

a) Schlussbestand:

140 • 32 € =	4.480,00 €	(aus dem Zugang 30.8.)
40 • 25 € =	1.000,00 €	(aus dem Zugang 21.6.)
180	**5.480,00 €**	

Bestandsveränderung:

SB	5.480,00 €
AB	4.560,00 €
Bestandserhöhung	**920,00 €**

b) **Buchung:**

Sollkonto – SKR 03 (SKR 04)	**Betrag (Euro)**	**Habenkonto** – SKR 03 (SKR 04)
Bestand Waren 3985 (1145)	920,00	Bestandsveränd. Waren 3950 (5881)

Lösung zu Aufgabe 139:

a) **Bewertung nach Handelsrecht:**

Handelsrechtlich gilt beim UV das strenge Niederstwertprinzip; d. h. auch bei vorübergehender Wertminderung muss der niedrigere Stichtagswert angesetzt werden (§ 253 Abs. 4 HGB). Der niedrigere Zeitwert beträgt im vorliegenden Fall:

	100 Aktien • 101 € =	10.100,00 €
+	1,5 % Anschaffungsnebenkosten	151,50 €
=	beizulegender Zeitwert	**10.251,50 €**

Abschreibung auf den niedrigeren Wert:

	AK	10.657,50 €
-	beizulegender Zeitwert	10.251,50 €
=	Abschreibung	**406,00 €**

Buchung:

Sollkonto – SKR 03 (SKR 04)	**Betrag (Euro)**	**Habenkonto** – SKR 03 (SKR 04)
Abschr. auf Wp des UV 4876 (7214)	406,00	Wertpap. d. kurzfr. Finz. 1349 (1530)

b) **Bewertung nach Steuerrecht:**

Steuerrechtlich ist eine Teilwertabschreibung bei börsennotierten Wertpapieren (hier Aktien) nur dann zulässig, wenn der Kursverlust am Bilanzstichtag im Vergleich zum Anschaffungswert oder letzten Bilanzwert mehr als 5 % beträgt (vgl. BMF-Schreiben vom 02.09.2016).

Bei dem vorliegenden Fall ist eine Teilwertabschreibung somit nicht zulässig, weil die Wertminderung nur 3,81 % beträgt (406 € : 10.657,50 € • 100 = 3,81 %).

Für steuerliche Zwecke ist die handelsrechtlich vorgenommene Abschreibung rückgängig zu machen (durch Hinzurechnung zum handelsrechtlichen Gewinn).

Lösung zu Aufgabe 140:

Tz. 1:

Direkte Abschreibung des Nettobetrags (4.165 € : 1,19 = 3.500 €) mit **Umsatzsteuerberichtigung** (3.500 € • 19 % = 665 €) gem. § 253 Abs. 4 HGB und § 17 Abs. 1 Abs. 2 Nr. 1 UStG:

Sollkonto – SKR 03 (SKR 04)		**Betrag (Euro)**	**Habenkonto** – SKR 03 (SKR 04)	
Forderungsverl. übl. Höhe	2406 (6936)	3.500,00	Forderungen a. LuL	1400 (1200)
Umsatzsteuer 19 %	1776 (3806)	665,00	Forderungen a. LuL	1400 (1200)

Tz.2:

Direkte Abschreibung der Hälfte des Nettobetrags (4.165 € : 1,19 = 3.500 €, davon 50 % = 1.750 €) mit **Umsatzsteuerberichtigung** (1.750 € • 19 % = 332,50 €) gem. § 253 Abs. 4 HGB und § 17 Abs. 1 i. V. mit Abs. 2 Nr. 1 UStG:

Sollkonto – SKR 03 (SKR 04)		**Betrag (Euro)**	**Habenkonto** – SKR 03 (SKR 04)	
Forderungsverl. übl. Höhe	2406 (6936)	1.750,00	Forderungen a. LuL	1400 (1200)
Umsatzsteuer 19 %	1776 (3806)	332,50	Forderungen a. LuL	1400 (1200)

Tz. 3:

Ertrag aus bereits abgeschriebener Forderung mit einem **Umsatzsteuersatz** in Höhe **von 16 %** (1.000 € : 1,16 = 862,07 €) mit **Umsatzsteuerberichtigung** (862,07 € • 16 % = 137,93 €) gem. § 253 Abs. 4 HGB und § 17 Abs. 2 Nr. 1 Satz 2 UStG:

Sollkonto – SKR 03 (SKR 04)		**Betrag (Euro)**	**Habenkonto** – SKR 03 (SKR 04)	
Bank	1200 (1800)	862,07	Erträge a. abgeschr. Ford.	2732 (4925)
Bank	1200 (1800)	137,93	Umsatzsteuer	1770 (3800)

Lösung zu Aufgabe 141:

Tz. 1:

Indirekte Abschreibung 20 % vom Nettobetrag (5.950 € : 1,19 = 5.000 €, davon 20 % = 1.000 €); keine Umsatzsteuerberichtigung, weil noch keine Änderung der Bemessungsgrundlage feststeht.

Buchungen:

Sollkonto – SKR 03 (SKR 04)		**Betrag (Euro)**	**Habenkonto** – SKR 03 (SKR 04)	
Zweifelh. Forderungen	1460 (1240)	5.950,00	Forderungen a. LuL	1400 (1200)
Einstellung in die EWB	2451 (6923)	1.000,00	EWB auf Forderungen	0998 (1246)

Tz. 2:

Erfassung des Zahlungseingangs (3.570 €), Auflösung der bestehenden EWB (3.000 €) und Korrektur der USt, die auf den ausgefallenen Teil entfällt (570 €).

Buchungen:

Sollkonto – SKR 03 (SKR 04)		**Betrag (Euro)**	**Habenkonto** – SKR 03 (SKR 04)	
Bank	1200 (1800)	3.570,00	Zweifelh. Ford.	1460 (1240)
EWB auf Forderungen	0998 (1246)	3.000,00	Zweifelh. Ford.	1460 (1240)
Umsatzsteuer	1770 (3800)	570,00	Zweifelh. Ford.	1460 (1240)

Tz. 3:

Erfassung des Zahlungseingangs (4.760 €), Auflösung der bestehenden EWB (3.000 €), Korrektur der USt, die auf den ausgefallenen Teil entfällt (380 €), Erfassung des Ertrags aus der zu hohen Abschreibung im Vorjahr:

	Bruttoforderung	7.140,00 €
-	Zahlungseingang	4.760,00 €
=	Bruttoausfall	2.380,00 €
-	berichtigte USt	380,00 €
=	Nettoausfall	2.000,00 €
-	bereits wertberichtigt	3.000,00 €
=	Ertrag aus zu hoher Abschreibung	**1.000,00 €**

Buchungen:

Sollkonto – SKR 03 (SKR 04)		**Betrag (Euro)**	**Habenkonto** – SKR 03 (SKR 04)	
Bank	1200 (1800)	4.760,00	Zweifelh. Ford.	1460 (1240)
EWB auf Forderungen	0998 (1246)	3.000,00	Zweifelh. Ford.	1460 (1240)
Umsatzsteuer	1770 (3800)	380,00	Zweifelh. Ford.	1460 (1240)
Zweifelh. Ford.	1460 (1240)	1.000,00	Erträge a. abgeschr. Ford.	2732 (4925)

Tz. 4:

Erfassung des Zahlungseingangs (1.190 €), Auflösung der bestehenden EWB (3.000 €), Korrektur der USt, die auf den ausgefallenen Teil entfällt (950 €), Erfassung der zusätzlichen Abschreibung (2.000 € höherer Ausfall, als im Vorjahr angenommen):

	Bruttoforderung	7.140,00 €
-	Zahlungseingang	1.190,00 €
=	Bruttoausfall	5.950,00 €
-	berichtigte USt	950,00 €
=	Nettoausfall	5.000,00 €
-	bereits wertberichtigt	3.000,00 €
=	zusätzliche Abschreibung	**2.000,00 €**

Buchungen:

Sollkonto – SKR 03 (SKR 04)		**Betrag (Euro)**	**Habenkonto** – SKR 03 (SKR 04)	
Bank	1200 (1800)	1.190,00	Zweifelh. Ford.	1460 (1240)
EWB auf Forderungen	0998 (1246)	3.000,00	Zweifelh. Ford.	1460 (1240)
Umsatzsteuer	1770 (3800)	950,00	Zweifelh. Ford.	1460 (1240)
Forderungsverl. übl. Höhe	2400 (6930)	2.000,00	Zweifelh. Ford.	1460 (1240)

Lösung zu Aufgabe 142:

Ermittlung der Pauschalwertberichtigung:

	Bestand Konto 1400 (1200)	119.000,00 €
-	uneinbringliche Forderung (direkt abzuschreiben)	11.900,00 €
-	zweifelhafte Forderung (indirekt abzuschreiben)	5.355,00 €
=	Restbestand, der noch nicht wertberichtigt wurde	101.745,00 €
-	darin enthaltene USt (101.745 € : 1,19 • 19 %)	16.245,00 €
=	Bemessungsgrundlage für die PWB	85.500,00 €
•	4 % (durchschnittlicher Ausfall) = PWB 2025	**3.420,00 €**

Buchung:

Sollkonto – SKR 03 (SKR 04)		**Betrag (Euro)**	**Habenkonto** – SKR 03 (SKR 04)	
Einstellung in die PWB	2450 (6920)	3.420,00	PWB auf Forderungen	0996 (1248)

Lösung zu Aufgabe 143:

Ermittlung der PWB-Anpassung:

PWB zum 31.12.2025	3.420,00 €
PWB zum 31.12.2024	2.570,00 €
PWB-Erhöhung	**850,00 €**

Buchung:

Sollkonto – SKR 03 (SKR 04)		**Betrag (Euro)**	**Habenkonto** – SKR 03 (SKR 04)	
Einstellung in die PWB	2450 (6920)	850,00	PWB auf Forderungen	0996 (1248)

Lösung zu Aufgabe 144:

<table>
<tr><th>Tz.</th><th>Soll-konto</th><th>Betrag (Euro)</th><th>Haben-konto</th><th colspan="3">Buchungstext/Erläuterung</th></tr>
<tr><td>1.</td><td>2401 (6931)</td><td>400,00</td><td>1400 (1200)</td><td colspan="3">Forderungsausfall Weiß netto</td></tr>
<tr><td></td><td>1771 (3801)</td><td>28,00</td><td>1400 (1200)</td><td colspan="3">USt-Korrektur zum Forderungsausfall</td></tr>
<tr><td>2.</td><td>1200 (1800)</td><td>1.284,00</td><td>1460 (1240)</td><td colspan="3">Zahlungseingang</td></tr>
<tr><td></td><td>0998 (1246)</td><td>4.200,00</td><td>1460 (1240)</td><td colspan="3">Auflösung EWB: 70 % v. 6.000 €</td></tr>
<tr><td></td><td>2400 (6930)</td><td>600,00</td><td>1460 (1240)</td><td colspan="3">Zusätzlicher Ausfall;
Bruttoforderung 6.420,00 €
- Zahlungseingang 1.284,00 €
= Bruttoausfall 5.136,00 €
: 1,07 = Nettoausfall 4.800,00 €
- bereits berichtigt (EWB) 4.200,00 €
= zusätzlich zu berichtigen 600,00 €</td></tr>
<tr><td></td><td>1771 (3801)</td><td>336,00</td><td>1460 (1240)</td><td colspan="3">USt-Korrektur zum Ausfall: 4.800 € • 7 % = 336 €</td></tr>
<tr><td>3.</td><td colspan="6">Keine Buchung (keine Wertveränderung)</td></tr>
<tr><td>4.</td><td colspan="3"></td><td>Euro</td><td>Euro</td><td>Euro</td></tr>
<tr><td></td><td colspan="3">Forderungen a. LuL brutto</td><td>steuerfrei</td><td>zu 7 %</td><td>zu 19 %</td></tr>
<tr><td></td><td colspan="3"></td><td>4.000,00</td><td>37.878,00</td><td>29.750,00</td></tr>
<tr><td></td><td colspan="3">- USt</td><td></td><td>2.478,00</td><td>4.750,00</td></tr>
<tr><td></td><td colspan="3">= Forderungen a. LuL netto</td><td>4.000,00</td><td>35.400,00</td><td>25.000,00</td></tr>
<tr><td></td><td colspan="3">Berichtigung Tz. 1 netto</td><td>400,00</td><td></td><td></td></tr>
<tr><td></td><td colspan="3"></td><td></td><td>35.000,00</td><td></td></tr>
<tr><td></td><td colspan="5">Restbestand, der noch nicht berichtigt wurde, netto</td><td>64.000,00</td></tr>
<tr><td></td><td>2450 (6920)</td><td>470,00</td><td>0996 (1248)</td><td colspan="3">Erhöhung PWB:
64.000 € • 3 % = 1.920,00 €
- Bestand PWB 1.450,00 €
= Erhöhung 470,00 €</td></tr>
</table>

Lösung zu Aufgabe 145:

Soll Kto.-Nr. SKR 03 (SKR 04)	Betrag (Euro)	Haben Kto.-Nr. SKR 03 (SKR 04)	Buchungstext bzw. Erläuterungen	Aufwand (Euro)	Ertrag (Euro)
1200 (1800)	96.000,00	0640 (3160)	Auszahlung Darlehen (96 %)		
0986 (1940)	4.000,00	0640 (3160)	Damnum (4 %)		
2120 (7320)	1.266,66	1200 (1800)	Zinsen 15.10. - 30.12.: 100.000 € • 5 % : 360 Tage • 76 Tage	1.266,66	
2124 (7324)	168,88	0986 (1940)	Abschreibung Damnum: 4.000 € : 5 Jahre : 360 Tage • 76 Tage	168,88	

Lösung zu Aufgabe 146:

Verbindlichkeiten sind nach § 253 Abs. 1 HGB und § 6 Abs. 1 Nr. 3 EStG zum Rückzahlungsbetrag zu bewerten. Eine Abzinsung entfällt, weil das Darlehen verzinslich ist (vgl. § 6 Abs. 1 Nr. 3 Satz 2 EStG).

Die Differenz zwischen Auszahlungsbetrag und Darlehen ist ein Disagio. Handelsrechtlich kann das Disagio nach § 250 Abs. 3 HGB direkt als Aufwand erfasst oder bei den aktiven Rechnungsabgrenzungsposten bilanziert und dann planmäßig abgeschrieben werden. In der Steuerbilanz muss das Disagio aktiviert und über die Zinsbindungsfrist des Darlehens verteilt werden. Da es sich um ein Ratendarlehen handelt, kann das Disagio arithmetisch-degressiv (digital) abgeschrieben werden. Hier erfolgt zum Zweck der Erstellung einer Einheitsbilanz die Aktivierung und Abschreibung über die Dauer der Zinsbindung (10 Jahre).

Digitaler AfA-Satz in 2025: $\frac{n\,(n+1)}{2} = \frac{10\,(11)}{2} = 55$

Degressionsbetrag: 4.000 € : 55 = 72,73 €

Abschreibung 2025: 72,73 € • 10 = 727,30 €

zeitanteilig $^{9}/_{12}$ = **545,47 €**

Buchung der Darlehensauszahlung:

Sollkonto – SKR 03 (SKR 04)	**Betrag (Euro)**	**Habenkonto** – SKR 03 (SKR 04)
Bank 1200 (1800)	160.000,00	Verbindlichkeiten gegenüber Kreditinstituten 0650 (3170)
Damnum/Disagio 0986 (1940)	40.000,00	Verbindlichkeiten gegenüber Kreditinstituten 0650 (3170)

Abschreibung des Disagios zum 31.12.2025:

Sollkonto – SKR 03 (SKR 04)	**Betrag (Euro)**	**Habenkonto** – SKR 03 (SKR 04)
Abschreibungen auf Disagio/Damnum 2124 (7324)	545,47	Damnum/Disagio 0986 (1940)

Die Zinsen sind jährlich nachträglich zu zahlen. Sie sind nach § 252 Abs. 1 Nr. 5 HGB i. V. m. § 5 Abs. 1 EStG zum Bilanzstichtag als Verbindlichkeit anteilig zu erfassen.

5 % v. 200.000 € • $\frac{9}{12}$ = **7.500 €**

Zinsverbindlichkeit zum 31.12.2025:

Sollkonto – SKR 03 (SKR 04)	**Betrag (Euro)**	**Habenkonto** – SKR 03 (SKR 04)
Zinsaufwendungen 2120 (7320)	7.500,00	Verbindlichkeiten gegenüber Kreditinstituten 0631 (3151)

Lösung zu Aufgabe 147:

Buchung zum 30.11.2025 (Entstehung der Verbindlichkeit):

Sollkonto – SKR 03 (SKR 04)	**Betrag (Euro)**	**Habenkonto** – SKR 03 (SKR 04)
Wareneingang 3200 (5200)	5.816,41	Verbindl. a. LuL 1600 (3300)
Entstandene EUSt 1588 (1433)	1.105,12	Sonstige Verbindl. 1700 (3500)

Buchung zum 31.12.2025:

Sollkonto – SKR 03 (SKR 04)	**Betrag (Euro)**	**Habenkonto** – SKR 03 (SKR 04)
Aufwend. aus Währungs. 2151 (6881)	140,48	Verbindl. a. LuL 1600 (3300)

[5.500 GBP : 0,9233 GBP/€ = 5.956,89 € - 5.816,41 = 140,48 €]

Der in der handelsrechtlichen Buchführung erfasste Aufwand in Höhe von 140,48 € ist auch für steuerliche Zwecke anzuerkennen, weil nach dem BMF-Schreiben vom 02.09.2016 eine dauerhafte Werterhöhung anzunehmen ist (die Werterhöhung hält bis zur Tilgung der Verbindlichkeit an und dieser Zeitpunkt liegt vor dem Zeitpunkt der Abschlussaufstellung).

Buchung zum 10.01.2026 (Bezahlung):

Sollkonto – SKR 03 (SKR 04)	**Betrag (Euro)**	**Habenkonto** – SKR 03 (SKR 04)
Verbindl. a. LuL 1600 (3300)	5.956,89	Bank 1200 (1800)
Aufwend. aus Währungs. 2151 (6881)	132,57	Bank 1200 (1800)

alternativ:

Sollkonto – SKR 03 (SKR 04)		**Betrag (Euro)**	**Habenkonto** – SKR 03 (SKR 04)	
Aufwend. aus Währungs.	2151 (6881)	132,57	Verbindl. a. LuL	1600 (3300)
Verbindl. a. LuL	1600 (3300)	6.089,46	Bank	1200 (1800)

Lösung zu Aufgabe 148:

Buchung zum 30.11.2025 (Entstehung der Verbindlichkeit):

Sollkonto – SKR 03 (SKR 04)		**Betrag (Euro)**	**Habenkonto** – SKR 03 (SKR 04)	
Wareneingang	3200 (5200)	5.816,41	Verbindl. a. LuL	1600 (3300)
Entstandene EUSt	1588 (1433)	1.105,12	Sonstige Verbindl.	1700 (3500)

Zum 31.12.2025 wird keine Buchung vorgenommen, weil sich der Wert der Verbindlichkeit verringert hat (5.500 GBP : 0,9637 GBP/€ = 5.707,17 €) und dieser Ertrag wegen § 252 Abs. 1 Nr. 4 HGB (Realisationsprinzip) hier nicht erfasst werden soll, weil er noch nicht realisiert wurde.

Buchung zum 10.01.2026 (Bezahlung):

Sollkonto – SKR 03 (SKR 04)		**Betrag (Euro)**	**Habenkonto** – SKR 03 (SKR 04)	
Verbindl. a. LuL	1600 (3300)	5.561,74	Bank	1200 (1800)
Verbindl. a. LuL	1600 (3300)	254,67	Erträge a. Kursdiff.	2660 (4840)

Lösung zu Aufgabe 149:

1. a) **Eigenkapitalrentabilität:**

Ermittlung:

$$\text{Eigenkapitalrentabilität} = \frac{\text{Gewinn (= Jahresüberschuss vor Steuern)}}{\text{Eigenkapital}} \cdot 100$$

$$= \frac{480.000\text{ €}}{1.520.000\text{ €}} \cdot 100 = \mathbf{31{,}58\ \%}$$

Jahresüberschuss vor Steuern: = bilanzieller Jahresüberschuss + als Aufwendungen erfasste Steuern vom Einkommen und Ertrag

320.000 € + 160.000 € = **480.000 €**

Eigenkapital:

gez. Kapital	660.000,00 €
Kapitalrücklagen	360.000,00 €
Gewinnrücklagen	500.000,00 €
	1.520.000,00 €

Bedeutung und Bewertung:

Die Eigenkapitalrentabilität ist ein Maß für die Verzinsung des Eigenkapitals. Es sollte mindestens eine Verzinsung erreicht werden, die einer langfristigen Kapitalanlage auf dem Kapitalmarkt entspricht. Darüber hinaus sollten die Erträge noch das Haftungsrisiko des Eigenkapitals vergüten.

Soll-Ist-Vergleich: Vergleich der tatsächlich erreichten Eigenkapitalrentabilität mit einer vorgegebenen bzw. angestrebten Mindesteigenkapitalrentabilität. Es wird überprüft, ob die angestrebte Verzinsung des Eigenkapitals erreicht wurde.

Im vorliegenden Sachverhalt ist die Eigenkapitalrentabilität sehr positiv zu beurteilen, da eine solche Kapitalverzinsung auf dem Kapitalmarkt kaum zu erzielen ist.

b) **Gesamtkapitalrentabilität:**

Ermittlung:

$$\text{Gesamtkapitalrentabilität} = \frac{\text{Jahresüberschuss vor Steuern + Fremdkapitalzinsen}}{\text{Gesamtkapital (EK + FK)}} \cdot 100$$

$$= \frac{480.000\text{ €} + 98.000\text{ €}}{3.200.000\text{ €}} \cdot 100 = \mathbf{18{,}06\ \%}$$

Bedeutung und Bewertung:

Die Gesamtkapitalrentabilität stellt ein Maß für Verzinsung des insgesamt eingesetzten Kapitals dar.

Wenn die Zinssätze für zusätzliches Fremdkapital auf dem Kapitalmarkt unter der Gesamtkapitalrentabilität liegen, lässt sich die Eigenkapitalrentabilität durch Aufnahme zusätzlichen Fremdkapitals steigern. Dies setzt allerdings voraus, dass entsprechend rentable Potenziale im Unternehmen vorhanden sind, die durch weitere Kapitalzuführungen genutzt werden können und dass eine weitere Aufnahme von Fremdkapital möglich ist.

Im vorliegenden Sachverhalt ist die Gesamtkapitalrentabilität sehr positiv zu beurteilen.

c) **Deckungsgrad B:**

Ermittlung:

$$\text{Deckungsgrad B (Anlagendeckung 2)} = \frac{\text{Eigenkapital + langfr. Fremdkapital}}{\text{Anlagevermögen}} \cdot 100$$

$$= \frac{1.520.000\text{ €} + 1.080.000\text{ €}}{2.120.000\text{ €}} \cdot 100 = \mathbf{122{,}64\ \%}$$

Eigenkapital:	gez. Kapital	660.000,00 €
	Kapitalrücklagen	360.000,00 €
	Gewinnrücklagen	500.000,00 €
		1.520.000,00 €
langfr. Fremdkapital:	Pensionsrückstellungen	140.000,00 €
	Darlehensverbindlichkeiten	940.000,00 €
		1.080.000,00 €
Anlagevermögen:	Grundstücke	520.000,00 €
	Maschinen	1.600.000,00 €
		2.120.000,00 €

Bedeutung und Bewertung:

- Überprüfung des Prinzips der Fristenkongruenz: Investitionen, die langfristig Mittel binden, sollen auch langfristig finanziert sein.
- Beurteilung der Solidität und Stabilität der Finanzierung.
- Je größer diese Kennzahl ausfällt, um so solider ist die Finanzierung. Werte ≥ 100 % werden positiv beurteilt.

Hier liegt ein positiver Wert vor, der dafür spricht, dass das Anlagevermögen solide finanziert ist.

2. **Kritische Würdigung**

Allein auf der Basis der vorliegenden verkürzten Bilanz und der unvollständigen Angaben aus der GuV ist eine betriebswirtschaftliche Auswertung nicht sinnvoll durchzuführen.

Folgende Unterlagen müssten mindestens vorliegen:

- vollständige Bilanz
- vollständige GuV
- Anhang bzw. Erläuterungsbericht
- ggf. Lagebericht
- Vorjahreszahlen
- Branchenzahlen.

Lösung zu Aufgabe 150:

1. a) **wirtschaftlicher Wareneinsatz:**

	Wareneingang		345.000,00 €
+	Anschaffungsnebenkosten		12.000,00 €
-	Skonti		3.500,00 €
-	Boni		2.400,00 €
-	Bestandserhöhung		
	Warenendbestand	55.800,00 €	
-	Anfangsbestand Waren	48.500,00 €	7.300,00 €
=	**wirtschaftlicher Wareneinsatz**		**343.800,00 €**

b) **wirtschaftlicher Warenumsatz:**

	Erlöse	678.000,00 €
-	Erlösschmälerungen	7.500,00 €
-	Skonti	4.800,00 €
-	Rabatte	5.600,00 €
=	**wirtschaftlicher Warenumsatz**	**660.100,00 €**

2. **Rohaufschlagsatz (RAS):**

$$\frac{\text{wirtschaftlicher Warenumsatz - wirtschaftlicher Wareneinsatz}}{\text{wirtschaftlicher Wareneinsatz}} \cdot 100$$

$$\frac{660.100\text{ €} - 343.800\text{ €}}{343.800\text{ €}} \cdot 100 = \mathbf{92\ \%}$$

Lösung zu Aufgabe 151:

a)

		Euro	Euro
	wirtschaftlicher Warenumsatz:		
	Erlöse	2.412.000,00	
-	Erlösschmälerungen		
	Gewährte Skonti	19.200,00	
	Gewährte Boni	22.400,00	
	Gewährte Rabatte	30.000,00	
		2.340.400,00	2.340.400,00
	wirtschaftlicher Wareneinsatz:		
	Wareneingang	1.898.400,00	
+	Bezugsnebenkosten	48.000,00	
-	Anschaffungspreisminderungen		
	Erhaltene Skonti	14.000,00	
	Erhaltene Boni	9.600,00	
-	Bestandserhöhung Warenbestand	29.200,00	
		1.893.600,00	1.893.600,00

Rohgewinn:

(wirtschaftl. Warenumsatz minus wirtschaftl. Wareneinsatz) **446.800,00**

Rohaufschlagsatz (RAS): = Rohgewinn - wirtschaftl. Wareneinsatz • 100
= 446.800 € : 1.893.600 € • 100 = **23,60 %**

Reingewinnsatz:

Reingewinn = Rohgewinn + übrige Erträge - übrige Aufwendungen
= 446.800 € + 24.000 € - 346.300 € = **124.500 €**

Reingewinnsatz = Reingewinn : wirtschaftl. Warenumsatz • 100
= 124.500 € : 2.340.400 € • 100 = **5,32 %**

b) **Kurzerläuterungen**

- **Rohaufschlagsatz:** Diese Kennzahl soll zeigen, wie viel % auf den Wareneinsatz durchschnittlich aufgeschlagen wurde, um die Erlöse zu erzielen.
- **Reingewinnsatz:** Diese Kennzahl soll zeigen, wie viel Reingewinn pro Euro Umsatz im Durchschnitt erzielt wurde.

c) **Vergleich/Kurzinterpretation**

- Der **Rohaufschlagsatz** liegt 6,40 Prozentpunkte unter dem Branchendurchschnitt. Mögliche Gründe: zu hohe Einkaufspreise; gewünschte Preise können am Markt nicht durchgesetzt werden (z. B. regional hohe Konkurrenz) oder bewusst niedrige Verkaufspreise, um Konkurrenz auszuschalten.
- Der **Reingewinnsatz** liegt 1,1 % über dem Branchendurchschnitt, trotz eines unter dem Branchendurchschnitt liegenden Rohaufschlagsatzes. Die übrigen Aufwendungen liegen somit unter dem Branchendurchschnitt.

Lösung zu Aufgabe 152:

a) **Wareneinsatz**

1.365.000 € : 140 • 100 = **975.000 €**
(Umsatzerlöse = 140 % des Wareneinsatzes)

b) **Warenrohgewinn**

1.365.000 € - 975.000 € = **390.000 €**
(Umsatzerlöse - Wareneinsatz)

c) **Reingewinn**

	Umsatzerlöse	1.365.000,00 €
+	sonstige Erträge	67.500,00 €
-	Wareneinsatz	975.000,00 €
-	Aufwendungen ohne Wareneinsatz	388.250,00 €
=	Reingewinn	**69.250,00 €**

d) **Reingewinnsatz**

69.250 € • 100 : 1.365.000 € = **5,07 %**
(Reingewinn • 100 : Umsatzerlöse)

e) **Eigenkapital am 31.12.2025**

	Anlagevermögen	270.000,00 €
+	Umlaufvermögen	375.000,00 €
-	Verbindlichkeiten	97.500,00 €
-	Rückstellungen	19.500,00 €
-	Passive RAP	10.500,00 €
=	EK 31.12.2025	**517.500,00 €**

Prüfungsfälle

Lösung zu Prüfungsfall 1:

1. Gabelstapler

a) **Ermittlung der Anschaffungskosten und der Abschreibung**

Anschaffungskosten (AK)

	Listenpreis, netto	20.000,00 €
+	ANK (Transport, netto)	200,00 €
-	Anschaffungspreisminderungen, netto	
	Rabatt (5 % von 20.000 €)	1.000,00 €
	Skonto (2 % von 19.000 €)	380,00 €
	AK	**18.820,00 €**

Abschreibung

Abschreibung 2025 = AK : 4 Jahre • $\frac{9}{12}$ (§ 7 Abs. 1 EStG)
= 18.820 € : 4 Jahre • $\frac{9}{12}$ = 3.528,75 €,

gerundet **3.529 €**

b) **Buchungssätze 2025**

Sollkonto SKR 03 (SKR 04)	**Betrag (Euro)**	**Habenkonto** SKR 03 (SKR 04)	**Aufwand (Euro)**	**Ertrag (Euro)**
Aktivierung Gabelstapler neu:				
Sonst. Transportm. 0380 (0560)	19.000,00	Verbindl. a. LuL. 1600 (3300)		
Vorsteuer 19 % 1576 (1406)	3.610,00	Verbindl. a. LuL. 1600 (3300)		
Sonst. Transportm. 0380 (0560)	200,00	Verbindl. a. LuL. 1600 (3300)		
Vorsteuer 19 % 1576 (1406)	38,00	Verbindl. a. LuL. 1600 (3300)		
Abschreibung und Anlagenabgang Gabelstapler alt:				
Abschr. Sachanl. 4830 (6220)	1.999,00	Sonst. Transportm. 0380 (0560)	1.999,00	
Anlagenabgang (Buchgewinn) 2315 (4855)	1,00	Sonst. Transportm. 0380 (0560)	1,00	
Inzahlunggabe Gabelstapler alt:				
Verbindl. a. LuL 1600 (3300)	500,00	Erlöse aus Verkauf Sachanl. 8820 (4845)		500,00
Verbindl. a. LuL 1600 (3300)	95,00	USt 1776 (3806)		
Bezahlung der Rechnung für den Gabelstapler und den Transport:				
Verbindl. a. LuL 1600 (3300)	21.562,80	Bank 1200 (1800)		
Verbindl. a. LuL 1600 (3300)	380,00	Sonst. Transportm. 0380 (0560)		
Verbindl. a. LuL 1600 (3300)	72,20	Vorsteuer 19 % 1576 (1406)		
Verbindl. a. LuL 1600 (3300)	238,00	Bank 1200 (1800)		
Abschreibung Gabelstapler neu:				
Abschreib. Sach. 4830 (6220)	3.529,00	Sonst. Transportm. 0380 (0560)	785,00	

2. Gehalt mit Kfz-Gestellung

a) **Gehaltsabrechnung 12/2025**

		Euro	Euro
	Bruttogehalt		2.600,00
+	geldwerter Vorteil aus der Kfz-Überlassung Bruttolistenpreis 29.580 € Abrundung auf volle 100 € ergibt 29.500 €		
	29.500 € • 1 % =	295,00	
	29.500 € • 0,03 % • 20 km	177,00	472,00
=	**steuer- und sozialvers.pfl. Entgelt**		**3.072,00**
-	LSt	63,16	
-	SolZ	0,00	
-	KiSt	5,68	68,84
-	KV-Beitrag (3.072 € • 8,55 %)	262,66	
-	PV-Beitrag (3.072 € • 2,4 %)	73,73	
-	RV-Beitrag (3.072 € • 9,3 %)	285,70	
-	ArblV-Beitrag (3.072 € • 1,3 %)	39,94	662,03
=	**Nettogehalt**		**2.341,13**
-	geldwerter Vorteil aus Kfz (s.o.)		472,00
=	**Auszahlungsbetrag**		**1.869,13**

b) **Buchungssätze**

Sollkonto SKR 03 (SKR 04)	**Betrag (Euro)**	**Habenkonto** SKR 03 (SKR 04)	**Aufwand (Euro)**	**Ertrag (Euro)**
Gehälter 4120 (6020)	2.600,00	Lohn-/Gehaltsverr. 1755 (3790)	2.600,00	
Gehälter 4120 (6020)	472,00	Lohn-/Gehaltsverr. 1755 (3790)	472,00	
Lohn-/Gehaltsverr. 1755 (3790)	68,84	Verb. Lohn-/KiSt 1741 (3730)		
Lohn-/Gehaltsverr. 1755 (3790)	662,03	Verb. Sozialvers. 1742 (3740)		
Lohn-/Gehaltsverr. 1755 (3790)	396,64	Verrechnung Sachbez. 8611 (4947)		396,64
Lohn-/Gehaltsverr. 1755 (3790)	75,36	USt 19 % 1776 (3806)		
Lohn-/Gehaltsverr. 1755 (3790)	1.869,13	Verb. Lohn/Gehalt 1740 (3720)		
Ges. Sozialaufw. 4130 (6110)	643,60[1]	Verb. Sozialvers. 1742 (3740)	621,32	

[1] 662,03 € minus 0,6 % „Kinderlosen-Zuschlag" zur PV (18,43 €).

3. Selbst hergestellte Computeranlage

a) **Ermittlung der Herstellungskosten und der Abschreibung 2025**

Herstellungskosten (HK)

Materialeinzelkosten (MEK)	6.775,00 €	
Materialgemeinkosten (25 % der MEK)	1.693,75 €	8.468,75 €
Fertigungseinzelkosten (FEK)	3.725,00 €	
Fertigungsgemeinkosten (75 % der FEK)	2.793,75 €	6.518,75 €
Herstellungskosten		**14.987,50 €**

Abschreibung

Abschreibung 2025 = HK : Nutzungsdauer • $^6/_{12}$
= 14.987,50 € : 3 Jahre • $^6/_{12}$
= 2.497,91 €

aufgerundet **2.498 €**

b) **Buchungssätze**

Sollkonto SKR 03 (SKR 04)	**Betrag (Euro)**	**Habenkonto** SKR 03 (SKR 04)	**Aufwand (Euro)**	**Ertrag (Euro)**
Sonstige BGA 0490 (0690)	14.987,50	Andere aktivierte Eigen- leistungen 8990 (4820)		14.987,50
Abschreib. Sach. 4830 (6220)	2.498,00	Sonstige BGA 0490 (0690)	2.498,00	

4. Bürostuhl

a) **Ermittlung der Anschaffungskosten und der Abschreibung**

Anschaffungskosten

	Kaufpreis, netto	815,00 €
-	Anschaffungspreisminderung, netto Skonto (2 % von 815 €)	16,30 €
	AK	**798,70 €**

Abschreibung

Bei dem Bürostuhl handelt es sich um ein geringwertiges Wirtschaftsgut im Sinne von § 6 Abs. 2 EStG (selbstständig nutzbares Wirtschaftsgut des Anlagevermögens mit AK von nicht mehr als 800 € netto). Weil das Ziel ein möglichst niedriger steuerlicher Gewinn ist, wird hier eine Vollabschreibung nach § 6 Abs. 2 Satz 1 EStG vorgenommen.

b) **Buchungssätze**

Sollkonto SKR 03 (SKR 04)	Betrag (Euro)	Habenkonto SKR 03 (SKR 04)	Aufwand (Euro)	Ertrag (Euro)
Sofortabschreibung GWG 4855 (6260)	798,70	Bank 1200 (1800)	798,70	
Vorsteuer 19 % 1576 (1406)	151,75	Bank 1200 (1800)		

5. Bewertung Warenbestand

a) **Bewertung nach Handelsrecht**
Handelsrechtlich gilt beim Umlaufvermögen das **strenge Niederstwertprinzip**; d. h. auch bei vorübergehender Wertminderung **muss** der niedrigere Stichtagswert (hier 28.000 €) angesetzt werden (§ 253 Abs. 4 HGB); Buchung: siehe unten.

b) **Bewertung nach Steuerrecht**
Steuerrechtlich besteht bei vorübergehender Wertminderung ein Abschreibungs**verbot** (§ 6 Abs. 1 Nr. 2 EStG). Es erfolgt eine Hinzurechnung außerhalb der Buchführung zur Ermittlung des steuerlichen Gewinns (im vorliegenden Fall ist das handelsrechtliche Ergebnis für steuerliche Zwecke um 2.000 € zu erhöhen).

Buchungssatz

Sollkonto SKR 03 (SKR 04)	Betrag (Euro)	Habenkonto SKR 03 (SKR 04)	Aufwand (Euro)	Ertrag (Euro)
Bestands-veränd. 3950 (5881)	2.000,00	Bestand Waren 3980 (1140)	2.000,00	

6. Bewertung von Forderungen

a) **Forderung Hartmann**
Umbuchung auf „zweifelhafte Forderungen" und Bildung einer Einzelwertberichtigung in Höhe von ⅔ des Nettobetrags der Forderung:

Sollkonto SKR 03 (SKR 04)	Betrag (Euro)	Habenkonto SKR 03 (SKR 04)	Aufwand (Euro)	Ertrag (Euro)
Zweifelhafte Ford. 1460 (1240)	7.140,00	Ford. a. LuL 1400 (1200)		
Einstellung in die Einzelwertber. 2451 (6923)	4.000,00	Einzelwertber. 0998 (1246)	4.000,00	

b) **Forderung Fischer**

	Forderung brutto	13.920,00 €	
-	Zahlungseingang hierauf	5.800,00 €	
=	vermutlicher Ausfall	8.120,00 €	
	Nettobetrag hieraus	7.000,00 €	(8.120,00 € : 1,16)
-	bestehende EWB Fischer	5.000,00 €	
=	Erhöhung EWB Fischer	**2.000,00 €**	

Sollkonto SKR 03 (SKR 04)	**Betrag (Euro)**	**Habenkonto** SKR 03 (SKR 04)	**Aufwand (Euro)**	**Ertrag (Euro)**
Einstellung in die Einzelwertber. 2451 (6923)	2.000,00	Einzelwertber. 0998 (1246)	2.000,00	

c) **Forderung Hall**
Wert der Forderung zum 31.12.2025 in €:
6.496 GBP : 0,866 GBP/€ = 7.501 €, also Wertsteigerung. Diese darf nach dem Realisationsprinzip (§ 252 Abs. 1 Nr. 4 HGB) und dem Anschaffungswertprinzip (§ 253 Abs. 1 HGB) nicht erfasst werden. Keine Buchung.

d) **Pauschalwertberichtigung**

	Konto „Forderungen a. LuL 1400 (1200)“ im Soll		81.570,00 €
-	steuerfreie Forderung	7.000,00 €	
-	Forderung Tz. 1	7.140,00 €	
		67.430,00 €	
:	1,19 =	56.663,87 €	
+	steuerfreie Forderung	7.000,00 €	
		63.663,87 €	
•	3 % = (gerundet)	1.910,00 €	
-	PWB-Bestand	712,00 €	
=	Erhöhung PWB	**1.198,00 €**	

Sollkonto SKR 03 (SKR 04)	**Betrag (Euro)**	**Habenkonto** SKR 03 (SKR 04)	**Aufwand (Euro)**	**Ertrag (Euro)**
Einstellung in die Pauschalwertber. 2450 (6920)	1.198,00	Pauschalwertber. 0996 (1248)	1.198,00	

7. Darlehen

Zinsen (15.12. - 30.12.):
150.000 € • 4,5 % : 360 Tage • 16 Tage **= 300 €**

Disagio: 2 % von 150.000 € = 3.000 €
Abschreibung 2023: 3.000 € : 5 Jahre Darlehenslaufzeit = 600 € pro Jahr;
davon $^{16}/_{360}$ (s. o.) = **26,67 €**

Sollkonto SKR 03 (SKR 04)	**Betrag (Euro)**	**Habenkonto** SKR 03 (SKR 04)	**Aufwand (Euro)**	**Ertrag (Euro)**
Bank 1200 (1800)	147.000,00	Verb. geg. Kred. 0640 (3160)		
Damnum/ Disagio 0986 (1940)	3.000,00	Verb. geg. Kred. 0640 (3160)		
Zinsaufwend. 2120 (7320)	300,00	Bank 1200 (1800)	300,00	
Abschreibungen auf Disagio 2123 (7323)	26,67	Damnum/ Disagio 0986 (1940)	26,67	

8. Vorauszahlung Versicherung und „Dachschaden"

a) **Vorauszahlung Versicherung:** Bildung eines aktiven Rechnungsabgrenzungspostens (§ 250 Abs. 1 Satz 1 HGB) für den Beitrag 01.01. - 30.04.2026 ($^4/_{12}$).

Sollkonto SKR 03 (SKR 04)	**Betrag (Euro)**	**Habenkonto** SKR 03 (SKR 04)	**Aufwand (Euro)**	**Ertrag (Euro)**
Akt. RAP 0980 (1900)	800,00	Versicherungen 4360 (6400)	-800,00	

b) **„Dachschaden"**: Bildung einer Rückstellung für unterlassene Instandhaltung, Nachholung innerhalb von 3 Monaten (§ 249 Abs. 1 Satz 2 Nr. 1 HGB).

Sollkonto SKR 03 (SKR 04)	**Betrag (Euro)**	**Habenkonto** SKR 03 (SKR 04)	**Aufwand (Euro)**	**Ertrag (Euro)**
Grundstücksaufw. 2350 (6450)	4.000,00	Rückst. Instandh. 0971 (3075)	4.000,00	

9. Private Pkw-Nutzung

Berechnung der privaten Pkw-Nutzung und der USt 2025

- Privater Nutzungsanteil an den Gesamtfahrten:
  7.770 km : 42.000 km • 100 = **18,5 %**
- Privatnutzung, die der USt unterliegt:
  Kosten mit Vorsteuerabzug • priv. Nutzungsanteil
  16.000 € • 18,5 % = **2.960,00 €**

  USt hierzu: 2.960 € • 19 % USt = **562,40 €**
- Privatnutzung, die **nicht** der USt unterliegt:
  Kosten ohne Vorsteuerabzug • priv. Nutzungsanteil
  800 € • 18,5 % = **148,00 €**

Buchungssätze

Sollkonto SKR 03 (SKR 04)	**Betrag (Euro)**	**Habenkonto** SKR 03 (SKR 04)	**Aufwand (Euro)**	**Ertrag (Euro)**
Unentgeltl. Wertab. 1880 (2130)	2.960,00	Verwend. v. Gegenst. für Zwecke außerh. d. Untern. 8921 (4645)		2.960,00
Unentgeltl. Wertab. 1880 (2130)	562,40	USt 19 % 1776 (3806)		
Unentgeltl. Wertab. 1880 (2130)	148,00	Verwend. v. Gegenst. für Zwecke außerh. d. Untern. ohne USt 8924 (4639)		148,00

10. Auswertung Warenkonten

a) ▸ **wirtschaftlicher Warenumsatz**

	Erlöse 8200 (4200)	2.412.000,00 €
-	Erlösschmälerungen	
	Gewährte Skonti 8730 (4730)	19.200,00 €
	Gewährte Boni 8740 (4769)	22.400,00 €
	Gewährte Rabatte 8770 (4770)	30.000,00 €
		2.340.400,00 €

▸ **wirtschaftlicher Wareneinsatz**

	Wareneingang 3200 (5200)	1.898.400,00 €
+	Bezugsnebenkosten 3800 (5800)	48.000,00 €
-	Anschaffungspreisminderungen	
	Erhaltene Skonti 3730 (5730)	4.000,00 €
	Erhaltene Boni 3740 (5769)	9.600,00 €
-	Bestandserhöhung Warenbestand	29.200,00 €
		1.893.600,00 €

▸ **Rohgewinn**
(wirtschaftl. Warenumsatz minus wirtschaftl. Wareneinsatz) = **446.800 €**

▸ **Rohaufschlagsatz (RAS)** = Rohgewinn : wirtschaftl. Wareneinsatz • 100
= 446.800 € : 1.893.600 € • 100 = **23,60 %**

b) Der **Rohaufschlagsatz** soll zeigen, wie viel Prozent durchschnittlich auf den Wareneinsatz aufgeschlagen wurde, um die Erlöse zu erzielen.

Lösung zu Prüfungsfall 2:

1. Laufende Buchungen

1.1 Mängelrüge

a) Gutschrift: 25 % von 800 € = 200,00 €
7 % USt hierzu = 14,00 €
214,00 €

Sollkonto SKR 03 (SKR 04)	Betrag (Euro)	Habenkonto SKR 03 (SKR 04)	Aufwand (Euro)	Ertrag (Euro)
Erlösschmäler. 7 % USt 8710 (4710)	200,00	Ford. a. LuL 1400 (1200)		-200,00
USt 7 % 1771 (3801)	14,00	Ford. a. LuL 1400 (1200)		

b) Zahlung des Kunden:

	Bruttorechnung	856,00 €
-	Gutschrift	214,00 €
		642,00 €
-	Skontoabzug (2 % von 642 €)	12,84 €
=	Zahlung des Kunden	**629,16 €**

Sollkonto SKR 03 (SKR 04)	Betrag (Euro)	Habenkonto SKR 03 (SKR 04)	Aufwand (Euro)	Ertrag (Euro)
Bank 1200 (1800)	629,16	Ford. a. LuL 1400 (1200)		
Gew. Skonti 7 % USt 8731 (4731)	12,00	Ford. a. LuL 1400 (1200)		-12,00
USt 7 % 1771 (3801)	0,84	Ford. a. LuL 1400 (1200)		

1.2 Wareneinkauf in den Niederlanden

Sollkonto SKR 03 (SKR 04)	Betrag (Euro)	Habenkonto SKR 03 (SKR 04)	Aufwand (Euro)	Ertrag (Euro)
Innergem. Erwerb 7 % USt 3420 (5420)	5.000,00	Verb. a. LuL 1600 (3300)	5.000,00	
Abziehbare VoSt aus innerg. Erwerb 1572 (1402)	350,00	USt 7 % aus innerg. Erwerb 1772 (3802)		
Verb. a. LuL 1600 (3300)	4.410,00	Bank 1200 (1800)		
Verb. a. LuL 1600 (3300)	500,00	Erhalt. Nachlässe aus innerg. Erwerb 7 % USt 3724 (5724)	-500,00	
Verb. a. LuL 1600 (3300)	90,00	Erhalt. Skonti aus innerg. Erwerb 7 % USt 3746 (5746)	-90,00	
USt 7 % innerg. Erwerb 1772 (3802)	41,30	Abziehbare VoSt aus innerg. Erwerb 1572 (1402)		

Nebenrechnung:
500 € Rabatt + 90 € Skontoabzug = **590 €**
590 € • 7 % USt = **41,30 €** (Korrektur USt und VoSt aus innergem. Erwerb)

1.3 Steuerzahlungen

a) Privatsteuern

Sollkonto SKR 03 (SKR 04)	**Betrag (Euro)**	**Habenkonto** SKR 03 (SKR 04)	**Aufwand (Euro)**	**Ertrag (Euro)**
Privatsteuern 1810 (2150)	2.960,00	Bank 1200 (1800)		

b) Gewerbesteuer

Sollkonto SKR 03 (SKR 04)	**Betrag (Euro)**	**Habenkonto** SKR 03 (SKR 04)	**Aufwand (Euro)**	**Ertrag (Euro)**
GewSt-Rückst. 0956 (3035)	1.000,00	Bank 1200 (1800)		
GewSt-Nachz. 2281 (7641)	200,00	Bank 1200 (1800)	200,00	

Hinweis: Die Gewerbesteuernachzahlung, welche die Rückstellung übersteigt (= 200 €), mindert den handelsrechtlichen Gewinn. Steuerrechtlich ist dieser Betrag aber nicht als Betriebsausgabe abziehbar (§ 4 Abs. 5b EStG). Für Zwecke der steuerlichen Gewinnermittlung sind die 200 € dem handelsrechtlichen Gewinn hinzuzurechnen.

1.4 Geschenke an Kunden

Geschenke bis 50 € netto sind steuerlich **abziehbar** (§ 4 Abs. 5 Nr. 1 EStG). Die auf sie entfallende Vorsteuer ist nach § 15 UStG **abziehbar**.

Geschenke über 50 € netto sind steuerlich **nicht** abziehbar (§ 4 Abs. 5 Nr. 1 EStG). Die auf sie entfallende Vorsteuer ist gem. § 15 Abs. 1a UStG **nicht** abziehbar.

Sollkonto SKR 03 (SKR 04)	**Betrag (Euro)**	**Habenkonto** SKR 03 (SKR 04)	**Aufwand (Euro)**	**Ertrag (Euro)**
Geschenke abzugsfähig 4630 (6610)	150,00	Werbekosten 4600 (6600)		
Geschenke nicht abzugsfähig 4635 (6620)	260,00	Werbekosten 4600 (6600)		
Geschenke nicht abzugsfähig 4635 (6620)	18,20	VoSt 7 % 1571 (1401)	15,75	

Nebenrechnung:

- 32,10 € • 5 = 160,50 € : 1,07 = **150 €** (Geschenke netto und VoSt abziehbar)
- 55,64 € • 5 = 278,20 € : 1,07 = **260 €** (Geschenke netto nicht abziehbar)
- 260 € • 7 % = **18,20 €** (Vorsteuer zur Zeile zuvor nicht abziehbar).

1.5 Geschäftsessen mit Kunden

Sollkonto SKR 03 (SKR 04)	**Betrag (Euro)**	**Habenkonto** SKR 03 (SKR 04)	**Aufwand (Euro)**	**Ertrag (Euro)**
VoSt 19 % 1576 (1406)	57,00	Privateinlagen 1890 (2180)		
Bewirtungskosten abzugsfähig 4650 (6640)	210,00	Privateinlagen 1890 (2180)	210,00	
Bewirtungskosten nicht abzugsfähig 4654 (6644)	90,00	Privateinlagen 1890 (2180)	90,00	

Nebenrechnung:

- VoSt voll abziehbar (§ 15 Abs. 1a Satz 2 UStG)
- 70 % des Nettobetrags steuerlich als Betriebsausgabe abzugsfähig (§ 4 Abs. 5 Nr. 2 EStG)
- 30 % des Nettobetrags steuerlich nicht als Betriebsausgabe abzugsfähig (§ 4 Abs. 5 Nr. 2 EStG). Weil handelsrechtlich als Aufwand erfasst, Hinzurechnung außerhalb der Buchführung für die steuerliche Gewinnermittlung: 90 €.

1.6 Zinsgutschrift

Sollkonto SKR 03 (SKR 04)	**Betrag (Euro)**	**Habenkonto** SKR 03 (SKR 04)	**Aufwand (Euro)**	**Ertrag (Euro)**
Bank 1200 (1800)	220,87	Zinserträge 2650 (7100)		220,87
Privatsteuern 1810 (2150)	75,00	Zinserträge 2650 (7100)		75,00
Privatsteuern 1810 (2150)	4,13	Zinserträge 2650 (7100)		4,13

Nebenrechnung:

- 300 € Bruttozinsen - 75 € KapESt (25 %) - 4,13 € SolZ (5,5 % von 75 €) = **220,87 €**
- 25 % KapESt von 300 € = **75 €**, SolZ: 5,5 % von 75 € = **4,13 €**.

1.7 Aktienverkauf

Sollkonto SKR 03 (SKR 04)	**Betrag (Euro)**	**Habenkonto** SKR 03 (SKR 04)	**Aufwand (Euro)**	**Ertrag (Euro)**
Bank 1200 (1800)	4.263,00	Sonst. Wertpap. 1348 (1510)		
Bank 1200 (1800)	342,35	Erträge a. dem Abgang von Gegenständen des UV § 3 Nr. 40 EStG 2726 (4906)		342,35
Privatsteuern 1810 (2150)	116,25	Erträge aus dem Abgang von Gegenständen des UV § 3 Nr. 40 EStG 2726 (4906)		116,25
Privatsteuern 1810 (2150)	6,40	Erträge aus dem Abgang von Gegenständen des UV § 3 Nr. 40 EStG 2726 (4906)		6,40

Nebenrechnung:

- Abgang 30 Aktien zu AK von 142,10 €/Stck. = **4.263 €**
- Gewinn aus Aktienverkauf: Nettoerlös 4.728 € - 4.263 € (AK der 30 Aktien) = 465 €. Davon werden 25 % KapESt (25 % von 465 € = 116,25 €) und 5,5 % SolZ (5,5 % von 116,25 € = 6,40 €) einbehalten und als Steuergutschrift erteilt.
  Hinweis: Ertragsteuerlich sind 40 % des Veräußerungsgewinns (40 % von 465 € = 186 €) steuerfrei gem. § 3 Nr. 40 EStG.
- Die Wertsteigerung des im Betriebsvermögen verbleibenden Aktienbestandes darf nicht erfasst werden (Anschaffungswertprinzip § 253 Abs. 1 HGB; Realisationsprinzip § 242 Abs. 1 Nr. 4 HGB).

1.8 Reisekosten

Sollkonto SKR 03 (SKR 04)	**Betrag (Euro)**	**Habenkonto** SKR 03 (SKR 04)	**Aufwand (Euro)**	**Ertrag (Euro)**
Reisekosten Untern. Fahrtkosten 4673 (6673)	50,00	Privateinlagen 1890 (2180)	50,00	
VoSt 7 % 1571 (1401)	3,50	Privateinlagen 1890 (2180)		
Reisekosten Untern. Verpfl. mehraufw. 4674 (6674)	14,00	Privateinlagen 1890 (2180)	14,00	

Verpflegungsmehraufwand pauschal gem. § 4 Abs. 5 Nr. 5 i. V. mit § 9 Abs. 4a Satz 3 Nr. 3 EStG (mehr als 8 Stunden Abwesenheit)

2. Vorbereitende Abschlussbuchungen

2.1 Geschenk an die Tochter

Sollkonto SKR 03 (SKR 04)	**Betrag (Euro)**	**Habenkonto** SKR 03 (SKR 04)	**Aufwand (Euro)**	**Ertrag (Euro)**
Abschr. Sachanl. 4832 (6220)	417,00	Pkw 0320 (0520)	417,00	
Anlagenabgang (Buchverlust) 2310 (6895)	17.083,00	Pkw 0320 (0520)	17.083,00	
Unentgeltliche Wertabgaben 1880 (2130)	16.000,00	Erlöse aus Verk. Sachanlageverm. (bei Buchverlust) 8801 (6885)[1]		16.000,00
Unentgeltliche Wertabgaben 1880 (2130)	3.040,00	USt 19 % 1776 (3806)		

Nebenrechnung:
30.000 € : 6 Jahre ND • 1/12 (Januar 2025) = 416,66 €, gerundet **417 €**
Buchwert 01.01. (17.500 €) - Abschreibung Januar (417 €) = Anlagenabgang (17.083 €)

[1] alternativ: Unentgeltliche Zuwendung von Gegenst. 19 % USt 8935 (4686).

2.2 Privateinlage

Sollkonto SKR 03 (SKR 04)	**Betrag (Euro)**	**Habenkonto** SKR 03 (SKR 04)	**Aufwand (Euro)**	**Ertrag (Euro)**
Pkw 0320 (0520)	25.452,00	Privateinlagen 1890 (2180)		
Abschr. Sachanl. 4832 (6220)	2.546,00	Pkw 0320 (0520)	3.587,00	

Nebenrechnung:
Ermittlung des Einlagewertes gem. § 6 Abs. 1 Nr. 5 EStG:

	AK privat Februar 2024	33.320,00 €
-	Abschreibung 2024: 33.320 € : 6 Jahre • $^{11}/_{12}$	5.091,00 €
-	Abschreibung 2025: 33.320 € : 6 Jahre • $^{6}/_{12}$	2.777,00 €
=	höchstmöglicher Einlagewert	**25.452,00 €**

Abschreibung 2025: 25.452 € : 5 Jahre Rest-ND • $^{6}/_{12}$ = 2.545,20 €, gerundet **2.546 €**

2.3 Anlagenzugang und Anlagenabgang

- Abschreibung der alten Backstraße für 2025:
  120.000 € : 12.000 Std. = 10 €/Std.
  1.500 Std. • 10 €/Std. = **15.000 €**
- Restbuchwert des Anlagenabgangs der alten Backstraße:

Buchwert 01.01.	28.000,00 €
Abschreibung 2025	15.000,00 €
Restbuchwert Anlagenabgang	**13.000,00 €**

- Veräußerungserfolg der alten Backstraße:

Erlös aus Inzahlunggabe netto	25.000,00 €
Restbuchwert Anlagenabgang	13.000,00 €
Buchgewinn	**12.000,00 €**

Sollkonto SKR 03 (SKR 04)	**Betrag (Euro)**	**Habenkonto** SKR 03 (SKR 04)	**Aufwand (Euro)**	**Ertrag (Euro)**
Abschr. Sachanl. 4830 (6220)	15.000,00	Betriebs-ausstatt. 0400 (0630)	15.000,00	
Anlagenabgang (Buchgewinn) 2315 (4855)	13.000,00	Betriebs-ausstatt. 0400 (0630)	13.000,00	
Verb. a. LuL 1600 (3300)	25.000,00	Erlöse aus Verk. Sach-anlageverm. (bei Buchgwinn) 8820 (4845)		25.000,00
Verb. a. LuL 1600 (3300)	4.750,00	USt 19 % 1776 (3806)		

- Anschaffungskosten und Abschreibung der Backstraße neu:

	Listenpreis, netto	148.500,00 €
+	Transportkosten, netto	700,00 €
+	Transportversicherung	200,00 €
+	Montagekosten, netto	600,00 €
=	AK	**150.000,00 €**

- Abschreibung 2025: 150.000 € : 8 Jahre (§ 7 Abs. 1 EStG) • $\frac{1}{12}$ = **1.563 €**

- Bezahlung der Backstraße neu:

	Backstraße neu, brutto	176.715,00 €
+	Transport, brutto	833,00 €
+	Versicherung	200,00 €
+	Montage, brutto	714,00 €
-	Inzahlunggabe, brutto	29.750,00 €
=	Bezahlung (Banküberweisung)	**148.712,00 €**

Sollkonto SKR 03 (SKR 04)	**Betrag (Euro)**	**Habenkonto** SKR 03 (SKR 04)	**Aufwand (Euro)**	**Ertrag (Euro)**
Betriebsausstatt. 0400 (0630)	150.000,00	Verb. a. LuL 1600 (3300)		
VoSt 19 % 1576 (1406)	28.462,00	Verb. a. LuL 1600 (3300)		
Verb. a. LuL 1600 (3300)	148.712,00	Bank 1200 (1800)		
Abschr. Sachanl. 4830 (6220)	1.563,00	Betriebsausstatt. 0400 (0630)	1.563,00	

2.4 Instandsetzung der Betriebsräume

Sollkonto SKR 03 (SKR 04)	**Betrag (Euro)**	**Habenkonto** SKR 03 (SKR 04)	**Aufwand (Euro)**	**Ertrag (Euro)**
Instandhaltung betriebl. Räume 4260 (6335)	4.000,00	Rückstellung für unterl. Instandh. 0971 (3075)	4.000,00	

2.5 Eröffnung des Insolvenzverfahrens eines Kunden

- Die USt ist in voller Höhe zu berichtigen.
- Der Nettoausfall ist in voller Höhe abzuschreiben (als Aufwand zu erfassen).

Sollkonto SKR 03 (SKR 04)	**Betrag (Euro)**	**Habenkonto** SKR 03 (SKR 04)	**Aufwand (Euro)**	**Ertrag (Euro)**
Forderungsverl. 7 % USt 2401 (6931)	400,00	Ford. a. LuL 1400 (1200)	400,00	
USt 7 % 1771 (3801)	28,00	Ford. a. LuL 1400 (1200)		

2.6 Abschluss des Insolvenzverfahrens eines anderen Kunden

- Der Zahlungseingang ist zu erfassen.
- Die bestehende Einzelwertberichtigung ist aufzulösen.
- Die USt ist in voller Höhe zu berichtigen.
- Der noch nicht berichtigte Nettoausfall ist noch abzuschreiben (als Aufwand zu erfassen):

	Bruttoforderung	6.420,00 €
-	Zahlungseingang	1.284,00 €
=	Bruttoausfall	5.136,00 €
-	enthaltene USt (7 %)	336,00 €
=	Nettoausfall	4.800,00 €
-	bereits berichtigt (70 % v. 6.000 €)	4.200,00 €
=	noch zu berichtigen	**600,00 €**

Sollkonto SKR 03 (SKR 04)	**Betrag (Euro)**	**Habenkonto** SKR 03 (SKR 04)	**Aufwand (Euro)**	**Ertrag (Euro)**
Bank 1200 (1800)	1.284,00	Zweifelhafte Ford.1460 (1240)		
EWB auf Ford. 0998 (1246)	4.200,00	Zweifelhafte Ford.1460 (1240)		
USt 7 % 1771 (3801)	336,00	Zweifelhafte Ford.1460 (1240)		
Forderungsverl. 7 % USt 2401 (6931)	600,00	Zweifelhafte Ford.1460 (1240)	600,00	

2.7 Forderung gegen einen Kunden in Belgien

Keine Buchung, weil keine Wertänderung stattgefunden hat.

2.8 Gesamtforderungsbestand zum Bilanzstichtag

	Forderungen a. LuL brutto	steuerfrei (Euro)	zu 7 % (Euro)	zu 19 % (Euro)
		4.000,00	37.878,00	29.750,00
-	USt		2.478,00	4.750,00
=	Forderungen a. LuL netto	**4.000,00**	35.400,00	**25.000,00**
	Berichtigung Tz. 2.5 netto		400,00	
			35.000,00	

Restbestand, der noch nicht berichtigt wurde, netto **64.000,00**

	PWB 31.12.2025	64.000 € • 3 % =	1.920,00
-	PWB Bestand aus dem Vorjahr		1.450,00
=	Erhöhung PWB		**470,00**

Sollkonto SKR 03 (SKR 04)	**Betrag (Euro)**	**Habenkonto** SKR 03 (SKR 04)	**Aufwand (Euro)**	**Ertrag (Euro)**
Einstellung in die Pauschalwertber. 2450 (6920)	470,00	Pauschalwertber. auf Forderungen 0996 (1248)	470,00	

3. Kennzahlen

a) **Wareneinsatz**
2.730.000 € : 140 • 100 = **1.950.000 €**
(Umsatzerlöse = 140 % des Wareneinsatzes → Wareneinsatz = Umsatzerlöse : 1,4)

b) **Warenrohgewinn**
2.730.000 € - 1.950.000 € = **780.000 €**
(Umsatzerlöse - Wareneinsatz)

c) **Reingewinn**

	Umsatzerlöse	2.730.000,00 €
+	sonstige Erträge	135.000,00 €
-	Wareneinsatz	1.950.000,00 €
-	Aufwendungen ohne Wareneinsatz	776.500,00 €
=	Reingewinn	**138.500,00 €**

d) **Reingewinnsatz**
138.500 € • 100 : 2.730.000 € = **5,07 %**
(Reingewinn • 100 : Umsatzerlöse)

e) **Eigenkapital am 31.12.2025**

	Anlagevermögen	540.000,00 €
+	Umlaufvermögen	750.000,00 €
-	Verbindlichkeiten	195.000,00 €
-	Rückstellungen	39.000,00 €
-	Passive RAP	21.000,00 €
=	Eigenkapital 31.12.2025	**1.035.000,00 €**

Lösung zu Prüfungsfall 3:

Aufgabe 1

Tz.	Sollkonto SKR 03 (SKR 04)	Betrag (Euro)	Habenkonto SKR 03 (SKR 04)	Aufwand (Euro)	Ertrag (Euro)
1.	Geschenke nicht abzugsfähig 4635 (6620)	714,00	Verbindl. a. LuL 1600 (3300)	714,00	
2.	Geschenke abzugsfähig 4630 (6610)	300,00	Verbindl. a. LuL 1600 (3300)	300,00	
	VoSt 19 % 1576 (1406)	57,00	Verbindl. a. LuL 1600 (3300)		
3.	Bewirtungskosten 4650 (6640)	70,00	Bank 1200 (1800)	70,00	
	Nicht abzugsfähige Bewirtungs-kosten 4654 (6644)	30,00	Bank 1200 (1800)	30,00	
	VoSt 19 % 1576 (1406)	19,00	Bank 1200 (1800)		
4.	Unentgeltliche Wertabgaben 1880 (2130)	3.705,60	Verwendung von Gegenständen zu 19 % USt 8921 (4645)		3.705,60
	Unentgeltliche Wertabgaben 1880 (2130)	926,40	Verwendung von Gegenständen ohne USt 8924 (4639)		926,40
	Unentgeltliche Wertabgaben 1880 (2130)	704,06	USt 19 % 1776 (3806)		
	Fahrten zw. Wohn. und Betrieb nicht abziehbar 4679 (6689)	729,60	Fahrten zw. Wohn. und Betrieb (Gegenkonto) 4680 (6690)		

Zu Tz. 1: Werbegeschenke über 50 € = nicht abzugsfähige Betriebsausgabe (§ 4 Abs. 5 Nr. 1 EStG); Vorsteuer nicht abziehbar (§ 15 Abs. 1a Satz 1 UStG)

Zu Tz. 3: Bewirtungsaufwendungen aus geschäftlichem Anlass gem. § 4 Abs. 5 Nr. 2 EStG sind zu 70 % netto abzugsfähige Betriebsausgaben (= 70 €) und zu 30 % netto nicht abzugsfähige Betriebsausgaben (= 30 €). Die Vorsteuer ist zu 100 % abziehbar (§ 15 Abs. 1a Satz 2 UStG).

Zu Tz. 4: **Privatfahrten:**

38.600 € • 1 % • 12 Monate =	4.632,00 €
davon 80 % umsatzsteuerpflichtig =	**3.705,60 €**
19 % USt hierzu	**704,06 €**
20 % nicht umsatzsteuerpflichtig =	**926,40 €**

Fahrten zwischen Wohnung und Betrieb:

	38.600 € • 0,03 % • 10 km • 12 Monate =	1.389,60 €
-	220 Tage • 10 km • 0,30 € =	660,00 €
=	nicht abzugsfähige Betriebsausgabe	**729,60 €**

Aufgabe 2

a) **Betriebsgebäude**

Tz.	**Sollkonto** SKR 03 (SKR 04)	**Betrag (Euro)**	**Habenkonto** SKR 03 (SKR 04)	**Aufwand (Euro)**	**Ertrag (Euro)**
	Abschreibungen auf Gebäude 4831 (6221)	9.200,00	Geschäftsbauten 0090 (0240)	9.200,00	

4 % linear (Wirtschaftsgebäude mit Bauantrag vor dem 01.01.2001):
230.000 € • 4 % = **9.200 €**

Wert 31.12.2025:			
		HK	230.000,00 €
	-	Abschreibung 2009: 4 % von 230.000 € • $\frac{3}{12}$	2.300,00 €
	-	Abschreibung 2010 - 2025: 4 % von 230.000 € • 16 Jahre	147.200,00 €
	=	Buchwert 31.12.2025	**80.500,00 €**

b) **Lagerhalle**

Gesamt (Euro)	**Gebäude (75 %)** (Euro)	**Grund und Boden (25 %)** (Euro)
455.000,00	341.250,00	113.750,00
3.300,00	2.475,00	825,00
22.750,00	17.063,00	5.687,00
481.050,00	**360.788,00**	**120.262,00**

Tz.	**Sollkonto** SKR 03 (SKR 04)	**Betrag (Euro)**	**Habenkonto** SKR 03 (SKR 04)	**Aufwand (Euro)**	**Ertrag (Euro)**
	Bebaute Grundstücke 0085 (0235)	825,00	Rechts- und Beratungskosten 4950 (6825)	-825,00	
	Bebaute Grundstücke 0085 (0235)	5.687,00	Sonstige Betriebssteuern 4340 (7650)	-5.687,00	
	Andere Bauten 0115 (0260)	2.475,00	Rechts- und Beratungskosten 4950 (6825)	-2.475,00	
	Andere Bauten 0115 (0260)	17.063,00	Sonstige Betriebssteuern 4340 (7650)	-17.063,00	
	Abschreibungen auf Gebäude 4831 (6221)	1.804,00	Andere Bauten 0115 (0260)	1.804,00	

Abschreibung Gebäude:
2 % linear von 360.788 € für 3 Monate (Okt./Nov./Dez.):
360.788 € • 2 % • $\frac{3}{12}$ = 1.803,94 €, gerundet 1.804 €

Wert 31.12.2025:				
		Grund und Boden (AK)		120.262,00 €
		Gebäude (AK)	360.788,00 €	
	-	Abschreibung 2025:	1.804,00 €	358.984,00 €
	=	Buchwert 31.12.2025		**479.246,00 €**

Aufgabe 3

a) **Buchungssätze:**

Tz.	**Sollkonto** SKR 03 (SKR 04)	**Betrag (Euro)**	**Habenkonto** SKR 03 (SKR 04)	**Auf-wand (Euro)**	**Ertrag (Euro)**
	Sonstige BGA 0490 (0690)	4.500,00	Bank 1200 (1800)		
	VoSt 19 % 1576 (1406)	855,00	Bank 1200 (1800)		
	Sonstige BGA 0490 (0690)	1.100,00	Bank 1200 (1800)		
	VoSt 19 % 1576 (1406)	209,00	Bank 1200 (1800)		
	Abschreibungen auf Sachanlagen 4830 (6220)	117,00	Sonstige BGA 0490 (0690)	117,00	
	Sonderabschr. gem. § 7g Abs. 5 4851 (6241)	2.240,00	Sonstige BGA 0490 (0690)	2.240,00	

Abschreibung Kopierer inklusive Zubehör:

§ 7 Abs. 1 EStG:	5.600 € : 4 Jahre • 1/12	= **117 €**
§ 7g Abs. 5 EStG:	5.600 € • 40 %	= **2.240 €**

Die 2.240 € Sonderabschreibung dürfen bei der Ermittlung des handelsrechtlichen Jahresabschlusses nicht berücksichtigt werden (rein steuerliche Abschreibung).

b) **steuerlicher Wertverlauf des Kopierers:**

	Euro
AK 2025	5.600,00
AfA 2025 § 7 Abs. 1 (5.600 : 4 J. (ND) • 1/12)	-117,00
Sonderabschreibung § 7g (40 %)	-2.240,00
Restbuchwert 31.12.2025	3.243,00
AfA 2026 (5.600 € • 25 %)	-1.400,00
Restbuchwert 31.12.2026	1.843,00
AfA 2027 (5.600 € • 25 %)	-1.400,00
Restbuchwert 31.12.2027	443,00
AfA 2028	442,00
Restbuchwert 31.12.2028	1,00

Aufgabe 4

Tz.	Sollkonto SKR 03 (SKR 04)	Betrag (Euro)	Habenkonto SKR 03 (SKR 04)	Aufwand (Euro)	Ertrag (Euro)
1.	Abschreibungen auf Sachanlagen 4830 (6220)	875,00	Sonstige Transportmittel 0380 (0560)	875,00	
	Anlagenabgänge Sachanlagen (bei Buchgewinn) 2315 (4855)	625,00	Sonstige Transportmittel 0380 (0560)	625,00	
	Verbindl. a. LuL 1600 (3300)	1.000,00	Erlöse aus Verk. Sachanlageverm. (bei Buchgewinn) 8820 (4845)		1.000,00
	Verbindl. a. LuL 1600 (3300)	190,00	USt 19 % 1776 (3806)		
	Sonstige Transportmittel 0380 (0560)	19.300,00	Verbindl. a. LuL 1600 (3300)		
	VoSt 19 % 1576 (1406)	3.667,00	Verbindl. a. LuL 1600 (3300)		
	Verbindl. a. LuL 1600 (3300)	21.341,46	Bank 1200 (1800)		
	Verbindl. a. LuL 1600 (3300)	366,00	Sonstige Transportmittel 0380 (0560)		
	Verbindl. a. LuL 1600 (3300)	69,54	VoSt 19 % 1576 (1406)		
	Abschreibungen auf Sachanlagen 4830 (6220)	789,00	Sonstige Transportmittel 0380 (0560)	789,00	

Nebenrechnung:

- Abschreibung Gabelstapler alt 2025: 1.500 € • 7/12 = **875 €**
- Anlagenabgang Gabelstapler alt bei Buchgewinn (Buchwert 01.01.2025 minus Abschreibung 2025 lt. Zeile zuvor = Anlagenabgang); Nettoerlös > Restbuchwert Anlagenabgang, also Buchgewinn.
- Gabelstapler neu netto: 20.000 € - 800 € Rabatt (4 %) + 100 € Lieferkosten 19.300 € + 3.667 € USt - 1.190 € (Inzahlunggabe) = 21.777 €, davon 98 % (abz. 2 % Skonto = 98 %) ergibt **21.341,46 €**
- Skonto 435,54 € : 1,19 = **366 €** (Skontoabzug netto)
- Vorsteuerkorrektur Skontoabzug: 366 € • 19 % = **69,54 €**
- Abschreibung Gabelstapler neu 2025:

AK:		Kaufpreis, netto	19.200,00 €
	+	Lieferkosten, netto	100,00 €
	-	Skontoabzug, netto	366,00 €
			18.934,00 €

Abschreibung: 18.934 € : 10 J. (§ 7 Abs. 1 EStG) • 5/12 = 788,92 €, gerundet **789 €**

Tz.	Sollkonto SKR 03 (SKR 04)	Betrag (Euro)	Habenkonto SKR 03 (SKR 04)	Aufwand (Euro)	Ertrag (Euro)
2.	Gewerbesteuerrückstellung 0956 (3035)	8.400,00	Bank 1200 (1800)		
	Gewerbesteuernachzahlungen 2281 (7641)	1.100,00	Bank 1200 (1800)	1.100,00	
3.	Zweifelhafte Forderungen 1460 (1240)	11.900,00	Ford. a. LuL 1400 (1200)		
	Einstellungen in die EWB zu Ford. 2451 (6923)	5.000,00	EWB auf Ford. 0998 (1246)	5.000,00	
4.	Bank 1200 (1800)	2.610,00	Zweifelhafte Forderungen 1460 (1240)		
	EWB auf Ford. 0998 (1246)	1.150,00	Zweifelhafte Forderungen 1460 (1240)		
	EWB auf Ford. 0998 (1246)	725,00	Erträge aus abgeschriebenen Ford. 2732 (4925)		725,00
	Umsatzsteuer 1770 (3800)	184,00	Zweifelhafte Forderungen 1460 (1240)		

Zu Tz. 4:		
	Bruttoforderung	3.944,00 €
-	Zahlungseingang	2.610,00 €
=	Ausfall, brutto 16 %	1.334,00 €
:	1,16 = Ausfall, netto	1.150,00 €
-	EWB-Bestand (Auflösung)	1.875,00 €
=	Ertrag aus bereits abgeschriebener Forderung	**725,00 €**

1.150 € (= tatsächlicher Ausfall netto) • 16 % = **184 €** (= USt-Berichtigung)

Aufgabe 5

a)

		Euro
Durchschnittswert:	73.000 € : 2.300 Stck. =	**31,74**
Bilanzansatz zum 31.12.2025:	31,74 € • 500 Stck. =	**15.870,00**

		Euro
	Schlussbestand 31.12.2025	15.870,00
-	Anfangsbestand 01.01.2025	6.000,00
=	Mehrbestand	**9.870,00**

Sollkonto – SKR 03 (SKR 04)	**Betrag (Euro)**	**Habenkonto** – SKR 03 (SKR 04)
Bestand Waren 3980 (1140)	9.870,00	Bestandsveränd. 3950 (5881)

b)

		Euro
	Schlussbestand 31.12.2025 (Niederstwertprinzip, Ansatz des niedrigeren Wertes nach § 253 Abs. 4 HGB)	134.000,00
-	Anfangsbestand 01.01.2025	132.000,00
=	Mehrbestand	**2.000,00**

Sollkonto – SKR 03 (SKR 04)		**Betrag Euro)**	**Habenkonto** – SKR 03 (SKR 04)	
Bestand Waren	3980 (1140)	2.000,00	Bestandsveränd.	3950 (5881)

Aufgabe 6

a)

		Euro	
► **wirtschaftlicher Warenumsatz**			
	8200 (4200) Erlöse	285.000,00	
-	8700 (4600) Erlösschmälerungen	750,00	
		284.250,00	284.250,00 €
► **wirtschaftlicher Wareneinsatz**			
	3200 (5200) Wareneingang	125.000,00	
+	3800 (5800) Bezugsnebenkosten	1.500,00	
-	3730 (5730) Erhaltene Skonti	850,00	
-	Bestandserhöhung Warenbestand	1.000,00	
		124.650,00	124.650,00 €

► **Rohgewinn**
wirtschaftl. Warenumsatz minus wirtschaftl. Wareneinsatz **159.600 €**

► **Rohaufschlagsatz (RAS)** = Rohgewinn : wirtschaftl. Wareneinsatz • 100
= 159.600 € : 124.650 € • 100 = **128,04 %**

► **Reingewinn** = Rohgewinn + übrige Erträge - übrige Aufwendungen
= 159.600 € + 0 € - 105.500 € = **54.100 €**

► **Reingewinnsatz** = Reingewinn : wirtschaftl. Warenumsatz • 100
= 54.100 € : 284.250 € • 100 = **19,03 %**

b) **Kurzerläuterungen**

► **Rohaufschlagsatz:** Diese Kennzahl soll zeigen, wie viel Prozent auf den Wareneinsatz durchschnittlich aufgeschlagen wurde, um die Erlöse zu erzielen.

► **Reingewinnsatz:** Diese Kennzahl soll zeigen, wie viel Reingewinn pro Euro Umsatz im Durchschnitt erzielt wurde.

c) **Vergleich/Kurzinterpretation**

Der **Rohaufschlagsatz** liegt 57 Prozentpunkte unter dem Branchendurchschnitt.

Der **Reingewinnsatz** liegt 13 % unter dem Branchendurchschnitt.

Mögliche Erklärungen:

- Die Einkaufspreise sind höher als im Branchendurchschnitt.
- Die gewünschten Verkaufspreise können am Markt nicht durchgesetzt werden (z. B. wegen hoher Konkurrenz) oder es werden bewusst niedrige Verkaufspreise festgesetzt um Konkurrenz auszuschalten.
- Die Umsätze werden nicht vollständig erfasst („Schwarzumsätze“).

d) **Privatentnahmen:**

Von Herrn Normann wurden keine nennenswerten Privatentnahmen aufgezeichnet (1.200 € für das gesamte Jahr 2025). Es stellt sich die Frage, wovon die Familie lebt. Entweder werden noch andere Einkünfte erzielt, die nicht bekannt sind oder es werden tatsächlich „Schwarzumsätze“ in erheblichem Umfang getätigt, von denen die Familie lebt.

Teil 2: Lösungen zu den Aufgaben des Übungsbuchs

A. Grundlagen

1. Aufgaben der Buchführung

Lösung zu Aufgabe 1:

Interne Aufgaben	Externe Aufgaben
► Bereitstellung von Daten für Investitionsentscheidungen der Unternehmensleitung ► Bereitstellung von Daten für Effizienz- und Wirtschaftlichkeitskontrollen ► Bereitstellung von Daten für die Gewinnverteilung (z. B. bei Gesellschaftsunternehmen)	► Rechenschaftslegung gegenüber Dritten (Banken, Gläubiger etc.) ► Bereitstellung von Daten für die Besteuerung ► Bereitstellung von Daten und Unterlagen für Rechtsstreitigkeiten und Vermögensauseinandersetzungen

2. Gesetzliche Buchführungspflicht

Lösung zu Aufgabe 2:

Nach § 238 HGB ist jeder **Kaufmann** verpflichtet, Bücher zu führen und Abschlüsse zu erstellen.

Kaufmann ist nach § 1 Abs. 1 HGB jeder, der ein **Handelsgewerbe** betreibt.

Ein Handelsgewerbe ist ein Gewerbebetrieb, der **einen in kaufmännischer Weise** eingerichteten Geschäftsbetrieb **erfordert**.

Von der handelsrechtlichen Buchführungspflicht befreit sind nach § 241a HGB **Einzelkaufleute**, die an den Abschlussstichtagen von **zwei** aufeinander folgenden Abschlussstichtagen jeweils nicht mehr als

- **800.000 € Umsatz** und
- **80.000 € Gewinn**

ausweisen.

Kaufleute sind auch nach § 140 AO buchführungspflichtig.

Nach § 141 AO sind **Gewerbetreibende** und Land- und Forstwirte buchführungspflichtig, wenn sie nach den Feststellungen der Finanzbehörde für den einzelnen Betrieb

- im Kalenderjahr mehr als **800.000 €** Umsatz erwirtschaftet oder
- im Wirtschaftsjahr oder Kalenderjahr mehr als **80.000 €** Gewinn erzielt oder
- einen Wirtschaftswert (Land und Forstwirtschaft) von mehr als **25.000 €** hatten.

Lösung zu Aufgabe 3:

Folgende Unternehmer sind nach § 238 HGB buchführungspflichtig:

- ☒ Werbeagentur Godde und Förster (BGB-Gesellschaft) mit 9 Angestellten, Kunden im In- und Ausland und einem Jahresumsatz von 750.000 €. Der Gewinn der Werbeagentur beträgt jährlich 85.000 € bis 90.000 €.
- ☒ Gewerbetreibender Fölbach mit 12 Angestellten und einem Jahresumsatz in Höhe von 1.120.000 €.

Negativabgrenzungen:

Hausmeister Michael Jung und Handwerksmeister Winfried Gilles sind Kleingewerbetreibende. Sie sind keine Kaufleute und somit nicht nach HGB buchführungspflichtig. Sie überschreiten auch keine der in § 141 AO genannten Grenzen; somit sind sie auch nach Steuerrecht nicht buchführungspflichtig.

Steuerberater Müller ist als Freiberufler (§ 18 EStG) weder nach Handelsrecht, noch nach Steuerrecht buchführungspflichtig (kein Gewerbebetrieb).

B. Inventar und Bilanz

1. Inventar

Lösung zu Aufgabe 4:

Anlagevermögen:

- Geschäftsgebäude
- Schreibtisch im Büro des Geschäftsführers eines Möbelfachmarktes
- Bürostuhl im Büro des Geschäftsführers eines Möbelfachmarktes
- Gabelstapler in der Halle eines Möbelfachmarktes

Umlaufvermögen:

- Bürostuhl (verpackt) im Regallager eines Möbelfachmarktes
- offene Rechnungen (= Forderungen) aus dem Verkauf von Waren
- Bankguthaben auf dem Girokonto des Unternehmens
- Kassenbestand

Langfristige Schulden:

- Bankkredit mit einer Laufzeit von 2 Jahren
- Darlehen zur Finanzierung des Geschäftsgebäudes

Kurzfristige Schulden:

- Schulden aus Wareneinkäufen (Verbindlichkeiten aus Lieferungen und Leistungen)
- Umsatzsteuerschuld gegenüber dem Finanzamt

Lösung zu Aufgabe 5:

Inventar
„Moto Bike" für den 31.12.XX

I.	**Vermögen**		
		Euro	Euro
1.	**Anlagevermögen**		
1.1	**Betriebs- und Geschäftsausstattung**		
	1 Pkw BMW XYZ	38.000,00	
	1 Ladeneinrichtung	44.700,00	
	Sonstige Betriebs- und Geschäftsausstattung lt. Verzeichnis 1	45.336,00	128.036,00
2.	**Umlaufvermögen**		
2.1	**Waren**		
	Motorräder und Roller lt. Verzeichnis 2	307.588,00	
	Motorradzubehör und Ersatzteile lt. Verzeichnis 3	19.300,00	
	Motorradbekleidung lt. Verzeichnis 4	26.926,00	353.814,00
2.2	**Forderungen**		
	Forderungen gegenüber Kunden lt. Verzeichnis 5		44.040,00
2.3	**Bankguthaben und Kassenbestand**		
	Postbank	5.628,00	
	Kassenbestand	1.605,00	7.233,00
	Summe des Vermögens		533.123,00
II.	**Schulden**		
1.	**Langfristige Schulden**		
	Darlehensschuld bei der Sparda-Bank Koblenz		341.200,00
2.	**Kurzfristige Schulden**		
	Schulden bei der Sparkasse Koblenz (Girokonto)	9.420,00	
	Schulden gegenüber Lieferanten lt. Verzeichnis 6	103.005,00	112.425,00
	Summe der Schulden		453.625,00
III.	**Ermittlung des Reinvermögens**		
	Summe des Vermögens		533.123,00
-	Summe der Schulden		453.625,00
=	**Reinvermögen (Eigenkapital)**		79.498,00

2. Bilanz

Lösung zu Aufgabe 6:

AKTIVA — **Bilanz „Moto-Bike" zum 31.12.XX** — **PASSIVA**

AKTIVA	Euro	PASSIVA	Euro
I. Anlagevermögen		**I. Eigenkapital**	79.498,00
1. Betriebs- und Geschäftsausstattung	128.036,00	**II. Verbindlichkeiten**	
II. Umlaufvermögen		1. Verbindlichkeiten gegenüber Kreditinstituten	350.620,00
1. Waren	353.814,00	2. Verbindlichkeiten aus Lieferungen und Leistungen	103.005,00
2. Forderungen aus Lieferungen und Leistungen	44.040,00		
3. Kassenbestand und Guthaben bei Kreditinstituten	7.233,00		
	533.123,00		533.123,00

Lösung zu Aufgabe 7:

Aktiva — **Bilanz der „Schreinerei Tom Piper" zum 31.12.XX** — **Passiva**

Aktiva	Euro	Passiva	Euro
I. Anlagevermögen		**I. Eigenkapital**	35.172,00
1. technische Anlagen und Maschinen	197.512,00	**II. Verbindlichkeiten**	
2. andere Anlagen, Betriebs- und Geschäftsausstattung	136.748,00	1. Verbindlichkeiten gegenüber Kreditinstituten	260.620,00
II. Umlaufvermögen		2. Verbindlichkeiten aus Lieferungen und Leistungen	153.360,00
1. Roh-, Hilfs- und Betriebsstoffe	32.984,00		
2. Forderungen aus Lieferungen und Leistungen	78.720,00		
3. Kassenbestand und Guthaben bei Kreditinstituten	3.188,00		
	449.152,00		449.152,00

C. Systematik der Finanzbuchführung

1. Bilanzveränderungen

Lösung zu Aufgabe 8:

Nr.	Art der Bilanzveränderung
1.	Aktiv-Tausch
2.	Aktiv-Passiv-Mehrung
3.	Aktiv-Passiv-Minderung
4.	Aktiv-Passiv-Minderung
5.	Passiv-Tausch
6.	Aktiv-Passiv-Mehrung
7.	Aktiv-Passiv-Mehrung
8.	Aktiv-Passiv-Minderung

2. Bestandskonten

Lösung zu Aufgabe 9:

Aktivkonten	Passivkonten
unbebaute Grundstücke Maschinen Betriebsausstattung Geschäftsausstattung Rohstoffe Waren Bank Kasse	Eigenkapital Verbindlichkeiten ggü. Kreditinst. Verbindlichkeiten a LuL Sonstige Verbindlichkeiten

Lösung zu Aufgabe 10:

Aussage	fehlende Wörter
Die **linke** Seite eines Kontos heißt ...	Soll
Die **rechte** Seite eines Kontos heißt ...	Haben
Die Werte der **Aktiva** werden in die ...konten übernommen. Die Eröffnungsbuchungen auf diesen Konten erfolgen im ...	Aktiv- Soll
Die Werte der **Passiva** werden in die ...konten übernommen. Die Eröffnungsbuchungen auf diesen Konten erfolgen im ...	Passiv- Haben

Aussage	fehlende Wörter
Mehrungen auf einem **Aktivkonto** werden auf der ... Seite dieses Kontos, also im ... gebucht.	linken [alternativ: Soll-] Soll
Minderungen auf einem **Aktivkonto** werden auf der ... Seite dieses Kontos, also im ... gebucht.	rechten [alternativ: Haben-] Haben
Mehrungen auf einem **Passivkonto** werden auf der ... Seite dieses Kontos, also im ... gebucht.	rechten [alternativ: Haben-] Haben
Minderungen auf einem **Passivkonto** werden auf der ... Seite dieses Kontos, also im ... gebucht.	linken [alternativ: Soll-] Soll

Lösung zu Aufgabe 11:

S	Grund und Boden		H
AB	200.000,00		

S	Gebäude		H
AB	400.000,00		

S	Maschinen		H
AB	100.000,00		

S	Betriebs- und Geschäftsausst.		H
AB	50.000,00		

S	Bank		H
AB	10.000,00		

S	Kasse		H
AB	1.000,00		

S	Eigenkapital		H
		AB	161.000,00

S	Verbindlichk. ggü. Kreditinstituten		H
		AB	365.000,00

S	Verbindlichk. a LuL		H
		AB	235.000,00

Lösung zu Aufgabe 12:

Pkw

S		H	
AB	12.000,00		
1)	18.500,00		

Eigenkapital

S		H	
		AB	26.820,00

Forderungen a LuL

S		H	
AB	6.970,00	2)	500,00

Verbindlichk. ggü. Kreditinstituten

S		H	
3)	2.000,00	AB	12.600,00
		4)	6.000,00

Bank

S		H	
AB	22.500,00	1)	18.500,00
4)	6.000,00	3)	2.000,00
		5)	1.000,00

Verbindlichk. a LuL

S		H	
5)	1.000,00	AB	4.780,00

Kasse

S		H	
AB	2.730,00		
2)	500,00		

Lösung zu Aufgabe 13:

Pkw

S		H	
AB	12.000,00	SBK	30.500,00
1)	18.500,00		
	30.500,00		30.500,00

Eigenkapital

S		H	
SBK	26.820,00	AB	26.820,00

Forderungen a LuL

S		H	
AB	6.970,00	2)	500,00
		SBK	6.470,00
	6.970,00		6.970,00

Verbindlichk. ggü. Kreditinstituten

S		H	
3)	2.000,00	AB	12.600,00
SBK	16.600,00	4)	6.000,00
	18.600,00		18.600,00

Bank

S		H	
AB	22.500,00	1)	18.500,00
4)	6.000,00	3)	2.000,00
		5)	1.000,00
		SBK	7.000,00
	28.500,00		28.500,00

Verbindlichk. a LuL

S		H	
5)	1.000,00	AB	4.780,00
SBK	3.780,00		
	4.780,00		4.780,00

Kasse

S		H	
AB	2.730,00	SBK	3.230,00
2)	500,00		
	3.230,00		3.230,00

S	SBK		H
Pkw	30.500,00	EK	26.820,00
Forderungen a LuL	6.470,00	Verbindlichkeiten ggü. Kreditinst.	16.600,00
Bank	7.000,00	Verbindlichkeiten a LuL	3.780,00
Kasse	3.230,00		
	47.200,00		47.200,00

Lösung zu Aufgabe 14:

a) - c)

S	Pkw		H
AB	85.000,00	SBK	85.000,00

S	Eigenkapital		H
SBK	199.350,00	AB	199.350,00

S	Sonstige BGA		H
AB	32.000,00	SBK	36.300,00
3)	4.300,00		
	36.300,00		36.300,00

S	Verbindlichkeiten ggü. Kreditinst.		H
SBK	59.000,00	AB	54.000,00
		5)	5.000,00
	59.000,00		59.000,00

S	Forderungen a LuL		H
AB	144.000,00	1)	7.000,00
		SBK	137.000,00
	144.000,00		144.000,00

S	Verbindlichkeiten a LuL		H
SBK	38.500,00	AB	33.000,00
		4)	5.500,00
	38.500,00		38.500,00

S	Bank		H
AB	9.500,00	2)	500,00
1)	7.000,00	SBK	21.000,00
5)	5.000,00		
	21.500,00		21.500,00

S	Bestand Waren		H
AB	12.000,00	SBK	17.500,00
4)	5.500,00		
	17.500,00		17.500,00

S	Kasse		H
AB	3.850,00	3)	4.300,00
2)	500,00	SBK	50,00
	4.350,00		4.350,00

S	SBK		H
Pkw	85.000,00	EK	199.350,00
sonstige BGA	36.300,00	Verbindlichkeiten ggü. Kreditinst.	59.000,00
Bestand Waren	17.500,00	Verbindlichkeiten a LuL	38.500,00
Forderungen a LuL	137.000,00		
Bank	21.000,00		
Kasse	50,00		
	296.850,00		296.850,00

AKTIVA	**Bilanz zum 31.12.20..**		**PASSIVA**
	Euro		Euro
A. Anlagevermögen		**A. Eigenkapital**	199.350,00
I. Sachanlagen			
1. Betriebs- und Geschäftsausstattung		**B. Verbindlichkeiten**	
1.1 Pkw	85.000,00	1. Verbindlichkeiten gegenüber Kreditinstituten	59.000,00
1.2 Sonstige BGA	36.300,00	2. Verbindlichkeiten aus Lieferungen und Leistungen	38.500,00
B. Umlaufvermögen			
I. Vorräte			
1. Waren	17.500,00		
II. Forderungen und sonstige Vermögensgegenstände			
1. Forderungen aus Lieferungen und Leistungen	137.000,00		
III. Kassenbestand und Guthaben bei Kreditinstituten			
1. Bankguthaben	21.000,00		
2. Kassenbestand	50,00		
	296.850,00		296.850,00

Lösung zu Aufgabe 15:

a) Buchungssätze in Sprachform:

1.	Büroeinrichtung	an	Verbindl. a LuL	1.000,00 €
2.	Verbindl. a LuL	an	Verbindl. ggü. Kreditinst.	8.000,00 €
3.	Kasse	an	Bank	1.200,00 €
4.	Verbindl. a LuL	an	Bank	2.000,00 €
5.	Verbindl. ggü. Kreditinst.	an	Bank	3.000,00 €

b) Buchungssätze in Tabellenform:

Tz.	Sollkonto (Bezeichnung)	Betrag (Euro)	Habenkonto (Bezeichnung)
1.	Büroeinrichtung	1.000,00	Verbindl. a LuL
2.	Verbindl. a LuL	8.000,00	Verbindl. ggü. Kreditinst.
3.	Kasse	1.200,00	Bank
4.	Verbindl. a LuL	2.000,00	Bank
5.	Verbindl. ggü. Kreditinst.	3.000,00	Bank

Lösung zu Aufgabe 16:

a) Buchungssätze in Sprachform:

1.	Pkw	an	Bank	20.000,00 €
2.	Verbindl. a LuL	an	Bank	8.000,00 €
3.	Ladeneinrichtung	an	Verbindl. a LuL	12.000,00 €
4.	Bank	an	Verbindl. ggü. Kreditinst.	30.000,00 €
5.	Bank	an	Kasse	1.000,00 €
6.	Kasse	an	Bank	400,00 €
7.	Kasse	an	Forderungen a LuL	200,00 €
8.	Verbindl. ggü. Kreditinst.	an	Bank	500,00 €
9.	Geschäftsausstattung	an	Verbindl. a LuL	1.050,00 €
10.	Sonstige Verbindl.	an	Bank	1.200,00 €

b) Buchungssätze in Tabellenform:

Tz.	Sollkonto (Bezeichnung)	Betrag (Euro)	Habenkonto (Bezeichnung)
1.	Pkw	20.000,00	Bank
2.	Verbindl. a LuL	8.000,00	Bank
3.	Ladeneinrichtung	12.000,00	Verbindl. a LuL
4.	Bank	30.000,00	Verbindl. ggü. Kreditinst.
5.	Bank	1.000,00	Kasse
6.	Kasse	400,00	Bank
7.	Kasse	200,00	Forderungen a LuL
8.	Verbindl. ggü. Kreditinst.	500,00	Bank
9.	Geschäftsausstattung	1.050,00	Verbindl. a LuL
10.	Sonstige Verbindl.	1.200,00	Bank

3. Erfolgskonten

Lösung zu Aufgabe 17:

Aufwandskonten	Ertragskonten
► Porto ► Bürobedarf ► Miete ► Darlehenszinsen ► Telefonkosten	► (Verkaufs-) Erlöse ► Grundstückserträge ► Zinserträge

Lösung zu Aufgabe 18:

Aussage	fehlende Wörter
Aufwendungen (z. B. Miete für gemietete Geschäftsräume) werden auf dem jeweiligen Aufwandskonto im ... gebucht.	Soll
Nachträgliche Aufwandsminderungen (z. B. Erstattung von gezahlten Mietnebenkosten) werden auf dem Aufwandskonto im ... gebucht.	Haben
Erträge (z. B. Miete für vermietete Räume) werden auf dem jeweiligen Ertragskonto im ... gebucht.	Haben
Nachträgliche Ertragsminderungen (z. B. Erstattung von erhaltenen Mietnebenkosten) werden auf dem Ertragskonto im ... gebucht.	Soll

Lösung zu Aufgabe 19:

Tz.	Sollkonto	Betrag (Euro)	Habenkonto	Erfolgsauswirkung	
				Aufwand Euro	Ertrag Euro
1.	Miete	1.000,00	Bank	1.000,00	
2.	Gehälter	1.500,00	Kasse	1.500,00	
3.	Telefon	125,00	Bank	125,00	
4.	Bank	800,00	Forderungen a LuL		
5.	Zinsen	45,00	Bank	45,00	
6.	Porto	50,00	Kasse	50,00	
7.	Ladeneinrichtung	4.000,00	Verbindlichkeiten a LuL		
8.	Nebenkosten des Geldverkehrs	30,00	Bank	30,00	
9.	Bank	150,00	Zinserträge		150,00
10.	Bank	400,00	Grundstückserträge		400,00

Lösung zu Aufgabe 20:

S	2120 (7320) Zinsaufwendungen		H
	550,00	GuVK	550,00

S	4910 (6800) Porto		H
	200,00	GuVK	200,00

S	4120 (6020) Gehälter		H
	1.000,00		500,00
	1.200,00	GuVK	1.700,00
	2.200,00		2.200,00

S	4920 (6805) Telefon		H
	100,00	GuVK	180,00
	80,00		
	180,00		180,00

S	4210 (6310) Miete		H
	500,00		250,00
	500,00	GuVK	1.250,00
	500,00		
	1.500,00		1.500,00

S	2650 (7110) Zinserträge		H
GuVK	5.150,00		5.150,00

S	0800 (2010) Eigenkapital		H
SBK	55.520,00	AB	54.250,00
		GuVK	1.270,00
	55.520,00		55.520,00

S	GuVK		H
2120 (7320)	550,00	2650 (7110)	5.150,00
4120 (6020)	1.700,00		
4210 (6310)	1.250,00		
4910 (6800)	200,00		
4920 (6805)	180,00		
0800 (2030)	1.270,00		
	5.150,00		5.150,00

Lösung zu Aufgabe 21:

a)

Tz.	Sollkonto SKR 03 (SKR 04)	Betrag (Euro)	Habenkonto SKR 03 (SKR 04)	Erfolgsauswirkung	
				Aufwand Euro	Ertrag Euro
1.	Gehälter 4120 (6020)	2.500,00	Bank 1200 (1800)	2.500,00	
2.	Telefon 4920 (6805)	200,00	Bank 1200 (1800)	200,00	
3.	Bank 1200 (1800)	5.400,00	Zinserträge 2650 (7110)		5.400,00
4.	Porto 4910 (6800)	100,00	Kasse 1000 (1600)	100,00	
5.	Miete 4210 (6310)	1.500,00	Bank 1200 (1800)	1.500,00	
6.	Pkw 0320 (0520)	33.000,00	Verbindl. a LuL 1600 (3300)		
7.	Zinsaufwend. 2120 (7320)	100,00	Bank 1200 (1800)	100,00	
8.	Bank 1200 (1800)	10.000,00	Forderungen a LuL 1400 (1200)		

b) - d)

S	0320 (0520) Pkw		H
AB	62.000,00	SBK	95.000,00
6)	33.000,00		
	95.000,00		95.000,00

S	0880 (2030) EK		H
SBK	127.000,00	AB	126.000,00
		GuVK	1.000,00
	127.000,00		127.000,00

S	0430 (0640) Ladeneinrichtung		H
AB	51.000,00	SBK	51.000,00

S	1600 (3300) Verbindl. a LuL		H
SBK	73.000,00	AB	40.000,00
		6)	33.000,00
	73.000,00		73.000,00

S	3980 (1140) Bestand Waren		H
AB	26.000,00	SBK	26.000,00

S	1400 (1200) Forderungen a LuL		H
AB	15.000,00	8)	10.000,00
		SBK	5.000,00
	15.000,00		15.000,00

S	1200 (1800) Bank		H
AB	11.000,00	1)	2.500,00
8)	10.000,00	2)	200,00
6)	5.400,00	7)	100,00
		5)	1.500,00
		SBK	22.100,00
	26.400,00		26.400,00

S	1000 (1600) Kasse		H
AB	1.000,00	4)	100,00
		SBK	900,00
	1.000,00		1.000,00

S	2120 (7320) Zinsaufwendungen		H
7)	100,00	GuVK	100,00

S	4910 (6800) Porto		H
4)	100,00	GuVK	100,00

S	4120 (6020) Gehälter		H
1)	2.500,00	GuVK	2.500,00

S	4920 (6805) Telefon		H
2)	200,00	GuVK	200,00

S	4210 (6310) Miete		H
5)	1.500,00	GuVK	1.500,00

S	2650 (7110) Zinserträge		H
GuVK	5.400,00	3)	5.400,00

S	SBK		H
0320 (0520)	95.000,00	0880 (2010)	127.000,00
0430 (0640)	51.000,00	1600 (3300)	73.000,00
3980 (1140)	26.000,00		
1400 (1200)	5.000,00		
1200 (1800)	22.100,00		
1000 (1600)	900,00		
	200.000,00		200.000,00

S	GuVK		H
2120 (7320)	100,00	2650 (7110)	5.400,00
4120 (6020)	2.500,00		
4210 (6310)	1.500,00		
4910 (6800)	100,00		
4920 (6805)	200,00		
0880 (2030)	1.000,00		
	5.400,00		5.400,00

Lösung zu Aufgabe 22:

Tz.	Sollkonto SKR 03 (SKR 04)		Betrag (Euro)	Habenkonto SKR 03 (SKR 04)		Erfolgsauswirkung	
						Aufwand Euro	Ertrag Euro
1.	Porto	4910 (6800)	50,00	Kasse	1000 (1600)	50,00	
2.	Nebenkosten des Geldverk.	4970 (6855)	35,00	Bank	1200 (1800)	35,00	
3.	Gehälter	4120 (6020)	1.000,00	Kasse	1000 (1600)	1.000,00	
4.	Bank	1200 (1800)	400,00	Ford. a LuL	1400 (1200)		
5.	Miete	4210 (6310)	1.200,00	Bank	1200 (1800)	1.200,00	
6.	Telefon	4920 (6805)	85,00	Bank	1200 (1800)	85,00	
7.	Zinsaufw.	2110 (7310)	73,50	Bank	1200 (1800)	73,50	
8.	Ladeneinr.	0430 (0640)	5.000,00	Verb. a LuL	1600 (3300)		

4. Kontenrahmen

Lösung zu Aufgabe 23:

	Kontobezeichnung	Kontonummer SKR 03	Kontonummer SKR 04
1.	Grundstückswerte eigener bebauter Grundstücke (= bebaute Grundstücke)	0085	0235
2.	Geschäftsbauten	0090	0240
3.	Pkw	0320	0520
4.	Lkw	0350	0540
5.	Betriebsausstattung	0400	0630
6.	Geschäftsausstattung	0410	0635
7.	Büroeinrichtung	0420	0650
8.	Ladeneinrichtung	0430	0640
9.	Kasse	1000	1600
10.	Bank	1200	1800
11.	Forderungen a LuL	1400	1200
12.	Verbindlichkeiten a LuL	1600	3300
13.	Eigenkapital (variabel)	0880	2010
14.	Löhne	4110	6010
15.	Gehälter	4120	6020
16.	Miete	4210	6310
17.	Porto	4910	6800
18.	Telefon	4920	6805
19.	Zinsaufwendungen für kurzfristige Darlehen	2110	7310
20.	Sonstige Zinsen und ähnliche Erträge	2650	7100
21.	Umsatzerlöse	8000	4000
22.	Erlöse 7 % USt	8300	4300
23.	Erlöse 19 % USt	8400	4400
24.	Provisionsumsätze (= Provisionserlöse)	8510	4560
25.	Erlöse Abfallverwertung	8520	4510

Lösung zu Aufgabe 24:

Tz.	Sollkonto Bezeichnung	SKR 03 (SKR 04) Kontonummer	Betrag (Euro)	Habenkonto Bezeichnung	SKR 03 (SKR 04) Kontonummer
1.	Bank	1200 (1800)	5.000,00	Forderungen a LuL	1400 (1200)
2.	Telefon	4920 (6805)	150,00	Bank	1200 (1800)
3.	Kasse	1000 (1600)	10.000,00	Erlöse	8000 (4000)
4.	Verbindl. gegenüber Kreditinst.	0630 (3150)	1.000,00	Bank	1200 (1800)
5.	Löhne	4110 (6010)	800,00	Kasse	1000 (1600)
6.	Zinsaufwend.	2120 (7320)	200,00	Bank	1200 (1800)
7.	Geschäftsausst.	0410 (0635)	2.000,00	Verbindl. a LuL	1600 (3300)
8.	Porto	4910 (6800)	100,00	Kasse	1000 (1600)
9.	Miete	4210 (6310)	1.000,00	Bank	1200 (1800)
10.	Ladeneinr.	0430 (0640)	2.000,00	Verbindl. a LuL	1600 (3300)

D. Umsatzsteuer

1. System der Umsatzsteuer

Lösung zu Aufgabe 25:

Tz.	Vorgang	Brutto-betrag (Euro)	Netto-betrag (Euro)	USt (Euro)	VoSt (Euro)
1.	Einnahmen mit 19 % USt im Laden (Barverkäufe)	26.775,00	22.500,00	4.275,00	--
2.	Einnahmen mit 7 % USt im Laden (Barverkäufe)	14.712,50	13.750,00	962,50	--
3.	Kauf von Büromaterial, Barzahlung mit 19 % USt	95,20	80,00	--	15,20
4.	Kauf von Fachliteratur auf Rechnung mit 7 % USt	128,40	120,00	--	8,40

Lösung zu Aufgabe 26:

Tz.	Nettobetrag (Euro)	USt (Euro)	VoSt (Euro)
1.	33.000,00	6.270,00	
2.	7.000,00	1.330,00	
3.	25.000,00		4.750,00
4.	3.000,00		570,00
5.	60,00		11,40
Summe USt (= USt-Traglast)		7.600,00	
Summe VoSt			5.331,40
USt-Zahllast		7.600,00 € - 5.331,40 € = **2.268,60 €**	

2. Buchung der Umsatzsteuer

Lösung zu Aufgabe 27:

Tz.	Sollkonto Bezeichnung	SKR 03 (SKR 04) Kontonummer	Betrag (Euro)	Habenkonto Bezeichnung	SKR 03 (SKR 04) Kontonummer
1.	Kasse	1000 (1600)	6.223,70		
			5.230,00	Erlöse 19 % USt	8400 (4400)
			993,70	USt 19 %	1776 (3806)
2.	Ford. a LuL	1400 (1200)	1.785,00		
			1.500,00	Erlöse 19 % USt	8400 (4400)
			285,00	USt 19 %	1776 (3806)
3.	Kasse	1000 (1600)	142,80		
			120,00	Erlöse 19 % USt	8400 (4400)
			22,80	USt 19 %	1776 (3806)

alternativ mit einfachen Buchungssätzen:

Tz.	Sollkonto Bezeichnung	SKR 03 (SKR 04) Kontonummer	Betrag (Euro)	Habenkonto Bezeichnung	SKR 03 (SKR 04) Kontonummer
1.	Kasse	1000 (1600)	5.230,00	Erlöse 19 % USt	8400 (4400)
	Kasse	1000 (1600)	993,70	USt 19 %	1776 (3806)
2.	Ford. a LuL	1400 (1200)	1.500,00	Erlöse 19 % USt	8400 (4400)
	Ford. a LuL	1400 (1200)	285,00	USt 19 %	1776 (3806)
3.	Kasse	1000 (1600)	120,00	Erlöse 19 % USt	8400 (4400)
	Kasse	1000 (1600)	22,80	USt 19 %	1776 (3806)

3. Buchung der Vorsteuer

Lösung zu Aufgabe 28:

Tz.	Sollkonto Bezeichnung	SKR 03 (SKR 04) Kontonummer	Betrag (Euro)	Habenkonto Bezeichnung	SKR 03 (SKR 04) Kontonummer
1.	Ladeneinrichtung	0430 (0640)	3.500,00		
	Vorsteuer 19 %	1576 (1406)	665,00		
			4.165,00	Verbindl. a LuL	1600 (3300)
2.	Bürobedarf	4930 (6815)	150,00		
	Vorsteuer 19 %	1576 (1406)	28,50		
			178,50	Kasse	1000 (1600)
3.	Kfz-Reparaturen	4540 (6540)	600,00		
	Vorsteuer 19 %	1576 (1406)	114,00		
			714,00	Bank	1200 (1800)

alternativ mit einfachen Buchungssätzen:

Tz.	Sollkonto Bezeichnung	SKR 03 (SKR 04) Kontonummer	Betrag (Euro)	Habenkonto Bezeichnung	SKR 03 (SKR 04) Kontonummer
1.	Ladeneinrichtung	0430 (0640)	3.500,00	Verbindl. a LuL	1600 (3300)
	Vorsteuer 19 %	1576 (1406)	665,00	Verbindl. a LuL	1600 (3300)
2.	Bürobedarf	4930 (6815)	150,00	Kasse	1000 (1600)
	Vorsteuer 19 %	1576 (1406)	28,50	Kasse	1000 (1600)
3.	Kfz-Reparaturen	4540 (6540)	600,00	Bank	1200 (1800)
	Vorsteuer 19 %	1576 (1406)	114,00	Bank	1200 (1800)

4. Buchungen mit Umsatzsteuer und Vorsteuer

Lösung zu Aufgabe 29:

Tz.	Sollkonto Bezeichnung	SKR 03 (SKR 04) Kontonummer	Betrag (Euro)	Habenkonto Bezeichnung	SKR 03 (SKR 04) Kontonummer
1.	Ford. a LuL	1400 (1200)	23.800,00		
			20.000,00	Erlöse 19 % USt	8400 (4400)
			3.800,00	USt 19 %	1776 (3806)
2.	Bank	1200 (1800)	11.900,00	Ford. a LuL	1400 (1200)
3.	Büroeinrichtung	0420 (0650)	1.100,00		
	Vorsteuer 19 %	1576 (1406)	209,00		
			1.309,00	Verbindl. a LuL	1600 (3300)
4.	Kfz-Reparaturen	4540 (6540)	300,00		
	Vorsteuer 19 %	1576 (1406)	57,00		
			357,00	Kasse	1000 (1600)
5.	Bürobedarf	4930 (6815)	150,00		
	Vorsteuer 19 %	1576 (1406)	28,50		
			178,50	Kasse	1000 (1600)

alternativ mit einfachen Buchungssätzen:

Tz.	Sollkonto Bezeichnung	SKR 03 (SKR 04) Kontonummer	Betrag (Euro)	Habenkonto Bezeichnung	SKR 03 (SKR 04) Kontonummer
1.	Ford. a LuL	1400 (1200)	20.000,00	Erlöse 19 % USt	8400 (4400)
	Ford. a LuL	1400 (1200)	3.800,00	USt 19 %	1776 (3806)
2.	Bank	1200 (1800)	11.900,00	Ford. a LuL	1400 (1200)
3.	Büroeinrichtung	0420 (0650)	1.100,00	Verbindl. a LuL	1600 (3300)
	Vorsteuer 19 %	1576 (1406)	209,00	Verbindl. a LuL	1600 (3300)
4.	Kfz-Reparaturen	4540 (6540)	300,00	Kasse	1000 (1600)
	Vorsteuer 19 %	1576 (1406)	57,00	Kasse	1000 (1600)
5.	Bürobedarf	4930 (6815)	150,00	Kasse	1000 (1600)
	Vorsteuer 19 %	1576 (1406)	28,50	Kasse	1000 (1600)

5. Abschluss der Umsatzsteuerkonten

Lösung zu Aufgabe 30:

1570 (1400)

S	Vorsteuer		H
AB	7.792,46	1)	7.792,46
	7.792,46		7.792,46

1770 (3800)

S	Umsatzsteuer		H
1)	7.792,46	AB	17.777,96
2)	6.531,96		
3)	3.453,54		
	17.777,96		17.777,96

1780 (3820)

S	USt-Vorauszahlungen		H
AB	6.531,96	2)	6.531,96
	6.531,96		6.531,96

9999 (9999)

S	Schlussbilanzkonto		H
		3)	3.453,54

Tz.	Sollkonto Bezeichnung	SKR 03 (SKR 04) Kontonummer	Betrag (Euro)	Habenkonto Bezeichnung	SKR 03 (SKR 04) Kontonummer
1.	Umsatzsteuer	1770 (3800)	7.792,46	Vorsteuer	1570 (1400)
2.	Umsatzsteuer	1770 (3800)	6.531,96	USt-Vorauszahlungen	1780 (3820)
3.	Umsatzsteuer	1770 (3800)	3.453,54	SBK	9999 (9999)

Lösung zu Aufgabe 31:

1570 (1400)

S	Vorsteuer		H
AB	8.769,56	1)	8.769,56
	8.769,56		8.769,56

1770 (3800)

S	Umsatzsteuer		H
2)	9.421,24	AB	9.421,24
	9.421,24		9.421,24

1780 (3820)

S	USt-Vorauszahlungen		H
AB	3.332,87	3)	3.332,87
	3.332,87		3.332,87

1792 (3630)

S	USt-Verrechnungskonto		H
1)	8.769,56	2)	9.421,24
3)	3.332,87	4)	2.681,19
	12.102,43		12.102,43

9999 (9999)

S	Schlussbilanzkonto		H
4)	2.681,19		

Tz.	Sollkonto Bezeichnung	SKR 03 (SKR 04) Kontonummer	Betrag (Euro)	Habenkonto Bezeichnung	SKR 03 (SKR 04) Kontonummer
1.	USt-Verrechn.konto	1792 (3630)	8.769,56	Vorsteuer	1570 (1400)
2.	Umsatzsteuer	1770 (3800)	9.421,24	USt-Verrechn.konto	1792 (3630)
3.	USt-Verrechn.konto	1792 (3630)	3.332,87	USt-Vorausz.	1780 (3820)
4.	SBK	9999 (9999)	2.681,19	USt-Verrechn.konto	1792 (3630)

Lösung zu Aufgabe 32:

	Sollkonto-Nummer SKR 03 (SKR 04)	Betrag (Euro)	Habenkonto-Nummer SKR 03 (SKR 04)
1.	1792 (3630)	3.792,46	1571 (1401)
2.	1792 (3630)	6.513,26	1576 (1406)
3.	1771 (3801)	11.795,06	1792 (3630)
4.	1776 (3806)	13.849,62	1792 (3630)
5.	1792 (3630)	13.992,00	1780 (3820)
6.	1792 (3630)	1.346,96	9999 (9999)

E. Grundzüge der Abschreibung

Lösung zu Aufgabe 33:

a) **Ermittlung der AK:**

	Anschaffungspreis, netto	40.000,00 €
+	Anschaffungsnebenkosten	
	Transportrechnung, netto	1.000,00 €
-	Anschaffungspreisminderungen	
	Preisnachlass, netto	- 4.000,00 €
=	AK	**37.000,00 €**

a) **Ermittlung der linearen Abschreibung für das Anschaffungsjahr:**

AK : Nutzungsdauer : 12 Monate • angefangene Monate ab Anschaffungsdatum

37.000 € : 10 Jahre : 12 Monate • 2 Monate = 616,67 €, gerundet **617,00 €**

c) **Ermittlung des Restbuchwerts zum 31.12. des Anschaffungsjahres:**

	AK	37.000,00 €
-	Abschreibung	617,00 €
=	Restbuchwert zum 31.12.	**36.383,00 €**

Lösung zu Aufgabe 34:

a) **Ermittlung der AK:**

	Anschaffungspreis, netto		35.000,00 €
+	Anschaffungsnebenkosten		
	Kennzeichen, netto	30,00 €	
	Zulassungsgebühr	60,00 €	90,00 €
-	Anschaffungspreisminderungen		0,00 €
=	AK		**35.090,00 €**

[Die erste Tankfüllung gehört nicht zu den AK, sondern zu den Kfz-Betriebskosten; die Auslieferung des Pkw erfolgt mit Kraftstoff, der ausreicht, um zur nächsten Tankstelle fahren zu können.]

b) **Ermittlung der linearen Abschreibung für das Anschaffungsjahr:**

35.090 € : 5 Jahre : 12 Monate • 9 Monate = 5.263,50 €, gerundet **5.264,00 €**

c) **Ermittlung des Restbuchwerts zum 31.12. des Anschaffungsjahres:**

	AK	35.090,00 €
-	Abschreibung	5.264,00 €
=	Restbuchwert zum 31.12.	**29.826,00 €**

Lösung zu Aufgabe 35:

Tz.	Sollkonto Bezeichnung	SKR 03 (SKR 04) Kontonummer	Betrag (Euro)	Habenkonto Bezeichnung	SKR 03 (SKR 04) Kontonummer
1.	Pkw	0320 (0520)	35.000,00		
	Vorsteuer 19 %	1576 (1406)	6.650,00		
			41.650,00	Verbindlichk. a LuL	1600 (3300)
2.	Pkw	0320 (0520)	30,00		
	Vorsteuer 19 %	1576 (1406)	5,70		
			35,70	Kasse	1000 (1600)
3.	Pkw	0320 (0520)	60,00	Kasse	1000 (1600)
4.	Lfd. Kfz-Betriebsk.	4530 (6530)	45,00		
	Vorsteuer 19 %	1576 (1406)	8,55		
			53,55	Bank	1200 (1800)
5.	Abschreib. auf Kfz	4832 (6222)	5.264,00	Pkw	0320 (0520)

alternativ mit einfachen Buchungssätzen:

Tz.	Sollkonto Bezeichnung	SKR 03 (SKR 04) Kontonummer	Betrag (Euro)	Habenkonto Bezeichnung	SKR 03 (SKR 04) Kontonummer
1.	Pkw	0320 (0520)	35.000,00	Verbindlichk. a LuL	1600 (3300)
	Vorsteuer 19 %	1576 (1406)	6.650,00	Verbindlichk. a LuL	1600 (3300)
2.	Pkw	0320 (0520)	30,00	Kasse	1000 (1600)
	Vorsteuer 19 %	1576 (1406)	5,70	Kasse	1000 (1600)
3.	Pkw	0320 (0520)	60,00	Kasse	1000 (1600)
4.	Lfd. Kfz-Betriebsk.	4530 (6530)	45,00	Bank	1200 (1800)
	Vorsteuer 19 %	1576 (1406)	8,55	Bank	1200 (1800)
5.	Abschreib. auf Kfz	4832 (6222)	5.264,00	Pkw	0320 (0520)

F. Warenverkehr

1. Buchungen im Einkaufsbereich

Lösung zu Aufgabe 36:

Tz.	Sollkonto Bezeichnung	SKR 03 (SKR 04) Kontonummer	Betrag (Euro)	Habenkonto Bezeichnung	SKR 03 (SKR 04) Kontonummer
1.	Wareneingang 19 %	3400 (5400)	1.000,00	Bank	1200 (1800)
	Vorsteuer 19 %	1576 (1406)	190,00	Bank	1200 (1800)
2.	Bezugsnebenkosten	3800 (5800)	100,00	Kasse	1000 (1600)
	Vorsteuer 19 %	1576 (1406)	19,00	Kasse	1000 (1600)
3.	Wareneingang 19 %	3400 (5400)	3.000,00	Verbindlichk. a LuL	1600 (3300)
	Bezugsnebenkosten	3800 (5800)	100,00	Verbindlichk. a LuL	1600 (3300)
	Vorsteuer 19 %	1576 (1406)	589,00	Verbindlichk. a LuL	1600 (3300)
4.	Bezugsnebenkosten	3800 (5800)	77,50	Bank	1200 (1800)
5.	Wareneingang 19 %	3400 (5400)	1.500,00	Verbindlichk. a LuL	1600 (3300)
	Bezugsnebenkosten	3800 (5800)	150,00	Verbindlichk. a LuL	1600 (3300)
	Leergut	3830 (5820)	250,00	Verbindlichk. a LuL	1600 (3300)
	Vorsteuer 19 %	1576 (1406)	361,00	Verbindlichk. a LuL	1600 (3300)
6.	Verbindlichk. a LuL	1600 (3300)	250,00	Leergut	3830 (5820)
	Verbindlichk. a LuL	1600 (3300)	47,50	Vorsteuer 19 %	1576 (1406)

Lösung zu Aufgabe 37:

Tz.	Sollkonto Bezeichnung	SKR 03 (SKR 04) Kontonummer	Betrag (Euro)	Habenkonto Bezeichnung	SKR 03 (SKR 04) Kontonummer
1.	Wareneingang 19 %	3400 (5400)	1.000,00	Verbindlichk. a LuL	1600 (3300)
	Vorsteuer 19 %	1576 (1406)	190,00	Verbindlichk. a LuL	1600 (3300)
2.	Wareneingang 19 %	3400 (5400)	150,00	Verbindlichk. a LuL	1600 (3300)
	Vorsteuer 19 %	1576 (1406)	28,50	Verbindlichk. a LuL	1600 (3300)
	alternativ:				
	Bezugsnebenkosten	3800 (5800)	150,00	Verbindlichk. a LuL	1600 (3300)
	Vorsteuer 19 %	1576 (1406)	28,50	Verbindlichk. a LuL	1600 (3300)
3.	Wareneingang 19 %	3400 (5400)	1.425,00	Verbindlichk. a LuL	1600 (3300)
	Vorsteuer 19 %	1576 (1406)	270,75	Verbindlichk. a LuL	1600 (3300)
4.	Wareneingang 19 %	3400 (5400)	50,00	Bank	1200 (1800)
	alternativ:				
	Bezugsnebenkosten	3800 (5800)	50,00	Bank	1200 (1800)
5.	Wareneingang 19 %	3400 (5400)	285,00	Verbindlichk. a LuL	1600 (3300)
	Vorsteuer 19 %	1576 (1406)	54,15	Verbindlichk. a LuL	1600 (3300)
6.	Verbindlichk. a LuL	1600 (3300)	400,00	Wareneingang 19 %	3400 (5400)
	Verbindlichk. a LuL	1600 (3300)	76,00	Vorsteuer 19 %	1576 (1406)

Lösung zu Aufgabe 38:

Tz.	Sollkonto Bezeichnung	SKR 03 (SKR 04) Kontonummer	Betrag (Euro)	Habenkonto Bezeichnung	SKR 03 (SKR 04) Kontonummer
1.	Verbindlichk. a LuL	1600 (3300)	11.662,00	Bank	1200 (1800)
	Verbindlichk. a LuL	1600 (3300)	200,00	Erhaltene Skonti 19 %	3736 (5736)
	Verbindlichk. a LuL	1600 (3300)	38,00	Vorsteuer 19 %	1576 (1406)
2.	Wareneingang 19 %	3400 (5400)	20.250,00	Verbindlichk. a LuL	1600 (3300)
	Vorsteuer 19 %	1576 (1406)	3.847,50	Verbindlichk. a LuL	1600 (3300)
3.	Verbindlichk. a LuL	1600 (3300)	4.050,00	Wareneingang 19 %	3400 (5400)
	Verbindlichk. a LuL	1600 (3300)	769,50	Vorsteuer 19 %	1576 (1406)
4.	Bezugsnebenkosten	3800 (5800)	450,00	Verbindlichk. a LuL	1600 (3300)
	Vorsteuer 19 %	1576 (1406)	85,50	Verbindlichk. a LuL	1600 (3300)
5.	Verbindlichk. a LuL	1600 (3300)	18.892,44	Bank	1200 (1800)
	Verbindlichk. a LuL	1600 (3300)	324,00	Erhaltene Skonti 19 %	3736 (5736)
	Verbindlichk. a LuL	1600 (3300)	61,56	Vorsteuer 19 %	1576 (1406)

Zu Tz. 5:	Rechnung Tz. 2, butto	24.097,50 €	
	Gutschrift Tz. 3, brutto	- 4.819,50 €	
	Restbetrag, brutto	19.278,00 €	
	2 % Skonto davon	- 385,56 €	
	Überweisungsbetrag	**18.892,44 €**	
	Skonto netto:	385,56 € : 1,19 =	**324,00 €**
	Vorsteuerberichtigung:	324,00 € • 19 % =	**61,56 €**

2. Buchungen im Verkaufsbereich

Lösung zu Aufgabe 39:

Tz.	Sollkonto Bezeichnung	SKR 03 (SKR 04) Kontonummer	Betrag (Euro)	Habenkonto Bezeichnung	SKR 03 (SKR 04) Kontonummer
1.	Kasse	1000 (1600)	90,00	Erlöse 19 %	8400 (4400)
	Kasse	1000 (1600)	17,10	Umsatzsteuer 19 %	1776 (3806)
2.	Forderungen a LuL	1400 (1200)	150,00	Erlöse 19 %	8400 (4400)
	Forderungen a LuL	1400 (1200)	28,50	Umsatzsteuer 19 %	1776 (3806)
3.	Ausgangsfrachten	4730 (6740)	8,00	Kasse	1000 (1600)
	Vorsteuer 19 %	1576 (1406)	1,52	Kasse	1000 (1600)
4.	Erlöse 19 %	8400 (4400)	120,00	Kasse	1000 (1600)
	Umsatzsteuer 19 %	1776 (3806)	22,80	Kasse	1000 (1600)
5.	Verpackungsmaterial	4710 (6710)	40,00	Verbindl. a LuL	1600 (3300)
	Vorsteuer 19 %	1576 (1406)	7,60	Verbindl. a LuL	1600 (3300)
6.	Wareneingang 19 %	3400 (5400)	100,00	Verbindlichk. a LuL	1600 (3300)
	Leergut	3830 (5820)	30,00	Verbindlichk. a LuL	1600 (3300)
	Vorsteuer 19 %	1576 (1406)	24,70	Verbindlichk. a LuL	1600 (3300)

Lösung zu Aufgabe 40:

Tz.	Sollkonto Bezeichnung	SKR 03 (SKR 04) Kontonummer	Betrag (Euro)	Habenkonto Bezeichnung	SKR 03 (SKR 04) Kontonummer
1.	Bank	1200 (1800)	5.831,00	Forderungen a LuL	1400 (1200)
	Gewährte Skonti 19 %	8736 (4736)	100,00	Forderungen a LuL	1400 (1200)
	Umsatzsteuer 19 %	1776 (3806)	19,00	Forderungen a LuL	1400 (1200)
2.	Forderungen a LuL	1400 (1200)	6.750,00	Erlöse 19 %	8400 (4400)
	Forderungen a LuL	1400 (1200)	1.282,50	Umsatzsteuer 19 %	1776 (3806)
3.	Ausgangsfrachten	4730 (6740)	150,00	Verbindlichk. a LuL	1600 (3300)
	Vorsteuer 19 %	1576 (1406)	28,50	Verbindlichk. a LuL	1600 (3300)
4.	Erlöse 19 % altern.: Erlösschmäler. 19 %	8400 (4400) 8720 (4720)	1.350,00	Forderungen a LuL	1400 (1200)
	Umsatzsteuer 19 %	1776 (3806)	256,50	Forderungen a LuL	1400 (1200)
5.	Bank	1200 (1800)	6.297,48	Forderungen a LuL	1400 (1200)
	Gewährte Skonti 19 %	8736 (4736)	108,00	Forderungen a LuL	1400 (1200)
	Umsatzsteuer 19 %	1776 (3806)	20,52	Forderungen a LuL	1400 (1200)

„altern." = Buchungsalternative

Hinweise zur Lösung:

Zu Tz. 5:	Rechnung Tz. 2, butto	8.032,50 €
	Gutschrift Tz. 4, brutto	- 1.606,50 €
	Restbetrag, brutto	6.426,00 €
	2 % Skonto davon	- 128,52 €
	Überweisungsbetrag	6.297,48 €

Skonto netto:	128,52 € : 1,19 =	108,00 €
Vorsteuerberichtigung:	108,00 € • 19 % =	**20,52 €**

3. Gemischte Aufgaben im Warenverkehr

Lösung zu Aufgabe 41:

Tz.	Sollkonto Bezeichnung	SKR 03 (SKR 04) Kontonummer	Betrag (Euro)	Habenkonto Bezeichnung	SKR 03 (SKR 04) Kontonummer
1.	Erlösschmäler. 19 %	8720 (4720)	390,00	Forderungen a LuL	1400 (1200)
	Umsatzsteuer 19 %	1776 (3806)	74,10	Forderungen a LuL	1400 (1200)
2.	Verbindlichk. a LuL	1600 (3300)	1.065,00	Wareneingang 19 %	3400 (5400)
	Verbindlichk. a LuL	1600 (3300)	202,35	Vorsteuer 19 %	1576 (1406)
3.	Verbindlichk. a LuL	1600 (3300)	8.925,00	Forderungen a LuL	1400 (1200)
4.	Bank	1200 (1800)	4.198,32	Forderungen a LuL	1400 (1200)
	Gewährte Skonti 19 %	8736 (4736)	72,00	Forderungen a LuL	1400 (1200)
	Umsatzsteuer 19 %	1776 (3806)	13,68	Forderungen a LuL	1400 (1200)
5.	Wareneingang 19 %	3400 (5400)	13.500,00	Verbindlichk. a LuL	1600 (3300)
	Vorsteuer 19 %	1576 (1406)	2.565,00	Verbindlichk. a LuL	1600 (3300)
	Verbindlichk. a LuL	1600 (3300)	15.743,70	Bank	1200 (1800)
	Verbindlichk. a LuL	1600 (3300)	270,00	Erhaltene Skonti 19 %	3736 (5736)
	Verbindlichk. a LuL	1600 (3300)	51,30	Vorsteuer 19 %	1576 (1406)
6.	Bezugsnebenkosten	3800 (5800)	225,00	Bank	1200 (1800)
	Vorsteuer 19 %	1576 (1406)	42,75	Bank	1200 (1800)
7.	Ausgangsfrachten	4730 (6740)	675,00	Bank	1200 (1800)
	Vorsteuer 19 %	1576 (1406)	128,25	Bank	1200 (1800)
8.	Kasse	1000 (1600)	9.000,00	Erlöse 19 %	8400 (4400)
	Kasse	1000 (1600)	1.710,00	Umsatzsteuer 19 %	1776 (3806)
	Gewährte Skonti 19 %	8736 (4736)	180,00	Kasse	1000 (1600)
	Umsatzsteuer 19 %	1776 (3806)	34,20	Kasse	1000 (1600)

G. Roh-, Hilfs- und Betriebsstoffe

Lösung zu Aufgabe 42:

Tz.	Sollkonto Bezeichnung	SKR 03 (SKR 04) Kontonummer	Betrag (Euro)	Habenkonto Bezeichnung	SKR 03 (SKR 04) Kontonummer
1.	Einkauf Rohstoffe 19 %	3030 (5030)	10.800,00	Verbindlichk. a LuL	1600 (3300)
	Vorsteuer 19 %	1576 (1406)	2.052,00	Verbindlichk. a LuL	1600 (3300)
2.	Verbindlichk. a LuL	1600 (3300)	2.160,00	Einkauf Rohstoffe 19 %	3030 (5030)
	Verbindlichk. a LuL	1600 (3300)	410,40	Vorsteuer 19 %	1576 (1406)
3.	Bezugsnebenkosten	3800 (5800)	480,00	Verbindlichk. a LuL	1600 (3300)
	Vorsteuer 19 %	1576 (1406)	91,20	Verbindlichk. a LuL	1600 (3300)
4.	Verbindlichk. a LuL	1600 (3300)	10.075,97	Bank	1200 (1800)
	Verbindlichk. a LuL	1600 (3300)	172,80	Erhaltene Skonti Eink. Rohst. alternativ: Erhaltene Skonti	3738 (5738) 3730 (5730)
	Verbindlichk. a LuL	1600 (3300)	32,83	Vorsteuer 19 %	1576 (1406)

Hinweis zur Lösung:

Zu Tz. 4:	Rechnung Tz. 1, butto	12.852,00 €
	Gutschrift Tz. 2, brutto	- 2.570,40 €
	Restbetrag, brutto	10.281,60 €
	2 % Skonto davon	- 205,63 €
	Überweisungsbetrag	**10.075,97 €**
	Skonto netto:	205,63 € : 1,19 = 172,80 €
	Vorsteuerberichtigung:	172,80 € • 19 % = **32,83 €**

H. Privatentnahmen und -einlagen

1. Privatentnahmen allgemein

Lösung zu Aufgabe 43:

Tz.	Sollkonto Bezeichnung	SKR 03 (SKR 04) Kontonummer	Betrag (Euro)	Habenkonto Bezeichnung	SKR 03 (SKR 04) Kontonummer
1.	Privatentnahmen allg.	1800 (2100)	300,00	Kasse	1000 (1600)
2.	Lfd. Kfz-Betriebsk.	4530 (6530)	55,63	Bank	1200 (1800)
	Vorsteuer 19 %	1576 (1406)	10,57	Bank	1200 (1800)
3.	Privatsteuern	1810 (2150)	1.850,00	Bank	1200 (1800)
4.	Privatentnahmen allg.	1800 (2100)	1.190,00	Bank	1200 (1800)
5.	Zuwend., Spenden	1840 (2250)	150,00	Bank	1200 (1800)

2. Sachentnahmen

Lösung zu Aufgabe 44:

Tz.	Sollkonto Bezeichnung	SKR 03 (SKR 04) Kontonummer	Betrag (Euro)	Habenkonto Bezeichnung	SKR 03 (SKR 04) Kontonummer
1.	Unentgeltliche Wertabgaben	1880 (2130)	154,00	Entnahmen durch den Unternehmer (Waren) 7%	8915 (4610)
	Unentgeltliche Wertabgaben	1880 (2130)	10,78	Umsatzsteuer 7 %	1771 (3801)
2.	Unentgeltliche Wertabgaben	1880 (2130)	30,00	Entnahmen durch den Unternehmer (Waren) 19 %	8910 (4620)
	Unentgeltliche Wertabgaben	1880 (2130)	5,70	Umsatzsteuer 19 %	1776 (3806)

Lösung zu Aufgabe 45:

Tz.	Sollkonto Bezeichnung	SKR 03 (SKR 04) Kontonummer	Betrag (Euro)	Habenkonto Bezeichnung	SKR 03 (SKR 04) Kontonummer
1.	Unentgeltliche Wertabgaben	1880 (2130)	608,12	Entnahmen durch den Unternehmer (Waren) 7%	8915 (4610)
	Unentgeltliche Wertabgaben	1880 (2130)	42,57	Umsatzsteuer 7 %	1771 (3801)
2.	Unentgeltliche Wertabgaben	1880 (2130)	158,75	Entnahmen durch den Unternehmer (Waren) 19 %	8910 (4620)
	Unentgeltliche Wertabgaben	1880 (2130)	30,16	Umsatzsteuer 19 %	1776 (3806)

(Hinweis: Hier werden die exemplarischen Werte des Lehrbuchs (Infoband), S. 170, verwendet; die aktuellen Werte können von der Internetseite des Bundesfinanzministeriums heruntergeladen werden; Suchbegriff: Pauschbeträge für unentgeltliche Wertabgaben.)

Zu 1.:	Ehemann zu 7 % netto	243,25 €	(2.919 € : 12 Monate)
	Ehefrau zu 7 % netto	243,25 €	
	Tochter zu 7 % netto (½)	121,62 €	
		608,12 €	

7 % zu 608,12 € = **42,57 €**

Zu 2.:	Ehemann zu 19 % netto	63,50 €	(762 € : 12 Monate)
	Ehefrau zu 19 % netto	63,50 €	
	Tochter zu 19 % netto (½)	31,75 €	
		158,75 €	

19 % zu 158,75 € = **30,16 €**

3. Nutzungsentnahmen

Lösung zu Aufgabe 46:

Berechnung:

Bruttolistenpreis zum Zeitpunkt der Erstzulassung,
abgerundet auf volle 100 € = 41.600,00 €
davon 1 % pro Monat • 12 Monate (Jahreswert):
41.600 € • 1 % • 12 Monate = 4.992,00 €

davon 80 % umsatzsteuerpflichtig (4.992 € • 80 %) =	3.993,60 €
+ 19 % USt zu 3.993,60 € =	758,78 €
• 20 % nicht umsatzsteuerpflichtig (4.992 € • 20 %) =	998,40 €
Privatentnahme Kfz-Nutzung brutto =	**5.750,78 €**

Buchungen:

Sollkonto Bezeichnung	SKR 03 (SKR 04) Kontonummer	Betrag (Euro)	Habenkonto Bezeichnung	SKR 03 (SKR 04) Kontonummer
Unentgeltl. Wertabg.	1880 (2130)	3.993,60	Verwendung von Gegenst. für Zwecke außerhalb des Unternehmens 19 % USt (Kfz-Nutzung)	8921 (4645)
Unentgeltl. Wertabg.	1880 (2130)	758,78	Umsatzsteuer 19 %	1776 (3806)
Unentgeltl. Wertabg.	1880 (2130)	998,40	Verwendung von Gegenst. für Zwecke außerhalb des Unternehmens ohne USt (Kfz-Nutzung)	8924 (4639)

Lösung zu Aufgabe 47:

Berechnung:

Bruttolistenpreis zum Zeitpunkt der Erstzulassung,
abgerundet auf volle 100 € = 29.100,00 €
davon 1 % pro Monat • 8 Monate (Mai - Dez.):
29.100 € • 1 % • 8 Monate = 2.328,00 €

davon 80 % umsatzsteuerpflichtig (2.328 € • 80 %) =	1.862,40 €
+ 19 % USt zu 1.862,40 € =	353,86 €
• 20 % nicht umsatzsteuerpflichtig (2.328 € • 20 %) =	465,60 €
Privatentnahme Kfz-Nutzung brutto =	**2.681,86 €**

Buchungen:

Sollkonto Bezeichnung	SKR 03 (SKR 04) Kontonummer	Betrag (Euro)	Habenkonto Bezeichnung	SKR 03 (SKR 04) Kontonummer
Unentgeltl. Wertabg.	1880 (2130)	1.862,40	Verwendung von Gegenst. für Zwecke außerhalb des Unternehmens 19 % USt (Kfz-Nutzung)	8921 (4645)
Unentgeltl. Wertabg.	1880 (2130)	353,86	Umsatzsteuer 19 %	1776 (3806)
Unentgeltl. Wertabg.	1880 (2130)	465,60	Verwendung von Gegenst. für Zwecke außerhalb des Unternehmens ohne USt (Kfz-Nutzung)	8924 (4639)

Lösung zu Aufgabe 48:

Berechnung:

- privater Nutzungsanteil: 9.348 km : 66.769 km • 100 = 14 %
- Privatnutzung, die der USt unterliegt:
  27.406,67 € • 14 % = 3.836,93 €
  19 % USt hierzu = 729,02 €
- Privatnutzung, die nicht der USt unterliegt:
  1.856,20 € • 14 % = 259,87 €
- Privatentnahme Kfz-Nutzung brutto = **4.825,82 €**

Buchungen:

Sollkonto Bezeichnung	SKR 03 (SKR 04) Kontonummer	Betrag (Euro)	Habenkonto Bezeichnung	SKR 03 (SKR 04) Kontonummer
Unentgeltl. Wertabg.	1880 (2130)	3.836,93	Verwendung von Gegenst. für Zwecke außerhalb des Unternehmens 19 % USt (Kfz-Nutzung)	8921 (4645)
Unentgeltl. Wertabg.	1880 (2130)	729,02	Umsatzsteuer 19 %	1776 (3806)
Unentgeltl. Wertabg.	1880 (2130)	259,87	Verwendung von Gegenst. für Zwecke außerhalb des Unternehmens ohne USt (Kfz-Nutzung)	8924 (4639)

Lösung zu Aufgabe 49:

Berechnung:

- Telefonanlage, privater Nutzungsanteil (= Nutzungsentnahme):

  $\frac{3.500\ €}{5\ \text{Jahre}}$ = 700 €/Jahr → 700 € • 20 % = **140 €** (Jahreswert)

  140 € : 12 Monate = **11,67 €** (Monatswert)

  USt hierzu: 11,67 € • 19 % = **2,22 €**

- Telefonrechnung für Juli (siehe hierzu u. a. Abschn. 3.4 Abs. 4 Sätze 4 - 5 UStAE):
  - betrieblicher Anteil: 160 € netto • 80 % = **128 €**
    80 % der Vorsteuer abziehbar = **24,32 €**
  - - privater Anteil: 20 % von 190,40 € brutto = **38,08 €**
    (Die Vorsteuer des privaten Anteils ist nicht abziehbar.)

Buchungen:

Tz.	Sollkonto Bezeichnung	SKR 03 (SKR 04) Kontonummer	Betrag (Euro)	Habenkonto Bezeichnung	SKR 03 (SKR 04) Kontonummer
1.	Unentgeltliche Wertabgaben	1880 (2130)	11,67	Verwendung von Gegenst. (Telefonnutzung)	8922 (4646)
	Unentgeltliche Wertabgaben	1880 (2130)	2,22	Umsatzsteuer 19 %	1776 (3806)
2.	Telefon	4920 (6805)	128,00	Bank	1200 (1800)
	Vorsteuer 19 %	1576 (1406)	24,32	Bank	1200 (1800)
	Privatentnahmen allg.	1800 (2100)	38,08	Bank	1200 (1800)

4. Privateinlagen

Lösung zu Aufgabe 50:

Tz.	Sollkonto Bezeichnung	SKR 03 (SKR 04) Kontonummer	Betrag (Euro)	Habenkonto Bezeichnung	SKR 03 (SKR 04) Kontonummer
1.	Lfd. Kfz-Betriebsk.	4530 (6530)	45,00	Privateinlagen	1890 (2180)
	Vorsteuer 19 %	1576 (1406)	8,55	Privateinlagen	1890 (2180)
2.	Geschäftsausstattung	0410 (0635)	1.050,00	Privateinlagen	1890 (2180)
3.	Bank	1200 (1800)	2.150,00	Privateinlagen	1890 (2180)

5. Betriebsvermögensvergleich

Lösung zu Aufgabe 51:

Anlagevermögen zum 31.12.2025	186.600 €		
Umlaufvermögen zum 31.12.2025	227.900 €		
Schulden zum 31.12.2025	- 196.500 €		
Eigenkapital zum 31.12.2025	218.000 €	→	218.000 €
Anlagevermögen zum 31.12.2024	135.200 €		
Umlaufvermögen zum 31.12.2024	225.400 €		
Schulden zum 31.12.2024	- 198.300 €		
Eigenkapital zum 31.12.2024	162.300 €	→	- 162.300 €
Unterschiedsbetrag			55.700 €
Privatentnahmen 2025			85.700 €
Privateinlagen 2025			- 2.600 €
Gewinn 2025			**138.800 €**

I. Löhne und Gehälter

1. Gehaltsabrechnung

Lösung zu Aufgabe 52:

	Bruttogehalt			2.400,00 €
-	Steuern			
	Lohnsteuer	181,66 €		
	Solidaritätszuschlag	0,00 €		
	Kirchensteuer (9 % auf 181,66 €)	16,34 €	→	-198,00 €
-	Sozialversicherungsbeiträge (AN-Anteile)			
	Krankenversicherungsbeitrag (2.400 € • 7,3 %)	175,20 €		
	Zusatzbeitrag zur KV (2.400 € • 1,25 %)	30,00 €		
	Pflegeversicherungsbeitrag (2.400 € • 2,4 %)	57,60 €		
	Rentenversicherungsbeitrag (2.400 € • 9,3 %)	223,20 €		
	Arbeitslosenversicherungsbeitrag (2.400 € • 1,3 %)	31,20 €	→	-517,20 €
=	**Nettogehalt**			**1.684,88 €**

Lösung zu Aufgabe 53:

	Bruttogehalt			6.000,00 €
-	Steuern			
	Lohnsteuer	1.122,75 €		
	Solidaritätszuschlag	0,00 €		
	Kirchensteuer (9 % auf 1.122,75 €)	101,04 €	→	-1.223,79 €
-	Sozialversicherungsbeiträge (AN-Anteile)			
	Krankenversicherungsbeitrag (5.512,50 € • 7,3 %)	402,41 €		
	Zusatzbeitrag zur KV (5.512,50 € • 1,25 %)	68,91 €		
	Pflegeversicherungsbeitrag (5.512,50 € • 2,4 %)	132,30 €		
	Rentenversicherungsbeitrag (6.000 € • 9,3 %)	558,00 €		
	Arbeitslosenversicherungsbeitrag (6.000 € • 1,3 %)	78,00 €	→	-1.239,62 €
=	**Nettogehalt**			**3.536,59 €**

2. Gehaltsbuchung

Lösung zu Aufgabe 54:

Verrechnungsmethode:

Sollkonto Bezeichnung	SKR 03 (SKR 04) Kontonummer	Betrag (Euro)	Habenkonto Bezeichnung	SKR 03 (SKR 04) Kontonummer
Gehälter	4120 (6020)	6.000,00	Lohn-/Gehaltsverr.	1755 (3790)
Lohn-/Gehaltsverr.	1755 (3790)	1.223,79	Verbindl. Lohn-/KiSt	1741 (3730)
Lohn-/Gehaltsverr.	1755 (3790)	1.239,62	Verbindl. soz. Sicherh.	1742 (3740)
Lohn-/Gehaltsverr.	1755 (3790)	3.356,59	Verbindl. Lohn/Gehalt	1740 (3720)
Gesetzl. soziale Aufw.	4130 (6110)	1.206,55	Verbindl. soz. Sicherh.	1742 (3740)

3. Gehalt mit Vorschuss

Lösung zu Aufgabe 55:

	Bruttogehalt			3.200,00 €
-	Steuern			
	Lohnsteuer	88,00 €		
	Solidaritätszuschlag	0 €		
	Kirchensteuer	0 €	→	-88,00 €
-	Sozialversicherungsbeiträge (AN-Anteile)			
	Krankenversicherungsbeitrag (3.200 € • 7,3 %)	233,60 €		
	Zusatzbeitrag zur KV (3.200 € • 1,25 %)	40,00 €		
	Pflegeversicherungsbeitrag (3.200 € • 1,55 %)	49,60 €		
	Rentenversicherungsbeitrag (3.200 € • 9,3 %)	297,60 €		
	Arbeitslosenversicherungsbeitrag (3.200 € • 1,3 %)	41,60 €	→	-662,40 €
=	Nettogehalt			2.449,60 €
-	Vorschuss			1.000,00 €
=	**Auszahlungsbetrag**			**1.449,60 €**

Buchung der Auszahlung des Vorschusses:

Sollkonto Bezeichnung	SKR 03 (SKR 04) Kontonummer	Betrag (Euro)	Habenkonto Bezeichnung	SKR 03 (SKR 04) Kontonummer
Forder. geg. Personal	1530 (1340)	1.000,00	Bank	1200 (1800)

Gehaltsbuchungen (Verrechnungsmethode):

Sollkonto Bezeichnung	SKR 03 (SKR 04) Kontonummer	Betrag (Euro)	Habenkonto Bezeichnung	SKR 03 (SKR 04) Kontonummer
Gehälter	4120 (6020)	3.200,00	Lohn-/Gehaltsverr.	1755 (3790)
Lohn-/Gehaltsverr.	1755 (3790)	88,00	Verbindl. Lohn-/KiSt	1741 (3730)
Lohn-/Gehaltsverr.	1755 (3790)	662,40	Verbindl. soz. Sicherh.	1742 (3740)
Lohn-/Gehaltsverr.	1755 (3790)	1.000,00	Forder. geg. Personal	1530 (1340)
Lohn-/Gehaltsverr.	1755 (3790)	1.449,60	Verbindl. Lohn/Gehalt	1740 (3720)
Gesetzl. soziale Aufw.	4130 (6110)	670,40	Verbindl. soz. Sicherh.	1742 (3740)

4. Gehalt mit vermögenswirksamer Leistung

Lösung zu Aufgabe 56:

	Bruttogehalt			3.000,00 €
+	vwL (AG-Zuschuss)			20,00 €
=	steuer- und sozialversicherungspflichtiges Entgelt			3.020,00 €
-	Steuern			
	Lohnsteuer	314,50 €		
	Solidaritätszuschlag	0,00 €		
	Kirchensteuer (9 % auf 212,50 €)	28,30 €	→	-342,80 €
-	Sozialversicherungsbeiträge (AN-Anteile)			
	Krankenversicherungsbeitrag (3.020 € • 7,3 %)	220,46 €		
	Zusatzbeitrag zur KV (3.020 € • 1,25 %)	37,75 €		
	Pflegeversicherungsbeitrag (3.020 € • 1,8 %)[1]	54,36 €		
	Rentenversicherungsbeitrag (3.020 € • 9,3 %)	280,86 €		
	Arbeitslosenversicherungsbeitrag (3.020 € • 1,3 %)	39,26 €	→	-632,69 €
=	Nettogehalt			2.044,51 €
-	vwL			40,00 €
=	**Auszahlungsbetrag**			**2.004,51 €**

Verrechnungsmethode:

Sollkonto Bezeichnung	SKR 03 (SKR 04) Kontonummer	Betrag (Euro)	Habenkonto Bezeichnung	SKR 03 (SKR 04) Kontonummer
Gehälter	4120 (6020)	3000,00	Lohn-/Gehaltsverr.	1755 (3790)
Vermögensw. Leist.	4170 (6080)	20,00	Lohn-/Gehaltsverr.	1755 (3790)
Lohn-/Gehaltsverr.	1755 (3790)	342,80	Verbindl. Lohn-/KiSt	1741 (3730)
Lohn-/Gehaltsverr.	1755 (3790)	632,69	Verbindl. soz. Sicherh.	1742 (3740)
Lohn-/Gehaltsverr.	1755 (3790)	40,00	Verbindl. Vermögensb.	1750 (3770)
Lohn-/Gehaltsverr.	1755 (3790)	2.004,51	Verbindl. Lohn/Gehalt	1740 (3720)
Gesetzl. soziale Aufw.	4130 (6110)	632,69	Verbindl. soz. Sicherh.	1742 (3740)

[1] Frau Pepic ist unter 23 Jahre alt.

5. Gehalt mit Sachbezug

Lösung zu Aufgabe 57:

	Bruttogehalt („Barlohn“)			3.000,00 €
+	geldwerter Vorteil Wohnung			
	Mietwert	900,00 €		
	Bewertungsabschlag (⅓)	- 300,00 €		
	Zuzahlung (Miete)	- 300,00 €		
	geldwerter Vorteil	300,00 €		300,00 €
=	steuer- und sozialversicherungspflichtiges Entgelt			3.300,00 €
-	Steuern			
	Lohnsteuer	98,83 €		
	Solidaritätszuschlag	0,00 €		
	Kirchensteuer (9 % auf 98,83 €)	8,89 €	→	-102,72 €
-	Sozialversicherungsbeiträge(AN-Anteile)			
	Krankenversicherungsbeitrag (3.300 € • 7,3 %)	240,90 €		
	Zusatzbeitrag zur KV (3.300 € • 1,25 %)	41,25 €		
	Pflegeversicherungsbeitrag (3.300 € • 2,4 %)	79,20 €		
	Rentenversicherungsbeitrag (3.300 € • 9,3 %)	306,90 €		
	Arbeitslosenversicherungsbeitrag (3.300 € • 1,3 %)	42,90 €	→	711,15 €
=	**Nettogehalt**			**2.481,32 €**
-	geldwerter Vorteil Sachbezug Wohnung			300,00 €
-	monatliche Mietzahlung			300,00 €
=	**Auszahlungsbetrag**			**1.881,32 €**

Verrechnungsmethode:

Sollkonto Bezeichnung	SKR 03 (SKR 04) Kontonummer	Betrag (Euro)	Habenkonto Bezeichnung	SKR 03 (SKR 04) Kontonummer
Gehälter	4120 (6020)	3.300,00	Lohn-/Gehaltsverr.	1755 (3790)
Lohn-/Gehaltsverr.	1755 (3790)	102,72	Verbindl. Lohn-/KiSt	1741 (3730)
Lohn-/Gehaltsverr.	1755 (3790)	711,15	Verbindl. soz. Sicherh.	1742 (3740)
Lohn-/Gehaltsverr.	1755 (3790)	300,00	Verr. Sachb. ohne USt	8614 (4949)
Lohn-/Gehaltsverr.	1755 (3790)	300,00	Erlöse V + V ohne USt	2750 (4861)
Lohn-/Gehaltsverr.	1755 (3790)	1.881,32	Verbindl. Lohn/Gehalt	1740 (3720)
Gesetzl. soziale Aufw.	4130 (6110)	691,35	Verbindl. soz. Sicherh.	1742 (3740)

AG-Anteil zur Sozialvers.	
KV	240,90 €
Zusatzbeitrag KV	41,25 €
PV (ohne Zusatzbeitrag)	59,40 €
RV	306,90 €
ArblV	42,90 €
	691,35 €

Lösung zu Aufgabe 58:

	Bruttogehalt („Barlohn")			2.666,00 €
+	Sachbezug Kfz			
	Bruttolistenpreis (BLP), auf volle			
	100 € abgerundet (= 33.300 €) • 1 % =	333,00 €		
	+ BLP • 0,03 % • 10 km =	99,90 €		
	geldwerter Vorteil	432,90 €	→	432,90 €
=	steuer- und sozialversicherungspflichtiges Entgelt			3.098,90 €
-	Steuern			
	Lohnsteuer	72,16 €		
	Solidaritätszuschlag	0,00 €		
	Kirchensteuer	0,00 €	→	72,16 €
-	Sozialversicherungsbeiträge (AN-Anteile)			
	Krankenversicherungsbeitrag (3.098,90 € • 7,3 %)	226,22 €		
	Zusatzbeitrag zur KV (3.098,90 € • 1,25 %)	38,74 €		
	Pflegeversicherungsbeitrag (3.098,90 € • 1,55 %)	48,03 €		
	Rentenversicherungsbeitrag (3.098,90 € • 9,3 %)	288,20 €		
	Arbeitslosenversicherungsbeitrag (3.098,90 € • 1,3 %)	40,29 €	→	641,48 €
=	**Nettogehalt**			**2.385,26 €**
-	Sachbezug Kfz			432,90 €
=	**Auszahlungsbetrag**			**1.952,36 €**

Verrechnungsmethode:

Sollkonto Bezeichnung	SKR 03 (SKR 04) Kontonummer	Betrag (Euro)	Habenkonto Bezeichnung	SKR 03 (SKR 04) Kontonummer
Gehälter	4120 (6020)	3.098,90	Lohn-/Gehaltsverr.	1755 (3790)
Lohn-/Gehaltsverr.	1755 (3790)	72,16	Verbindl. Lohn-/KiSt	1741 (3730)
Lohn-/Gehaltsverr.	1755 (3790)	641,48	Verbindl. soz. Sicherh.	1742 (3740)
Lohn-/Gehaltsverr.	1755 (3790)	363,78	Verr. Sachb. 19 % USt	8611 (4949)
Lohn-/Gehaltsverr.	1755 (3790)	69,12	Umsatzsteuer 19 %	1776 (3806)
Lohn-/Gehaltsverr.	1755 (3790)	1.952,36	Verbindl. Lohn/Gehalt	1740 (3720)
Gesetzl. soziale Aufw.	4130 (6110)	649,23	Verbindl. soz. Sicherh.	1742 (3740)

Lösung zu Aufgabe 59:

Sollkonto Bezeichnung	SKR 03 (SKR 04) Kontonummer	Betrag (Euro)	Habenkonto Bezeichnung	SKR 03 (SKR 04) Kontonummer
Verbindl. Lohn/Gehalt	1740 (3720)	1.952,36	Bank	1200 (1800)
Verbindl. Lohn-/KiSt	1741 (3730)	72,16	Bank	1200 (1800)
Verbindl. soz. Sicherh.	1742 (3740)	1.290,71	Bank	1200 (1800)

6. Minijob

Lösung zu Aufgabe 60:

► Rentenversicherung	15,0 % =	63,00 €
► Krankenversicherung	13,0 % =	54,60 €
► Lohnsteuer	2,0 % =	8,40 €
► U1 für Krankheitsfortzahlungen	1,1 % =	4,62 €
► U2 für Schwangerschaft/Mutterschutz	0,22 % =	0,92 €
► Insolvenzgeldumlage	0,15 % =	0,63 €
		132,17 €

Lösung zu Aufgabe 61:

► Rentenversicherung	15,0 % =	52,50 €
► Krankenversicherung	0,0 % =	0,00 €
► Lohnsteuer	2,0 % =	7,00 €
► U1 für Krankheitsfortzahlungen	1,1 % =	3,85 €
► U2 für Schwangerschaft/Mutterschutz	0,22 % =	0,77 €
► Insolvenzgeldumlage	0,15 % =	0,53 €
		64,65 €

Lösung zu Aufgabe 62:

Sollkonto Bezeichnung	**SKR 03 (SKR 04) Kontonummer**	**Betrag (Euro)**	**Habenkonto Bezeichnung**	**SKR 03 (SKR 04) Kontonummer**
Löhne für Minijobs	4195 (6035)	350,00	Kasse	1000 (1600)
Pauschale Steuern für Minijobber	4194 (6036)	7,00	Verbindl. Lohn-/KiSt	1741 (3730)
Soziale Abgaben für Minijobber	4144 (6171)	57,65	Verbindl. soz. Sicherh.	1742 (3740)

J. Sachanlagevermögen

1. Anschaffung

Lösung zu Aufgabe 63:

Ermittlung der AK:

	Listenpreis, netto	1.200,00 €
-	10 % Rabatt	120,00 €
		1.080,00 €
-	2 % Skonto von 1.080 € =	21,60 €
=	AK	**1.058,40 €**

Ermittlung des Überweisungsbetrags:

	Listenpreis, netto	1.200,00 €
-	5 % Rabatt	120,00 €
		1.080,00 €
+	19 % USt	205,20 €
=	Rechnungsendbetrag	1.285,20 €
-	2 % Skonto von 1.285,20 € =	25,70 €
=	Überweisungsbetrag	**1.259,50 €**

Buchungen:

Sollkonto Bezeichnung	SKR 03 (SKR 04) Kontonummer	Betrag (Euro)	Habenkonto Bezeichnung	SKR 03 (SKR 04) Kontonummer
Geschäftsausstattung	0410 (0635)	1.080,00	Verbindl. a LuL	1600 (3300)
Vorsteuer 19 %	1576 (1406)	205,20	Verbindl. a LuL	1600 (3300)
Verbindl. a LuL	1600 (3300)	1.259,50	Bank	1200 (1800)
Verbindl. a LuL	1600 (3300)	21,60	Geschäftsausstattung	0410 (0635)
Verbindl. a LuL	1600 (3300)	4,10	Vorsteuer 19 %	1576 (1406)

Lösung zu Aufgabe 64:

Kaufpreis des bebauten Grundstücks:

Sollkonto Bezeichnung	SKR 03 (SKR 04) Kontonummer	Betrag (Euro)	Habenkonto Bezeichnung	SKR 03 (SKR 04) Kontonummer
Grundstücksw. eigener bebauter Grundstücke	0085 (0235)	160.000,00	Bank	1200 (1800)
Geschäftsbauten	0090 (0240)	640.000,00	Bank	1200 (1800)

Grunderwerbsteuer:

Sollkonto Bezeichnung	SKR 03 (SKR 04) Kontonummer	Betrag (Euro)	Habenkonto Bezeichnung	SKR 03 (SKR 04) Kontonummer
Grundstücksw. eigener bebauter Grundstücke	0085 (0235)	8.000,00	Bank	1200 (1800)
Geschäftsbauten	0090 (0240)	32.000,00	Bank	1200 (1800)

Grundbucheintragung:

Sollkonto Bezeichnung	SKR 03 (SKR 04) Kontonummer	Betrag (Euro)	Habenkonto Bezeichnung	SKR 03 (SKR 04) Kontonummer
Grundstücksw. eigener bebauter Grundstücke	0085 (0235)	120,00	Verbindlichk. a LuL	1600 (3300)
Geschäftsbauten	0090 (0240)	480,00	Verbindlichk. a LuL	1600 (3300)

Notargebühr:

Sollkonto Bezeichnung	SKR 03 (SKR 04) Kontonummer	Betrag (Euro)	Habenkonto Bezeichnung	SKR 03 (SKR 04) Kontonummer
Grundstücksw. eigener bebauter Grundstücke	0085 (0235)	180,00	Verbindlichk. a LuL	1600 (3300)
Geschäftsbauten	0090 (0240)	720,00	Verbindlichk. a LuL	1600 (3300)
Vorsteuer 19 %	1576 (1406)	171,00	Verbindl. a LuL	1600 (3300)

Ermittlung der AK:

Vorgang	Anteil Grund und Boden (20 %)	Anteil Gebäude (80 %)
Kaufpreis des bebauten Grundstücks: 800.000 €	160.000 €	640.000 €
5 % Grunderwerbsteuer: 40.000 €	8.000 €	32.000 €
Grundbuchgebühr: 600 €	120 €	480 €
Notargebühr (netto): 900 €	180 €	720 €
Summen (= AK)	168.300 €	673.200 €

2. Herstellung

Lösung zu Aufgabe 65:

Ermittlung der HK:

	Materialeinzelkosten	6.500 € + 8.300 € =	14.800 €
+	Materialgemeinkosten	14.800 € • 25 % =	3.700 €
+	Fertigungseinzelkosten	60 Stunden • 18 € =	1.080 €
+	Fertigungsgemeinkosten	1.080 € • 55 % =	594 €
=	**Herstellungskosten**		**20.174 €**

Buchungssatz:

Sollkonto Bezeichnung	**SKR 03 (SKR 04) Kontonummer**	**Betrag (Euro)**	**Habenkonto Bezeichnung**	**SKR 03 (SKR 04) Kontonummer**
Hof- und Wegbefestig.	0112 (0285)	20.174,00	Andere aktivierte Eigenleistungen	8990 (4820)

3. Abschreibung

Lösung zu Aufgabe 66:

Ermittlung der AK:

	Listenpreis, netto	8.500,00 €
-	5 % Rabatt	425,00 €
+	ANK (Aufbau, Anschluss)	500,00 €
=	**AK**	**8.575,00 €**

Ermittlung Abschreibung:

AK 8.575 € : 13 Jahre ND • $\frac{7}{12}$ (Juni - Dez.) = 384,78 €, gerundet **385 €**

Buchungen:

Sollkonto Bezeichnung	**SKR 03 (SKR 04) Kontonummer**	**Betrag (Euro)**	**Habenkonto Bezeichnung**	**SKR 03 (SKR 04) Kontonummer**
Büroeinrichtung	0420 (0650)	8.075,00	Bank	1200 (1800)
Vorsteuer 19 %	1576 (1406)	1.534,25	Bank	1200 (1800)
Büroeinrichtung	0420 (0650)	500,00	Bank	1200 (1800)
Vorsteuer 19 %	1576 (1406)	95,00	Bank	1200 (1800)
Abschreibungen auf Sachanlagen	4830 (6220)	385,00	Büroeinrichtung	0420 (0650)

4. Geringwertige Wirtschaftsgüter

Lösung zu Aufgabe 67:

Sollkonto Bezeichnung	SKR 03 (SKR 04) Kontonummer	Betrag (Euro)	Habenkonto Bezeichnung	SKR 03 (SKR 04) Kontonummer
GWG	0480 (0670)	798,70	Bank	1200 (1800)
Vorsteuer 19 %	1576 (1406)	151,75	Bank	1200 (1800)
Abschreibungen auf GWG	4860 (6262)	798,70	GWG	0480 (0670)

Nebenrechnung:
815 € + 154,85 € = 969,85 €
969,85 € - 19,40 € (2 % Skonto) = 950,45 € (brutto)
950,45 € : 1,19 = **798,70 €** (netto)
798,70 € • 19 % = **151,75 €** (Vorsteuer)

alternativ:

Sollkonto Bezeichnung	SKR 03 (SKR 04) Kontonummer	Betrag (Euro)	Habenkonto Bezeichnung	SKR 03 (SKR 04) Kontonummer
Sofortabschr. GWG	4855 (6260)	798,70	Bank	1200 (1800)
Vorsteuer 19 %	1576 (1406)	151,75	Bank	1200 (1800)

Lösung zu Aufgabe 68:

Anschaffung (Bildung eines Sammelpostens gem. § 6 Abs. 2a EStG):

870 € + 165,30 € = 1.035,30 €
1.035,30 € - 20,71 € (2 % Skonto) = 1.014,59 € (brutto)
1.014,59 € : 1,19 = **852,60 €** (netto)
852,60 € • 19 % = **161,99 €** (Vorsteuer)

Abschreibung:

Auflösung („Abschreibung") des Sammelpostens 2025:
852,60 € • $\frac{1}{5}$ = 170,52 €, gerundet **171 €**

Buchungen:

Sollkonto Bezeichnung	SKR 03 (SKR 04) Kontonummer	Betrag (Euro)	Habenkonto Bezeichnung	SKR 03 (SKR 04) Kontonummer
Sammelposten	0485 (0675)	852,60	Kasse	1000 (1600)
Vorsteuer 19 %	1576 (1406)	161,99	Kasse	1000 (1600)
Abschreibungen auf den Sammelposten	4862 (6264)	171,00	Sammelposten	0485 (0675)

5. Anlagenverkauf

Lösung zu Aufgabe 69:

Abschreibung Maschine alt 2025:

19.200 € : 8 Jahre = 2.400 €/Jahr
davon $\frac{1}{12}$ für 2025 (Januar) = **200 €**

Restbuchwert Maschine alt beim Anlagenabgang:

	AK	19.200 €
-	Abschreibung 2020 ($\frac{6}{12}$)	1.200 €
-	Abschreibung 2021 - 2024 (4 • 2.400 € =)	9.600 €
-	Abschreibung 2025 ($\frac{1}{12}$)	200 €
=	**Restbuchwert Anlagenabgang**	**8.200 €**

Buchungen:

Sollkonto Bezeichnung	SKR 03 (SKR 04) Kontonummer	Betrag (Euro)	Habenkonto Bezeichnung	SKR 03 (SKR 04) Kontonummer
Abschreibungen auf Sachanlagen	4830 (6220)	200,00	Maschinen	0210 (0440)
Anlagenabgang (bei Buchgewinn)	2315 (4855)	8.200,00	Maschinen	0210 (0440)
Bank	1200 (1800)	8.500,00	Erlöse aus Verkäufen Sachanlagen 19 % USt (bei Buchgewinn)	8820 (4845)
Bank	1200 (1800)	1.615,00	Umsatzsteuer 19 %	1776 (3806)

Lösung zu Aufgabe 70:

Abschreibung Pkw 2025:

24.000 € : 6 Jahre = 4.000 €/Jahr
davon $\frac{6}{12}$ für 2023 (Januar - Juni) = **2.000 €**

Restbuchwert Pkw alt beim Anlagenabgang:

	AK	24.000 €
-	Abschreibung 2021 ($\frac{3}{12}$)	1.000 €
-	Abschreibung 2022 - 2024 (3 • 4.000 € =)	12.000 €
-	Abschreibung 2025 ($\frac{6}{12}$)	2.000 €
=	**Restbuchwert Anlagenabgang**	**9.000 €**

Buchungen:

Sollkonto Bezeichnung	SKR 03 (SKR 04) Kontonummer	Betrag (Euro)	Habenkonto Bezeichnung	SKR 03 (SKR 04) Kontonummer
Abschreibungen auf Kfz	4832 (6222)	2.000,00	Pkw	0320 (0520)
Anlagenabgang (bei Buchverlust)	2310 (6895)	9.000,00	Pkw	0320 (0520)
Bank	1200 (1800)	6.000,00	Erlöse aus Verkäufen Sachanlagen 19 % USt (bei Buchverlust)	8801 (6885)
Bank	1200 (1800)	1.140,00	Umsatzsteuer 19 %	1776 (3806)

6. Anlagenkauf mit Inzahlunggabe

Lösung zu Aufgabe 71:

Sollkonto Bezeichnung	SKR 03 (SKR 04) Kontonummer	Betrag (Euro)	Habenkonto Bezeichnung	SKR 03 (SKR 04) Kontonummer
Anschaffung Pkw neu:				
Pkw	0320 (0520)	36.500,00	Verbindlichk. a LuL	1600 (3300)
Vorsteuer 19 %	1576 (1406)	6.935,00	Verbindlichk. a LuL	1600 (3300)
Abschreibung und Anlagenabgang Pkw alt:				
Abschreibungen auf Kfz	4832 (6222)	1.600,00	Pkw	0320 (0520)
Anlagenabgang (bei Buchverlust)	2310 (6895)	10.133,00	Pkw	0320 (0520)
Inzahlunggabe Pkw alt:				
Verbindlichk. a LuL	1600 (3300)	3.000,00	Erlöse aus Verkäufen Sachanlagen 19 % USt (bei Buchverlust)	8801 (6885)
Verbindlichk. a LuL	1600 (3300)	570,00	Umsatzsteuer 19 %	1776 (3806)
Bezahlung:				
Verbindlichk. a LuL	1600 (3300)	39.865,00	Bank	1200 (1800)
Abschreibung Pkw neu:				
Abschreibungen auf Kfz	4832 (6222)	5.475,00	Pkw	0320 (0520)

Nebenrechnungen:

Abschreibung Pkw alt 2025:

32.000 € : 5 Jahre = 6.400 €/Jahr
davon 3/12 für 2023 (Januar - März) = **1.600 €**

Restbuchwert Pkw alt beim Anlagenabgang:

	AK	32.000 €
-	Abschreibung 2021 (2/12)	1.067 €
-	Abschreibung 2022 - 2024 (3 • 6.400 € =)	19.200 €
-	Abschreibung 2025 (3/12)	1.600 €
=	**Restbuchwert Anlagenabgang**	**10.133 €**

Bezahlung:

	Pkw neu: 36.500 € + 6.935 € =	43.435 €
-	Inzahlunggabe Pkw alt: 3.000 € + 570 € =	3.570 €
=	**Restzahlung**	**39.865 €**

Abschreibung Pkw neu 2025:

36.500 € : 5 Jahre ND = 7.300 €
davon 9/12 für 2025 (April - Dez.) = **5.475 €**

K. Darlehen und Schuldzinsen

1. Darlehen ohne Disagio

Lösung zu Aufabe 72:

Sollkonto Bezeichnung	SKR 03 (SKR 04) Kontonummer	Betrag (Euro)	Habenkonto Bezeichnung	SKR 03 (SKR 04) Kontonummer
Bank	1200 (1800)	25.000,00	Verbindlichkeiten gegenüber Kreditinst.	0630 (3150)
Zinsaufwendungen für langfr. Verbindlichk.	2120 (7320)	125,00	Bank	1200 (1800)

Nebenrechnung:

Darlehenszinsen für 2025:
25.000 € • 6 % : 360 Tage • 30 Tage = **125 €**

Lösung zu Aufgabe 73:

Sollkonto Bezeichnung	SKR 03 (SKR 04) Kontonummer	Betrag (Euro)	Habenkonto Bezeichnung	SKR 03 (SKR 04) Kontonummer
Bank	1200 (1800)	18.000,00	Verbindlichkeiten gegenüber Kreditinst.	0630 (3150)
Zinsaufwendungen für langfr. Verbindlichk.	2120 (7320)	70,00	Bank	1200 (1800)

Nebenrechnung:

Darlehenszinsen für Juli 2025:
18.000 € • 7 % : 360 Tage • 20 Tage = **70 €**

2. Darlehen mit Disagio

Lösung zu Aufgabe 74:

Sollkonto Bezeichnung	SKR 03 (SKR 04) Kontonummer	Betrag (Euro)	Habenkonto Bezeichnung	SKR 03 (SKR 04) Kontonummer
Bank	1200 (1800)	96.000,00	Verbindlichkeiten gegenüber Kreditinst.	0630 (3150)
Damnum/Disagio	0986 (1940)	4.000,00	Verbindlichkeiten gegenüber Kreditinst.	0630 (3150)
Zinsaufwendungen für langfr. Verbindlichk.	2120 (7320)	1.000,00	Sonstige Verbindlichk.	1700 (3500)
Abschreibungen auf Damnum/Disagio	2124 (7324)	133,33	Damnum/Disagio	0986 (1940)

Nebenrechnung:

Darlehenszinsen 2025 (= kurzfristige Zinsverbindlichkeit zum 31.12.2025):
100.000 € • 6 % : 360 Tage • 60 Tage (01.11. bis 30.12.) = **1.000 €**

Abschreibung des Damnums 2025:
4.000 € : 5 Jahre : 360 Tage • 60 Tage = **133,33 €**

L. Steuerliche Besonderheiten bei den laufenden Buchungen

1. Zinserträge

Lösung zu Aufgabe 75:

- Berechnung der Guthabenzinsen zum 31.12.2025 (Bruttozinsen):

  80.000 € • 1,5 % : 360 Tage • 179 Tage (02.07. - 30.12.) = **596,67 €**

- Berechnung der Steuerabzüge und des Auszahlungsbetrags:

	Bruttozinsen	596,67 €
-	25 % KapESt	149,17 €
-	5,5 % SolZ von 174,17 €	8,20 €
=	Nettozinsen (Auszahlungsbetrag)	**439,30 €**

Steuerabzüge zusammen: 149,17 € + 8,20 € = **157,37 €**

Sollkonto Bezeichnung	SKR 03 (SKR 04) Kontonummer	Betrag (Euro)	Habenkonto Bezeichnung	SKR 03 (SKR 04) Kontonummer
Bank	1200 (1800)	493,30	Zinserträge	2650 (7110)
Privatsteuern	1810 (2150)	157,37	Zinserträge	2650 (7110)

2. Dividendenerträge

Lösung zu Aufgabe 76:

Berechnung der Steuerabzüge und des Auszahlungsbetrags:

	Bardividende	3.300,00 €
-	25 % KapESt	825,00 €
-	5,5 % SolZ von 825 €	45,38 €
=	Nettodividende (Auszahlungsbetrag)	**2.429,62 €**

Steuerabzüge zusammen: 825 € + 45,38 € = **870,38 €**

Sollkonto Bezeichnung	SKR 03 (SKR 04) Kontonummer	Betrag (Euro)	Habenkonto Bezeichnung	SKR 03 (SKR 04) Kontonummer
Bank	1200 (1800)	2.429,62	Erträge aus Anteilen an Kapitalgesellsch.	2625 (7014)
Privatsteuern	1810 (2150)	870,38	Erträge aus Anteilen an Kapitalgesellsch.	2625 (7014)

3. Innergemeinschaftlicher Erwerb von Waren

Lösung zu Aufgabe 77:

Wareneinkauf:

Sollkonto Bezeichnung	SKR 03 (SKR 04) Kontonummer	Betrag (Euro)	Habenkonto Bezeichnung	SKR 03 (SKR 04) Kontonummer
Innerg. Erwerb 19 %	3425 (5425)	8.000,00	Verbindl. a LuL	1600 (3300)
Abz. VoSt aus i. g. Erw.	1574 (1404)	1.520,00	USt aus i. g. Erw.	1774 (3804)

Bezahlung:

Sollkonto Bezeichnung	SKR 03 (SKR 04) Kontonummer	Betrag (Euro)	Habenkonto Bezeichnung	SKR 03 (SKR 04) Kontonummer
Verbindl. a LuL	1600 (3300)	7.840,00	Bank	1200 (1800)
Verbindl. a LuL	1600 (3300)	160,00	Erh. Skonti aus i. g. E.	3748 (5748)
USt aus i. g. Erw.	1774 (3804)	30,40	Abz. VoSt aus i. g. Erw.	1574 (1404)

4. Innergemeinschaftliche Lieferung und Ausfuhr in das Drittlandsgebiet

Lösung zu Aufgabe 78:

Warenverkauf:

Sollkonto Bezeichnung	SKR 03 (SKR 04) Kontonummer	Betrag (Euro)	Habenkonto Bezeichnung	SKR 03 (SKR 04) Kontonummer
Forderungen a LuL	1400 (1200)	5.000,00	Steuerfreie innergem. Lieferungen	8125 (4125)

Bezahlung:

Sollkonto Bezeichnung	SKR 03 (SKR 04) Kontonummer	Betrag (Euro)	Habenkonto Bezeichnung	SKR 03 (SKR 04) Kontonummer
Bank	1200 (1800)	4.900,00	Forderungen a LuL	1400 (1200)
Gewährte Skonti aus innerg. Lieferung	8743 (4743)	100,00	Forderungen a LuL	1400 (1200)

Lösung zu Aufgabe 79:

Warenverkauf:

Sollkonto Bezeichnung	SKR 03 (SKR 04) Kontonummer	Betrag (Euro)	Habenkonto Bezeichnung	SKR 03 (SKR 04) Kontonummer
Forderungen a LuL	1400 (1200)	9.000,00	Steuerfreie Umsätze § 4 Nr. 1a UStG	8120 (4120)

Bezahlung:

Sollkonto Bezeichnung	SKR 03 (SKR 04) Kontonummer	Betrag (Euro)	Habenkonto Bezeichnung	SKR 03 (SKR 04) Kontonummer
Bank	1200 (1800)	8.730,00	Forderungen a LuL	1400 (1200)
Erlösschmälerungen aus steuerfreien Umsätzen § 4 Nr. 1a UStG	8705 (4705)	270,00	Forderungen a LuL	1400 (1200)

5. Geschenke aus betrieblichem Anlass

Lösung zu Aufgabe 80:

Tz.	Sollkonto Bezeichnung	SKR 03 (SKR 04) Kontonummer	Betrag (Euro)	Habenkonto Bezeichnung	SKR 03 (SKR 04) Kontonummer
1.	Geschenke abzugsf.	4630 (6610)	600,00	Verbindlichk. a LuL	1600 (3300)
	Vorsteuer 19 %	1576 (1406)	114,00	Verbindlichk. a LuL	1600 (3300)
2.	Geschenke nicht abz.	4635 (6620)	773,50	Verbindlichk. a LuL	1600 (3300)
3.	Repräsentationsk.	4640 (6630)	120,00	Verbindlichk. a LuL	1600 (3300)
	Vorsteuer 19 %	1576 (1406)	22,80	Verbindlichk. a LuL	1600 (3300)

6. Bewirtungsaufwendungen

Lösung zu Aufgabe 81:

Tz.	Sollkonto Bezeichnung	SKR 03 (SKR 04) Kontonummer	Betrag (Euro)	Habenkonto Bezeichnung	SKR 03 (SKR 04) Kontonummer
1.	Bewirtungskosten	4650 (6640)	56,00	Kasse	1000 (1600)
	Nicht abz. Bewirtungsk.	4654 (6644)	24,00	Kasse	1000 (1600)
	Vorsteuer 19 %	1576 (1406)	15,20	Kasse	1000 (1600)
2.	Nicht abz. Bewirtungsk.	4654 (6644)	178,50	Bank	1200 (1800)
	Bewirtungskosten	4650 (6640)	105,00	Bank	1200 (1800)
	Nicht abz. Bewirtungsk.	4654 (6644)	45,00	Bank	1200 (1800)
	Vorsteuer 19 %	1576 (1406)	28,50	Bank	1200 (1800)

Zu Tz. 2:

- Die Hälfte der Bewirtungskosten ist unangemessen und somit brutto nicht abziehbar: 357 € • ½ = **178,50 €**.
- Die angemessenen Bewirtungskosten sind zu 70 % (netto) abziehbar und zu 30 % (netto) nicht abziehbar. Die Vorsteuer, die auf den angemessenen Teil entfällt, ist abziehbar.

  Bewirtungskosten abziehbar: 150 € • 70 % = **105 €**
  Bewirtungskosten nicht abziehbar: 150 € • 30 % = **45 €**
  Vorsteuer abziehbar: 57 € • ½ = **28,50 €**

7. Fahrten zwischen Wohnung und erster Betriebsstätte

Lösung zu Aufgabe 82:

Privatfahrten (= Privatentnahme):

33.550 € wird auf 33.500 € abgerundet	
33.500 € • 1 % • 12 Monate =	4.020,00 €
davon 80 % umsatzsteuerpflichtig =	**3.216,00 €**
19 % USt hierzu	**611,04 €**
20 % nicht umsatzsteuerpflichtig =	**804,00 €**

Fahrten zwischen Wohnung und Betrieb (= nichtabzugsfähige Betriebsausgaben):

	33.500 € • 0,03 % • 10 km • 12 Monate =	1.206,00 €
-	230 Tage • 10 km • 0,30 € =	690,00 €
=	nicht abzugsfähige Betriebsausgabe	**516,00 €**

Sollkonto Bezeichnung	SKR 03 (SKR 04) Kontonummer	Betrag (Euro)	Habenkonto Bezeichnung	SKR 03 (SKR 04) Kontonummer
Unentgeltl. Wertabg.	1880 (2130)	3.216,00	Verwendung von Gegenst. für Zwecke außerhalb des Unternehmens 19 % USt (Kfz-Nutzung)	8921 (4645)
Unentgeltl. Wertabg.	1880 (2130)	611,04	Umsatzsteuer 19 %	1776 (3806)
Unentgeltl. Wertabg.	1880 (2130)	804,00	Verwendung von Gegenst. für Zwecke außerhalb des Unternehmens ohne USt (Kfz-Nutzung)	8924 (4639)
Fahrten zwischen Wohnung und Betriebsstätte (Sollbuchung)	4679 (6689)	516,00	Fahrten zwischen Wohnung und Betriebsstätte (Habenbuchung)	4680 (6690)

Lösung zu Aufgabe 83:

Fahrten zwischen Wohnung und Betrieb (= nichtabzugsfähige Betriebsausgaben):

- Pkw-Kosten pro gefahrenem km:
  5.846 € : 19.658 € = 0,2974 €/km
- Pkw-Kosten der Fahrten zwischen Wohnung und erster Betriebsstätte:
  5.060 km • 0,2974 €/km = 1.504,84 €
- steuerlich abzugsfähig (Entfernungspauschale):
  230 Fahrten • 11 km (einfache Strecke) • 0,30 €/km = 759,00 €
- nichtabzugsfähige Betriebsausgaben: **745,84 €**

Sollkonto Bezeichnung	SKR 03 (SKR 04) Kontonummer	Betrag (Euro)	Habenkonto Bezeichnung	SKR 03 (SKR 04) Kontonummer
Fahrten zwischen Wohnung und Betriebsstätte (Sollbuchung)	4679 (6689)	745,84	Fahrten zwischen Wohnung und Betriebsstätte (Habenbuchung)	4680 (6690)

8. Reisekosten

Lösung zu Aufgabe 84:

Ermittlung der Reisekosten:

- Fahrtkosten mit dem privaten Pkw:
  140 km • 2 • 0,30 €/km = **84 €**
- Übernachtungskosten **200 € + 14 € USt** voll abziehbar, weil die Rechnung auf das Unternehmen ausgestellt und kein Frühstück o. Ä. enthalten ist.
- Verpflegungskosten sind nur in Höhe der Pauschbeträge gem. § 9 Abs. 4a EStG abziehbar; übersteigende Aufwendungen sind nichtabzugsfähige Betriebsausgaben (§ 4 Abs. 5 Nr. 5 EStG). Die Vorsteuerbeträge aus den ordnungsgemäßen Verpflegungsbelegen sind abziehbar (weil unternehmerisch veranlasst); hier: 152,92 € : 119 • 19 = 24,42 €.

  Abziehbare Pauschbeträge:

11.10.	14 €
12.10.	28 €
13.10.	14 €
	56 €

Nicht abziehbare Verpflegungsaufwendungen:	154,70 € : 1,19 =	130,00 €
	davon abziehbar (s. o.)	- 56,00 €
	nicht abziehbar	**74,00 €**

Buchungen:

Tz.	Sollkonto Bezeichnung	SKR 03 (SKR 04) Kontonummer	Betrag (Euro)	Habenkonto Bezeichnung	SKR 03 (SKR 04) Kontonummer
1.	Reisek. Untern. Fahrtkosten	4673 (6673)	84,00	Privateinlagen	1890 (2180)
2.	Reisek. Untern. Übernachtungskosten	4676 (6680)	200,00	Bank	1200 (1800)
	Vorsteuer 7 %	1571 (1401)	14,00	Bank	1200 (1800)
3.	Reisek. Untern. Verpflegungskosten	4674 (6674)	56,00	Kasse	1000 (1600)
	Reisek. Untern. nicht abziehbar	4672 (6672)	74,00	Kasse	1000 (1600)
	Vorsteuer 19 %	1576 (1406)	24,70	Kasse	1000 (1600)

9. Steuern und steuerliche Nebenleistungen

Lösung zu Aufgabe 85:

Tz.	Sollkonto Bezeichnung	SKR 03 (SKR 04) Kontonummer	Betrag (Euro)	Habenkonto Bezeichnung	SKR 03 (SKR 04) Kontonummer
1.a)	Privatsteuern	1810 (2150)	2.100,00	Bank	1200 (1800)
b)	Privatsteuern	1810 (2150)	115,50	Bank	1200 (1800)
c)	Kfz-Steuer	4510 (7685)	250,00	Bank	1200 (1800)
2.	Gewerbesteuer	4320 (7610)	1.500,00	Bank	1200 (1800)
3.	Steuerlich abzugsf. Verspätungszuschläge	4396 (6436)	100,00	Bank	1200 (1800)
4.	Steuerlich abzugsf. andere Nebenleist.	2103 (7303)	50,00	Bank	1200 (1800)

M. Einführung in die Jahresabschlusserstellung

1. Rechtsgrundlagen

Lösung zu Aufgabe 86:

Handelsrecht („Handelsbilanz“)	Steuerrecht („Steuerbilanz“)
§§ 238 - 265 HGB	§§ 4 - 7g EStG

2. Bestandteile des Jahresabschlusses

Lösung zu Aufgabe 87:

Mindestbestandteile des Jahresabschlusses einer Einzelunternehmung/Personenhandelsgesellschaft	Mindestbestandteile des Jahresabschlusses einer Kapitalgesellschaft
► Bilanz ► Gewinn- und Verlustrechnung § 242 Abs. 3 HGB	► Bilanz ► Gewinn- und Verlustrechnung ► Anhang §§ 242 Abs. 3 und 264 Abs. 1 HGB

Lösung zu Aufgabe 88:

Anhang	Lagebericht
► Werte der Bilanz und der Gewinn- und Verlustrechnung werden kommentiert bzw. genauer erläutert. ► Enthält Angaben zu den im Jahresabschluss angewendeten Bilanzansatz- und Bewertungswahlrechten. ► Enthält in der Regel den Anlagenspiegel gem. § 268 Abs. 2 HGB. ► Gehört zum Jahresabschluss einer Kapitalgesellschaft.	► Wirtschaftlichkeitsbericht, in dem der Geschäftsverlauf, das Geschäftsergebnis und die Entwicklung des Unternehmens dargestellt werden. ► Enthält freiwillige Informationen und Angaben zur Selbstdarstellung (z. B. Umweltbilanz des Unternehmens). ► Gehört nicht zum Jahresabschluss.

N. Grundlagen der Bewertung

1. Bewertungsmaßstäbe

Lösung zu Aufgabe 89:

Ermittlung der Anschaffungskosten:

	Anschaffungspreis (Kaufpreis)	2.350 €
+	Anschaffungsnebenkosten (Spedition, netto)	75 €
-	Anschaffungspreisminderung 2 % von 2.350 € - 100 € =	45 €
=	**Anschaffungskosten**	**2.380 €**

Lösung zu Aufgabe 90:

Ermittlung der AK:

Vorgang	Anteil Grund und Boden (34 %)	Anteil Gebäude (66 %)
Kaufpreis des bebauten Grundstücks: 450.000 €	153.000 €	297.000 €
5 % Grunderwerbsteuer: 22.500 €	7.650 €	14.850 €
Grundbuchgebühr: 450 €	153 €	297 €
Notarrechnung (netto): 700 €	238 €	462 €
Summen	161.041 €	312.609 €

Buchungssätze:

Sollkonto Bezeichnung SKR 03 (SKR 04)	**Betrag Euro**	**Habenkonto** Bezeichnung SKR 03 (SKR 04)	**Text/Berechnungen**
bebaute Grundstücke 0085 (0235)	153.000,00	Bank 1200 (1800)	Kaufpreisanteil Grund und Boden (34 %)
Geschäftsbauten 0090 (0240)	297.000,00	Bank 1200 (1800)	Kaufpreisanteil Gebäude (66 %)
bebaute Grundstücke 0085 (0235)	7.650,00	Bank 1200 (1800)	Grunderwerbsteueranteil Grund und Boden (34 %)
Geschäftsbauten 0090 (0240)	14.850,00	Bank 1200 (1800)	Grunderwerbsteueranteil Gebäude (66 %)
bebaute Grundstücke 0085 (0235)	153,00	Verbindl. a. LuL 1600 (3300)	Grundbucheintragung, Anteil Grund und Boden (34 %)
Geschäftsbauten 0090 (0240)	297,00	Verbindl. a. LuL 1600 (3300)	Grundbucheintragung, Anteil Gebäude (66 %)
bebaute Grundstücke 0085 (0235)	238,00	Verbindl. a. LuL 1600 (3300)	Notarrechnung netto, Anteil Grund und Boden (34 %)
Geschäftsbauten 0090 (0240)	462,00	Verbindl. a. LuL 1600 (3300)	Notarrechnung netto, Anteil Gebäude (66 %)
Vorsteuer 19 % 1576 (1406)	133,00	Verbindl. a. LuL 1600 (3300)	Vorsteuer aus der Notarrechnung

Lösung zu Aufgabe 91:

Ermittlung der HK:

a) und b) gem. § 255 Abs. 2 und 3 HGB und § 6 Abs 1 Nr. 1b EStG:

Materialeinzelkosten		68.750 €	
Materialgemeinkosten:	68.750 € • 22 % =	15.125 €	83.875 €
Fertigungseinzelkosten		27.800 €	
Fertigungsgemeinkosten:	27.800 € • 68 % =	18.904 €	46.704 €
Sondereinzelkosten der Fertigung			
Architektenhonorar		3.900 €	
Baugenehmigung		450 €	4.350 €
handels- und steuerrechtliche Wertuntergrenze der HK			**134.929 €**

Buchung:

Sollkonto Bezeichnung	SKR 03 (SKR 04) Kontonummer	Betrag (Euro)	Habenkonto Bezeichnung	SKR 03 (SKR 04) Kontonummer
Garagen	0110 (0270)	134.929,00	Andere aktivierte Eigenleistungen	8990 (4820)

2. Wichtige Bewertungsregeln

Lösung zu Aufgabe 92:

- Wertansatz zum 31.12.2025: **1.200 €**
- Begründung: Der Wert der Anschaffungskosten darf bei der Bewertung nicht überschritten werden (**Anschaffungswertprinzip gem. § 253 Abs. 1 Satz 1 HGB**).

Lösung zu Aufgabe 93:

Aussage	richtig	falsch
Wenn zwischen verschiedenen Wertansätzen eines Vermögensgegenstandes das Wahlrecht besteht, den niedrigsten Wert ansetzen zu dürfen, aber nicht zu müssen (z. B. bei Finanzanlagen), spricht man vom strengen Niederstwertprinzip.		X
Wenn zwischen verschiedenen Wertansätzen eines Vermögensgegenstandes die Pflicht besteht, den niedrigsten Wert ansetzen zu müssen (z. B. bei Vermögensgegenständen des Umlaufvermögens), spricht man vom strengen Niederstwertprinzip.	X	
Das strenge Niederstwertprinzip gilt immer für Vermögensgegenstände des Anlagevermögens.		X
Das strenge Niederstwertprinzip gilt immer für Vermögensgegenstände des Umlaufvermögens.	X	
Wenn zwischen verschiedenen Wertansätzen eines Vermögensgegenstandes ein Wahlrecht besteht, den niedrigsten Wert ansetzen zu dürfen, aber nicht zu müssen (z. B. bei Finanzanlagen), spricht man vom gemilderten Niederstwertprinzip.	X	
Bei Vermögensgegenständen des Umlaufvermögens (z. B. bei Vorräten) hat der Bilanzierende beim Vorliegen verschiedener möglicher Wertansätze das Wahlrecht, ob er die erfassten Anschaffungskosten oder den niedrigeren Tageswert (Marktwert) zum Bilanzstichtag ansetzt.		X
Wenn der Marktwert eines Vermögensgegenstandes des Anlagevermögens zum Bilanzstichtag auf Dauer niedriger ist als dessen Buchwert, kann der Bilanzierende wählen, ob er in der Bilanz den Buchwert oder den niedrigeren Marktwert ansetzt.		X
Wenn der Marktwert eines Vermögensgegenstandes des Anlagevermögens zum Bilanzstichtag auf Dauer niedriger ist als dessen Buchwert, muss der Bilanzierende in der Bilanz den niedrigeren Marktwert ansetzen.	X	

Lösung zu Aufgabe 94:

1. Steuerliches Abschreibungs**verbot**, weil keine dauerhafte Wertminderung vorliegt (nur vorübergehende Wertminderung).
2. Steuerliches Abschreibungs**wahlrecht**, weil eine voraussichtlich dauerhafte Wertminderung vorliegt; die Wertminderung hält bis zum Tag der Bilanzaufstellung an.
3. Steuerliches Abschreibungs**verbot**, weil keine dauerhafte Wertminderung vorliegt (nur vorübergehende Wertminderung).

O. Zeitliche Abgrenzung von Aufwendungen und Erträgen

1. Aktive Rechnungsabgrenzung

Lösung zu Aufgabe 95:

Tz.	Sollkonto Bezeichnung	SKR 03 (SKR 04) Kontonummer	Betrag (Euro)	Habenkonto Bezeichnung	SKR 03 (SKR 04) Kontonummer
1.	Versicherungen	4360 (6400)	1.800,00	Bank	1200 (1800)
	Aktive Rechnungsabgr.	0980 (1900)	600,00	Bank	1200 (1800)
2.	Kfz Versicherung	4520 (6520)	675,00	Bank	1200 (1800)
	Aktive Rechnungsabgr.	0980 (1900)	225,00	Bank	1200 (1800)
3.	Miete	4210 (6310)	1.000,00	Bank	1200 (1800)
	Aktive Rechnungsabgr.	0980 (1900)	1.000,00	Bank	1200 (1800)
	Vorsteuer 19 %	1576 (1406)	380,00	Bank	1200 (1800)

2. Passive Rechnungsabgrenzung

Lösung zu Aufgabe 96:

Tz.	Sollkonto Bezeichnung	SKR 03 (SKR 04) Kontonummer	Betrag (Euro)	Habenkonto Bezeichnung	SKR 03 (SKR 04) Kontonummer
1.	Bank	1200 (1800)	1.000,00	Grundstückserträge	2750 (4860)
	Bank	1200 (1800)	190,00	Umsatzsteuer	1776 (3806)
	Bank	1200 (1800)	1.000,00	Passive Rechnungsabgr.	0990 (3900)
	Bank	1200 (1800)	190,00	Umsatzsteuer	1776 (3806)
2.	Bank	1200 (1800)	50,00	Zinserträge	2650 (7100)
	Bank	1200 (1800)	250,00	Passive Rechnungsabgr.	0990 (3900)

Zu Tz. 1: Die Nettomiete für Januar (1.000 €) wird zeitlich abgegrenzt (passive Rechnungsabgrenzung). Die USt zur Miete für Januar ist bereits im Dezember entstanden, weil sie im Dezember vereinnahmt wird (§ 13 Abs. 1 Nr. 1 Buchstabe a Satz 4 UStG).

Zu Tz. 2: Passive Rechnungsabgrenzung der Zinsen für den Zeitraum 01.01. - 15.03.2024: 20.000 € • 6 % • $^{75}/_{360}$ = 250 €.

3. Sonstige Forderungen und Verbindlichkeiten

Lösung zu Aufgabe 97:

Tz.	Sollkonto Bezeichnung	SKR 03 (SKR 04) Kontonummer	Betrag (Euro)	Habenkonto Bezeichnung	SKR 03 (SKR 04) Kontonummer
1.	Zinsaufwendungen	2120 (7320)	355,45	Sonstige Verbindlichk.	1700 (3500)
2.	Miete	4210 (6310)	1.000,00	Sonstige Verbindlichk.	1700 (3500)
	Vorsteuer 19 %	1576 (1406)	190,00	Sonstige Verbindlichk.	1700 (3500)
3.	Sonstige Vermögensg.	1500 (1300)	1.375,00	Zinserträge	2650 (7100)
4.	Sonstige Vermögensg.	1500 (1300)	259,00	Versicherungen	4360 (6400)

Zu Tz. 3: Sonstige Forderung Zinsen zum 31.12.2025:
50.000 € • 3 % • $^{11}/_{12}$ (01.02. - 31.12.) = **1.375 €**

4. Rückstellungen

Lösung zu Aufgabe 98:

Zum 31.12. muss handels- und steuerrechtlich eine Rückstellung für unterlassene Aufwendungen für Instandhaltung gebildet werden, weil die Reparatur innerhalb von 3 Monaten nach dem 31.12. nachgeholt wird (§ 249 Abs. 1 Satz 2 Nr. 1 HGB).

Buchung:

Sollkonto Bezeichnung	SKR 03 (SKR 04) Kontonummer	Betrag (Euro)	Habenkonto Bezeichnung	SKR 03 (SKR 04) Kontonummer
Reparaturen und Instandhaltungen von techn. Anlagen und Maschinen	4800 (6460)	4.500,00	Rückstellung für unterlassene Aufwendungen für Instandhaltung	0971 (3075)

Lösung zu Aufgabe 99:

Zum 31.12. muss handels- und steuerrechtlich eine Rückstellung für ungewisse Verbindlichkeiten in Höhe von 10.000 € (5.000 € + 3.000 € + 2.000 €) gebildet werden, weil diese Aufwendungen entstehen, falls Herr Fölbach den Schadensersatzprozess verliert und sie wirtschaftlich dem Jahr 2025 zuzuordnen sind (§ 249 Abs. 1 Satz 1 HGB).

Buchung:

Sollkonto Bezeichnung	SKR 03 (SKR 04) Kontonummer	Betrag (Euro)	Habenkonto Bezeichnung	SKR 03 (SKR 04) Kontonummer
Rechts- und Beratungskosten	4950 (6825)	10.000,00	Rückstellung für ungewisse Verbindlichk.	0970 (3070)

Lösung zu Aufgabe 100:

Sollkonto Bezeichnung	SKR 03 (SKR 04) Kontonummer	Betrag (Euro)	Habenkonto Bezeichnung	SKR 03 (SKR 04) Kontonummer
Sonstige Rückstell.	0970 (3070)	4.000,00	Bank	1200 (1800)
Sonstige Rückstell.	0970 (3070)	2.000,00	Sonstige Verbindlichk.	1700 (3500)
Vorsteuer 19 %	1576 (1406)	380,00	Sonstige Verbindlichk.	1700 (3500)
Sonstige Rückstell.	0970 (3070)	3.000,00	Erträge aus der Auflösung von Rückstell.	2735 (4930)

Lösung zu Aufgabe 101:

Sollkonto Bezeichnung	SKR 03 (SKR 04) Kontonummer	Betrag (Euro)	Habenkonto Bezeichnung	SKR 03 (SKR 04) Kontonummer
Gewerbesteuer-Rückstellung	0956 (3035)	1.000,00	Verbindlichk. aus Steuern und Abgaben	1736 (3700)
Gewerbesteuer-Nachzahlungen	2281 (7641)	780,00	Verbindlichk. aus Steuern und Abgaben	1736 (3700)

P. Bewertungen und Buchungen im Anlagevermögen

1. Nicht abnutzbares Anlagevermögen

Lösung zu Aufgabe 102:

Nach § 253 Abs. 3 Satz 5 HGB ist eine Abschreibung auf den niedrigeren beizulegenden Wert (zugleich niedrigerer Marktpreis) notwendig und auch steuerlich nach § 6 Abs. 1 Nr. 2 EStG zulässig, weil die Wertminderung dauerhaft ist.

Buchwert (= AK): 133.750 €
beizulegender Wert: 1.000 qm • 35 €/qm + 7 % ANK = 37.450 €
außerplanmäßige Abschreibung: 133.750 € - 37.450 € = 96.300 €

Sollkonto Bezeichnung	SKR 03 (SKR 04) Kontonummer	Betrag (Euro)	Habenkonto Bezeichnung	SKR 03 (SKR 04) Kontonummer
Außerplanmäßige Abschreibung	4840 (6230)	96.300,00	Unbebaute Grundst.	0065 (0215)

Lösung zu Aufgabe 103:

Wenn der Grund für eine vorgenommene außerplanmäßige Abschreibung nicht mehr besteht und der Wert wieder gestiegen ist, muss nach § 253 Abs. 5 Satz 1 HGB und § 6 Abs. 1 Nr. 2 EStG eine Zuschreibung auf den gestiegenen Wert – höchstens jedoch bis zu den ursprünglichen AK (vgl. § 253 Abs. 1 Satz 1 HGB und § 252 Abs. 1 Nr. 4 HGB) – vorgenommen werden.

Buchwert: 117.700 €
beizulegender Wert: 1.000 qm • 150 €/qm + 7 % ANK = 160.500 €
ursprüngliche AK: 224.700 €
Zuschreibung: 42.800 €

Sollkonto Bezeichnung	SKR 03 (SKR 04) Kontonummer	Betrag (Euro)	Habenkonto Bezeichnung	SKR 03 (SKR 04) Kontonummer
Unbebaute Grundst.	0065 (0215)	42.800,00	Erträge aus Zuschreibung	2710 (4910)

2. Abnutzbares Anlagevermögen

2.1 Software

Lösung zu Aufgabe 104:

Ermittlung der Anschaffungskosten:

	Anschaffungspreis netto	1.100,00 €
-	Anschaffungspreisminderung (2 % Skonto von 1.100 €) netto	22,00 €
=	AK	**1.078,00 €**

Ermittlung der Abschreibung für das Zugangsjahr:

1.078,00 € : 3 Jahre = 359,33 €
davon $\frac{2}{12}$ (Nov. - Dez.) = 59,89 €, gerundet **60,00 €**

Buchungssätze:

Sollkonto Bezeichnung	SKR 03 (SKR 04) Kontonummer	Betrag (Euro)	Habenkonto Bezeichnung	SKR 03 (SKR 04) Kontonummer
EDV-Software	0027 (0135)	1.078,00	Bank	1200 (1800)
Vorsteuer 19 %	1576 (1406)	204,82	Bank	1200 (1800)
Abschreibung auf immaterielle Vermögensg.	4822 (6200)	60,00	EDV-Software	0027 (0135)

Hinweis: Für Zwecke der steuerlichen Gewinnermittlung darf die Software im Jahr der Anschaffung voll abgeschrieben werden („Sonderregelung für Computerhardware und Betriebs- und Anwendersoftware“ lt. BMF-Schreiben vom 22.02.2022).

Lösung zu Aufgabe 105:

Ermittlung der Anschaffungskosten:

	Anschaffungspreis netto	420,00 €
-	Anschaffungspreisminderung (3 % Skonto von 420 €) netto	12,60 €
=	AK	**407,40 €**

Ermittlung der Abschreibung für das Zugangsjahr:

Sofortabschreibung gem. § 6 Abs. 2 EStG in Höhe von 407,40 € (= niedrigstmögliche Bewertung zum 31.12.).

Buchungssätze:

Sollkonto Bezeichnung	SKR 03 (SKR 04) Kontonummer	Betrag (Euro)	Habenkonto Bezeichnung	SKR 03 (SKR 04) Kontonummer
Sofortabschr. GWG	4855 (6260)	407,40	Kasse	1000 (1600)
Vorsteuer 19 %	1576 (1406)	77,41	Kasse	1000 (1600)

alternativ:

Sollkonto Bezeichnung	SKR 03 (SKR 04) Kontonummer	Betrag (Euro)	Habenkonto Bezeichnung	SKR 03 (SKR 04) Kontonummer
GWG	0480 (0670)	407,40	Kasse	1000 (1600)
Vorsteuer 19 %	1576 (1406)	77,41	Kasse	1000 (1600)
Abschreibung auf GWG	4860 (6262)	407,40	GWG	0480 (0670)

2.2 Firmenwert

Lösung zu Aufgabe 106:

a) **Berechnung des erworbenen Firmenwertes:**

	Vermögen		
	Sachanlagen	45.000 €	
	Forderungen a LuL	22.500 €	
	Zahlungsmittel	3.750 €	
	Waren	15.000 €	86.250 €
-	**Schulden**		
	Verbindlichkeiten a LuL	7.500 €	
	Bankverbindlichkeit	15.000 €	- 22.500 €
=	**Reinvermögen**		**63.750 €**
	Kaufpreis		75.000 €
-	Reinvermögen		63.750 €
=	**erworbener Firmenwert**		**11.250 €**

- **handelsrechtliche Abschreibung des Firmenwertes** gem. § 253 Abs. 3 Sätze 3 - 4 HGB im Zugangsjahr:

  11.250 € : 10 Jahre • 4/12 (Sept. - Dez.) = **375 €**

- **steuerrechtliche Abschreibung des Firmenwertes** gem. § 7 Abs. 1 Satz 3 EStG im Zugangsjahr:

  11.250 € : 15 Jahre • 4/12 (Sept. - Dez.) = **250 €** (aufgerundet)

b) **Erfassung der handelsrechtlichen Abschreibung:**

Sollkonto Bezeichnung	SKR 03 (SKR 04) Kontonummer	Betrag (Euro)	Habenkonto Bezeichnung	SKR 03 (SKR 04) Kontonummer
Abschreibungen auf den Geschäfts-/Firmenwert	4824 (6205)	375,00	Geschäfts-/Firmenwert	0035 (0150)

2.3 Gebäude

Lösung zu Aufgabe 107:

Berechnung der Abschreibung für das Zugangsjahr:

AfA linear **2 %** gem. § 7 Abs. 4 Satz 1 Nr. 2a) EStG; für das Zugangsjahr mit $^{10}/_{12}$ (März - Dez.)

678.950 € • 2 % • $^{10}/_{12}$ = 11.315,83 €, gerundet **11.316 €**

Buchungssatz zur Erfassung der Abschreibung:

Sollkonto Bezeichnung	SKR 03 (SKR 04) Kontonummer	Betrag (Euro)	Habenkonto Bezeichnung	SKR 03 (SKR 04) Kontonummer
Abschreibungen auf Gebäude	4831 (6221)	11.316,00	Geschäftsbauten	0090 (0240)

Lösung zu Aufgabe 108:

Berechnung der Abschreibung für das Zugangsjahr:

AfA linear **3 %** gem. § 7 Abs. 4 Satz 1 Nr. 1 EStG; für das Zugangsjahr mit $^{7}/_{12}$ (Juni - Dez.)

588.760 € • 3 % • $^{7}/_{12}$ = 10.303,30 €, gerundet **10.304 €**

Buchungssatz zur Erfassung der Abschreibung:

Sollkonto Bezeichnung	SKR 03 (SKR 04) Kontonummer	Betrag (Euro)	Habenkonto Bezeichnung	SKR 03 (SKR 04) Kontonummer
Abschreibungen auf Gebäude	4831 (6221)	10.304,00	Geschäftsbauten	0090 (0240)

2.4 Bewegliche Vermögensgegenstände

Lösung zu Aufgabe 109:

Ermittlung der Anschaffungskosten:

	Anschaffungspreis netto	2.500,00 €
+	Anschaffungsnebenkosten (Spediteur netto)	75,00 €
-	Anschaffungspreisminderung (2 % Skonto von 2.500 €) netto	50,00 €
=	AK	**2.525,00 €**

Ermittlung der Abschreibung für das Zugangsjahr:

Abschreibungsbetrag = AK : ND • $^{9}/_{12}$ (April - Dez.)

2.525 € : 5 Jahre • $^{9}/_{12}$ = 378,75 €, gerundet **379,00 €**

Buchungssätze:

Sollkonto Bezeichnung	SKR 03 (SKR 04) Kontonummer	Betrag (Euro)	Habenkonto Bezeichnung	SKR 03 (SKR 04) Kontonummer
Geschäftsausstattung	0410 (0635)	2.500,00	Verbindlichkeiten a LuL	1600 (3301)
Abziehbare VoSt 19 %	1576 (1406)	475,00	Verbindlichkeiten a LuL	1600 (3300)
Geschäftsausstattung	0410 (0635)	75,00	Kasse	1000 (1600)
Abziehbare VoSt 19 %	1576 (1406)	14,25	Kasse	1000 (1600)
Verbindlichkeiten a LuL	1600 (3300)	2.915,50	Bank	1200 (1800)
Verbindlichkeiten a LuL	1600 (3300)	50,00	Geschäftsausstattung	0410 (0635)
Verbindlichkeiten a LuL	1600 (3300)	9,50	Abziehbare VoSt 19 %	1576 (1406)
Abschreibungen auf Sachanlagen	4830 (6220)	379,00	Geschäftsausstattung	0410 (0635)

Hinweis: Für Zwecke der steuerlichen Gewinnermittlung darf der Drucker im Jahr der Anschaffung wahlweise voll abgeschrieben werden (vgl. BMF-Schreiben vom 22.02.2022)

Lösung zu Aufgabe 110:

Ermittlung der höchstmöglichen Abschreibung für 2025:

Abschreibungsbetrag gem. § 253 Abs. 3 Sätze 1 - 2 HGB und § 7 Abs. 1 Satz 6 EStG:

AK : techn. Gesamtlebensdauer • Leistungsausbringung im Zugangsjahr

6.075 € : 2.500.000 Kopien • 250.738 Kopien = 609,29 €, gerundet **610 €**

Buchwert des Kopierers zum 31.12.2025:

	AK	6.075 €
-	Abschreibung 2025	610 €
=	Buchwert zum 31.12.2025	**5.465 €**

Buchungssatz zur Erfassung der Abschreibung:

Sollkonto Bezeichnung	SKR 03 (SKR 04) Kontonummer	Betrag (Euro)	Habenkonto Bezeichnung	SKR 03 (SKR 04) Kontonummer
Abschreibungen auf Sachanlagen	4830 (6220)	610,00	Geschäftsausstattung	0410 (0635)

Q. Steuerliche Besonderheiten im Bereich des Anlagevermögens

1. Geringwertige Wirtschaftsgüter

Lösung zu Aufgabe 111:

Ermittlung der Anschaffungskosten:

a) **Bürostühle**

	Anschaffungspreis je Stuhl netto	430,00 €
-	Anschaffungspreisminderung (5 % Rabatt von 430 €) netto	21,50 €
=	AK	**408,50 €**

→ Geringwertige Wirtschaftsgüter gem. § 6 Abs. 2 EStG, also Vollabschreibung im Jahr der Anschaffung zulässig.

b) **Schreibtischlampen**

	Anschaffungspreis je Schreibtischlampe netto	155,00 €
-	Anschaffungspreisminderung (5 % Rabatt von 155 €) netto	7,75 €
=	AK	**147,25 €**

→ Geringwertige Wirtschaftsgüter gem. § 6 Abs. 2 EStG, also Vollabschreibung im Jahr der Anschaffung zulässig; da AK geringer als 250 €: sofortige Aufwandsbuchung zulässig.

Buchungssätze:

a) **Bürostühle**

Sollkonto Bezeichnung	SKR 03 (SKR 04) Kontonummer	Betrag (Euro)	Habenkonto Bezeichnung	SKR 03 (SKR 04) Kontonummer
GWG	0480 (0670)	817,00	Kasse	1000 (1600)
Vorsteuer 19 %	1576 (1406)	155,23	Kasse	1000 (1600)
Abschreibung auf GWG	4860 (6262)	817,00	GWG	0480 (0670)

b) **Schreibtischlampen**

Sollkonto Bezeichnung	SKR 03 (SKR 04) Kontonummer	Betrag (Euro)	Habenkonto Bezeichnung	SKR 03 (SKR 04) Kontonummer
Bürobedarf	4930 (6815)	294,50	Kasse	1000 (1600)
Vorsteuer 19 %	1576 (1406)	55,96	Kasse	1000 (1600)

Lösung zu Aufgabe 112:

Ermittlung der Anschaffungskosten:

	Anschaffungspreis netto		950,00 €
+	Anschaffungsnebenkosten (Anlieferung und Aufbau) netto		100,00 €
			1.050,00 €
-	Anschaffungspreisminderungen		
	5 % Rabatt von 1.050 € netto	52,50 €	
	2 % Skonto von 997,50 € (1.050 € - 52,50 €)	19,95 €	72,45 €
=	AK		**977,55 €**

→ Geringwertiges Wirtschaftsgut gem. § 6 Abs. 2a EStG, also Sammelpostenabschreibung zulässig.

Abschreibung 2025:

977,55 € • ⅕ = 195,51 €, gerundet **196 €**

Buchungssätze:

Sollkonto Bezeichnung	SKR 03 (SKR 04) Kontonummer	Betrag (Euro)	Habenkonto Bezeichnung	SKR 03 (SKR 04) Kontonummer
Wirtschaftsgüter (Sammelposten)	0485 (0675)	977,55	Bank	1200 (1800)
Vorsteuer 19 %	1576 (1406)	185,73	Bank	1200 (1800)
Abschreibung auf den Sammelposten	4862 (6264)	196,55	Wirtschaftsgüter (Sammelposten)	0485 (0675)

2. Investitionsabzugsbetrag und Sonderabschreibung

Lösung zu Aufgabe 113:

2025:

Inanspruchnahme eines Investitionsabzugsbetrags gem. § 7g Abs. 1 EStG in Höhe von 50 % der geplanten AK (20.000 €) = **10.000 €,** der auf Antrag des Stpfl. **außerhalb der Buchführung** für einkommensteuerliche Zwecke **von dem in der Buchführung ermittelten Gewinn abgezogen** wird.

Wahlweise statistische Buchung:

Sollkonto Bezeichnung	SKR 03 (SKR 04)	Betrag Euro	Habenkonto Bezeichnung	SKR 03 (SKR 04)	Text/Berechnungen
IAB § 7g Abs. 1	9970 (9970)	10.000,00	IAB (Gegenkonto)	9971 (9971)	Bildung eines IAB in Höhe der geplanten AK: 50 % von 20.000 € = 10.000 €

2026:

Hinzurechnung des 2023 gebildeten Investitionsabzugsbetrages gem. § 7g Abs. 2 Satz 1 EStG **außerhalb der Buchführung** für einkommensteuerliche Zwecke in Höhe von 50 % der AK: 50 % von 20.000 € = 10.000 €.

Wahlweise statistische Buchung:

Sollkonto Bezeichnung	SKR 03 (SKR 04)	Betrag Euro	Habenkonto Bezeichnung	SKR 03 (SKR 04)	Text/Berechnungen
Auflösung IAB § 7g Abs. 2	9973 (9973)	10.000,00	Auflösung IAB § 7g Abs. 2 (Gegenkonto)	9972 (9972)	Auflösung IAB: 50 % von 20.000 € = 10.000 €

Buchungen zur Anschaffung der CNC-Maschine:

Sollkonto Bezeichnung	SKR 03 (SKR 04)	Betrag Euro	Habenkonto Bezeichnung	SKR 03 (SKR 04)	Text/Berechnungen
Maschinen	0210 (0440)	20.000,00	Bank	1200 (1800)	AK CNC-Maschine (netto)
Abziehbare VoSt 19 %	1576 (1406)	3.800,00	Bank	1200 (1800)	Vorsteuer zur Zeile zuvor: 20.000 € • 19 % = 3.800 €

Abschreibung und Buchung nach Handelsrecht:

Sollkonto Bezeichnung	SKR 03 (SKR 04)	Betrag Euro	Habenkonto Bezeichnung	SKR 03 (SKR 04)	Text/Berechnungen
Abschreibungen auf Sachanl.	4830 (6220)	1.834,00	Maschinen	0210 (0440)	lin. Abschreibung: 10 % von 20.000 € • $^{11}/_{12}$ (Feb. - Dez.) = 1.833,33 €, gerundet 1.834 €

Abschreibung und Buchung nach Steuerrecht (bei Anwendung des Wahlrechts gem. § 7g Abs. 2 Satz 2 EStG):

Sollkonto Bezeichnung	SKR 03 (SKR 04)	Betrag Euro	Habenkonto Bezeichnung	SKR 03 (SKR 04)	Text/Berechnungen
Kürzung der AK gem. § 7g Abs. 2	4853 (6243)	10.000,00	Maschinen	0210 (0440)	Herabsetzung der AK gem. § 7g Abs. 2 Satz 2 EStG
Abschreibungen auf Sachanl.	4830 (6220)	917,00	Maschinen	0210 (0440)	lin. Abschreibung: 10 % von 20.000 € • $^{11}/_{12}$ (Feb. - Dez.) = 917 €

Lösung zu Aufgabe 114:

Buchungen zur Anschaffung des Lagerregals:

Sollkonto Bezeichnung	SKR 03 (SKR 04)	Betrag Euro	Habenkonto Bezeichnung	SKR 03 (SKR 04)	Text/Berechnungen
Betriebsausst.	0400 (0630)	18.500,00	Verbindlichk. a LuL	1600 (3300)	AK Lagerregal (netto)
Abziehbare VoSt 19 %	1576 (1406)	3.515,00	Verbindlichk. a LuL	1600 (3300)	Vorsteuer zur Zeile zuvor: 18.500 € • 19 % = 3.515 €

Gewinnerhöhende Auflösung des IAB:

Hinzurechnung des 2024 gebildeten Investitionsabzugsbetrages gem. § 7g Abs. 2 Satz 1 EStG **außerhalb der Buchführung** für einkommensteuerliche Zwecke in Höhe von 50 % der AK: 50 % von 18.500 € = 9.250 €, höchstens gewinnmindernd abgezogener IAB = **9.000 €**.

Wahlweise statistische Buchung:

Sollkonto Bezeichnung	SKR 03 (SKR 04)	Betrag Euro	Habenkonto Bezeichnung	SKR 03 (SKR 04)	Text/Berechnungen
Auflösung IAB § 7g Abs. 2	9973 (9973)	9.000,00	Auflösung IAB § 7g Abs. 2 (Gegenkonto)	9972 (9972)	Auflösung des IAB-Bestandes

Abschreibung und Buchung nach Handelsrecht:

Sollkonto Bezeichnung	SKR 03 (SKR 04)	Betrag Euro	Habenkonto Bezeichnung	SKR 03 (SKR 04)	Text/Berechnungen
Abschreibungen auf Sachanl.	4830 (6220)	1.285,00	Betriebsausst.	0400 (0630)	lineare Abschreibung: 18.500 € : 12 Jahre • $^{10}/_{12}$ (März - Dez.) = 1.284,72 €, gerundet 1.285 €

Abschreibungen und Buchung nach Steuerrecht (bei Anwendung des Wahlrechts gem. § 7g Abs. 2 Satz 2 und Abs. 5 EStG):

Sollkonto Bezeichnung	SKR 03 (SKR 04)	Betrag Euro	Habenkonto Bezeichnung	SKR 03 (SKR 04)	Text/Berechnungen
Kürzung der AK gem. § 7g Abs. 2	4853 (6243)	9.000,00	Betriebsausst.	0400 (0630)	Herabsetzung der AK gem. § 7g Abs. 2 Satz 2 EStG (maximal in Höhe des IAB)
Abschreibungen auf Sachanl.	4830 (6220)	660,00	Betriebsausst.	0400 (0630)	lineare Abschreibung: 9.500 € (18.500 € - 9.000 €) : 12 Jahre • $^{10}/_{12}$ (März - Dez.) = 659,72 €, gerundet 660 €
Sonderabschr. § 7g Abs. 5	4851 (6241)	3.800,00	Betriebsausst.	0400 (0630)	Sonderabschreibung: 40 % von 9.500 € (18.500 € - 9.000 €) = 3.800 €

R. Bewertungen und Buchungen im Umlaufvermögen

1. Vorräte

Lösung zu Aufgabe 115:

Nebenrechnung/Erläuterung:

	Schlussbestand Konto 3980 (1140)	44.525 €
-	niedrigerer beizulegender Zeitwert (= Teilwert)	41.225 €
=	Bestandsminderung	**3.300 €**

Handelsrechtlich ist der niedrigere beizulegende Zeitwert für den Schlussbestand anzusetzen, weil für Vorräte das strenge Niederstwertprinzip (§ 253 Abs. 4 HGB) gilt. Steuerrechtlich darf der niedrigere Teilwert angesetzt werden, weil die Wertminderung dauerhaft ist (§ 6 Abs. 1 Nr. 2 EStG).

Buchungssatz:

Sollkonto Bezeichnung	SKR 03 (SKR 04) Kontonummer	Betrag (Euro)	Habenkonto Bezeichnung	SKR 03 (SKR 04) Kontonummer
Bestandsveränd. Waren	3950 (5881)	3.300,00	Bestand Waren	3980 (1140)

Lösung zu Aufgabe 116:

Nebenrechnung/Erläuterung:

	Anfangsbestand	36 Stück • 240 € =	8.640 €
+	Wareneingang 30.03.2025	25 Stück • 241 € =	6.025 €
+	Wareneingang 07.07.2024	70 Stück • 242 € =	16.940 €
	Summen	131 Stück	**31.605 €**

Durchschnittswert: 31.605 € : 131 Stück = **241,26 €**

	Schlussbestand: 40 Stück • 241 € =	9.640 €
-	Anfangsbestand	8.640 €
=	Bestandserhöhung	**1.000 €**

Buchungssatz:

Sollkonto Bezeichnung	SKR 03 (SKR 04) Kontonummer	Betrag (Euro)	Habenkonto Bezeichnung	SKR 03 (SKR 04) Kontonummer
Bestand Waren	3980 (1140)	1.000,00	Bestandsveränd. Waren	3950 (5881)

2. Forderungen

Lösung zu Aufgabe 117:

Die Forderung gegenüber dem Weingut Godde ist zum 31.12.2025 uneinbringlich. Der beizulegende Zeitwert (zugleich Teilwert) beträgt somit 0 €. Eine Abschreibung auf den Wert Null ist nach § 253 Abs. 4 HGB geboten (beim Umlaufvermögen gilt das strenge Niederstwertprinzip). Die Umsatzsteuer ist gem. § 17 Abs. 1 UStG zu berichtigen.

Buchungssätze:

Sollkonto Bezeichnung	SKR 03 (SKR 04) Kontonummer	Betrag (Euro)	Habenkonto Bezeichnung	SKR 03 (SKR 04) Kontonummer
Forderungsverluste	2400 (6930)	18.000,00	Forderungen a LuL	1400 (1200)
Umsatzsteuer 19 %	1776 (3801)	3.420,00	Forderungen a LuL	1400 (1200)

Lösung zu Aufgabe 118:

Forderung Koller (Tz. 1)

Erläuterung:

Die Forderung gegenüber der Firma Koller ist zum 31.12.2025 uneinbringlich. Der beizulegende Zeitwert (zugleich Teilwert) beträgt somit 0 €. Eine Abschreibung auf den Wert Null ist nach § 253 Abs. 4 HGB geboten (beim Umlaufvermögen gilt das strenge Niederstwertprinzip). Die Umsatzsteuer ist gem. § 17 Abs. 1 UStG zu berichtigen.

Buchungssätze:

Sollkonto Bezeichnung	SKR 03 (SKR 04) Kontonummer	Betrag (Euro)	Habenkonto Bezeichnung	SKR 03 (SKR 04) Kontonummer
Forderungsverluste	2400 (6930)	6.000,00	Forderungen a LuL	1400 (1200)
Umsatzsteuer 19 %	1776 (3801)	1.140,00	Forderungen a LuL	1400 (1200)

Forderung Weingart (Tz. 2)

Erläuterung:

Die Forderung gegenüber der Firma Weingart ist zum 31.12.2025 zweifelhaft. Der beizulegende Zeitwert (zugleich Teilwert) beträgt lt. Aufgabenstellung 50 % der Forderung. Da der Ausfall nicht endgültig feststeht, darf die USt noch nicht berichtigt werden.

Es wird eine Einzelwertberichtigung in Höhe von 50 % der Nettoforderung gebildet (Abschreibungsbetrag somit: 23.800 € : 1,19 • 50 % = 10.000 €).

Buchungssätze:

Sollkonto Bezeichnung	SKR 03 (SKR 04) Kontonummer	Betrag (Euro)	Habenkonto Bezeichnung	SKR 03 (SKR 04) Kontonummer
Zweifelhafte Forderungen	1460 (1240)	23.800,00	Forderungen a LuL	1400 (1200)
Einstellung in die EWB	2451 (6923)	10.000,00	EWB auf Forderungen	0998 (1246)

Lösung zu Aufgabe 119:

Forderung Gilles (Tz. 1)

Nebenrechnung/Erläuterung:

	Forderung	17.850 €
-	Zahlungseingang	8.925 €
=	Ausfall brutto	8.925 €
-	enthaltene USt (zu berichtigen gem. § 17 Abs. 1 UStG)	1.425 €
=	Ausfall netto	7.500 €
-	bereits berichtigter Betrag (EWB Gilles)	6.000 €
=	noch abzuschreiben	**1.500 €**

Buchungssätze:

Sollkonto Bezeichnung	SKR 03 (SKR 04) Kontonummer	Betrag (Euro)	Habenkonto Bezeichnung	SKR 03 (SKR 04) Kontonummer
EWB auf Forderungen	0998 (1246)	6.000,00	Zweifelhafte Forderungen	1460 (1240)
Umsatzsteuer 19 %	1776 (3806)	1.425,00	Zweifelhafte Forderungen	1460 (1240)
Forderungsverluste	2400 (6930)	1.500,00	Zweifelhafte Forderungen	1460 (1240)

Forderung Neuer (Tz. 2)

Nebenrechnung/Erläuterung:

	Forderung (brutto 16 % USt)	3.480 €
-	Zahlungseingang	3.132 €
=	Ausfall brutto	348 €
-	enthaltene USt (zu berichtigen gem. § 17 Abs. 1 UStG)	48 €
=	Ausfall netto	300 €
-	bereits berichtigter Betrag (EWB Neuer)	900 €
=	Ertrag aus EWB-Auflösung	**600 €**

Buchungssätze:

Sollkonto Bezeichnung	SKR 03 (SKR 04) Kontonummer	Betrag (Euro)	Habenkonto Bezeichnung	SKR 03 (SKR 04) Kontonummer
Bank	1200 (1800)	3.132,00	Zweifelhafte Forderungen	1460 (1240)
EWB auf Forderungen	0998 (1246)	300,00	Zweifelhafte Forderungen	1460 (1240)
Umsatzsteuer 19 %	1776 (3806)	48,00	Zweifelhafte Forderungen	1460 (1240)
EWB auf Forderungen	0998 (1246)	600,00	Erträge aus abgeschriebenen Forderungen	2732 (4925)

Lösung zu Aufgabe 120:

Ermittlung der Pauschalwertberichtigung zum 31.12.2025:

	Bestand Konto 1400 (1200)	100.555,00 €
-	zu berichtigende Forderung Müller (direkte Abschreibung)	14.875,00 €
-	zu berichtigende Forderung Gilles (Bildung einer EWB)	11.900,00 €
=	zu berichtigender Bestand inkl. 19 % USt	73.780,00 €
-	in der Zeile zuvor enthaltene USt: 73.780 € : 1,19 • 19 % =	11.780,00 €
=	zu berichtigender Forderungsbestand netto	62.000,00 €
•	2 % = PWB zum 31.12.2025	1.240,00 €
-	PWB-Bestand aus dem Vorjahr	1.110,00 €
=	Erhöhung der PWB zum 31.12.2025	**130,00 €**

Buchungssätze:

Sollkonto Bezeichnung	SKR 03 (SKR 04) Kontonummer	Betrag (Euro)	Habenkonto Bezeichnung	SKR 03 (SKR 04) Kontonummer
Forderungsverluste	2400 (6930)	12.500,00	Forderungen a LuL	1400 (1200)
Umsatzsteuer 19 %	1776 (3801)	2.375,00	Forderungen a LuL	1400 (1200)
Einstellung in die EWB	2451 (6923)	5.000,00	EWB auf Forderungen	0998 (1246)
Einstellung in die PWB	2450 (6920)	130,00	PWB auf Forderungen	0996 (1248)

S. Bewertung und Buchung der Verbindlichkeiten

Lösung zu Aufgabe 121:

Buchungen zum 31.10.2025:

Sollkonto Bezeichnung	SKR 03 (SKR 04) Kontonummer	Betrag (Euro)	Habenkonto Bezeichnung	SKR 03 (SKR 04) Kontonummer
Bank	1200 (1800)	63.700,00	Verbindl. gegenüber Kreditinst. > 5 Jahre	0650 (3170)
Damnum/Disagio	0986 (1940)	1.300,00	Verbindl. gegenüber Kreditinst. > 5 Jahre	0650 (3170)

Buchungen zum 31.12.2025:

Sollkonto Bezeichnung	SKR 03 (SKR 04) Kontonummer	Betrag (Euro)	Habenkonto Bezeichnung	SKR 03 (SKR 04) Kontonummer
Zinsen zur Finanzierung des AV	2126 (7326)	866,66	Sonstige Verbindl.	1700 (3500)
Abschreib. auf Disagio zur Finanzierung des AV	2124 (7324)	27,08	Damnum/Disagio	0986 (1940)

Nebenrechnungen:

- Berechnung der Zinsverbindlichkeit zum 31.12.2025:
  65.000 € • 8 % : 360 Tage • 60 Tage (01.11. - 30.12.) = **866,66 €**
- Berechnung der Abschreibung des Disagios 2025:
  1.300 € : 8 Jahre : 360 Tage • 60 Tage = **27,08 €**